Cahier de laboratoire et d'exercices écrits

TO ACCOMPANY

Ensuite

Cahier de laboratoire et d'exercices écrits

TO ACCOMPANY

Ensuite

Cours intermédiaire de français

Quatrième édition

Chantal P. Thompson

Brigham Young University

Bette G. Hirsch

Cabrillo College

Robert Erickson

Brigham Young University
Contributing Writer

Boston   Burr Ridge, IL   Dubuque, IA   Madison, WI   New York
San Francisco   St. Louis   Bangkok   Bogotá   Caracas   Kuala Lumpur
Lisbon   London   Madrid   Mexico City   Milan   Montreal   New Delhi
Santiago   Seoul   Singapore   Sydney   Taipei   Toronto

McGraw-Hill Higher Education

A Division of The **McGraw-Hill** Companies

This is an ⌐ EBI book.

Ensuite: Cahier de laboratoire et d'exercices écrits

1 2 3 4 5 6 7 8 9 0   QPD   QPD   0 9 8 7 6 5 4 3

ISBN 0-07-249278-3

Editor-in-chief: *Thalia Dorwick*
Publisher: *William R. Glass*
Development editor: *Michelle-Noelle Magallanez*
Marketing manager: *Nick Agnew*
Project manager: *Brett Coker*
Production supervisor: *Louis Swaim*
Photo researcher: *Alexandra Ambrose*
Designer: *Lorna Lo*
Compositor: *Thompson Type*
Typeface: *10/12 Palatino*
Printer: *Quebecor, Dubuque*

Realia *Page 142* INSEE, May 2002; *152* (top) La vaiselle AM.PM, www.laredoute.fr; *152* (bottom) La vaiselle AM.PM, www.laredoute.fr; *185 Télérame,* No. 2702, October 24, 2001, p. 168. Used by permission.

Photographs *Page 8* © Digital Vision; *38* "Deux girafes à un piquenique," from the collection of Bette and Joseph Hirsch; *77* © Antonio Mo/Getty Images/Taxi; *162* (right) Sud Imprimerie; *211* © 2002 Artists Rights Society (ARS), New York/ADAGP, Paris. Photographed by Bruno Jarret.

http://www.mhhe.com

Table des matières

To the Instructor

The purpose of the *Cahier de laboratoire et d'exercices écrits* is to give students more opportunities to use French outside the classroom. All four skills—listening, speaking, writing, and reading—are practiced in the *Cahier*. The vast majority of the exercises (roughly 80%) are self-correcting. Students hear answers to oral exercises on the audio CD; answers to most written exercises are found at the back of the *Cahier*. We have not provided students with the scripts for the dictations, however. Should you wish to give these to students, you may copy them from the *Audioscript*, which is packaged with the audio program.

ORGANIZATION OF THE *CAHIER*

Exercices oraux

Exercices oraux, the first part of the *Cahier*, should be used with the accompanying audio program.

- *A l'écoute de la vie* focuses on listening comprehension. Students hear an unscripted authentic interview with a French speaker. Pre-listening and listening activities help them understand the conversation. Suggestions on how to prepare students to use this section appear in the marginal notes of the *Instructor's Edition* of *Ensuite* and in the *Instructor's Manual/Testing Program*.
- *Phonétique* offers pronunciation practice of a topic relevant to the grammar and vocabulary of the chapter.
- *Paroles* and *Structures* contain contextualized activities using chapter vocabulary and grammar, progressing from form-focused to more creative practice.
- The *Dictée*, sometimes followed by a brief comprehension activity, concludes the laboratory portion of the manual.

Exercices écrits

Exercices écrits offers written exercises and provides additional focused work with the vocabulary and grammar of the student text. It contains two parts:

- *Paroles*, which practices vocabulary from the chapter
- *Structures*, a section that reviews the structures through contextualized exercises

At the end of each unit (after every third chapter), the *Cahier* offers a supplementary reading section, *Pour le plaisir de lire*. This section contains a transcribed, shortened interview with native French speakers from various backgrounds and walks of life, with follow-up questions. As the section title suggests, it is hoped that students will enjoy the readings. After their work on the unit, they should find the interviews easy and pleasurable to read.

The *Cahier* concludes with three *Révision* sections, designed to review many of the major functions covered during the year and to act as a self-correcting review for the final examination.

Branchez-vous!

Branchez-vous! (*Get connected!*) offers a variety of Internet activities. The Internet is a powerful tool that can give you additional practice with the French language, but also, and most important, additional exposure to the cultures of the Francophone world.

Branchez-vous! is an invitation to students to search for information that relates to the topics and themes of *Ensuite* and that can be shared with the rest of the class through oral and/or written reports. If students do not have access to the Internet, library resources can be used instead.

Visionnez!

Each unit closes with *Visionnez!*, a set of viewing activities correlated to the film *Le Chemin du retour*. This optional section of the *Cahier* encourages students to test their comprehension skills as they watch this two-hour feature-length film. Divided into five episodes, the film follows the story of Camille Leclair, a young journalist who is looking to expose the secrets of her family's past. Each *Visionnez!* section consists of three parts:

- *Avant de visionner* offers previewing activities that prepare students to watch the film.
- *Visionnons!* presents activities that students complete as they watch the episode. We suggest showing the corresponding episode in class, either as a preview or as a follow-up to these activities.
- *Synthèse communicative* encourages students to view the episode once again to look for cultural differences and subtleties in plot. The activities recycle the functions of the unit in a fresh, new context.

Universities may purchase *Le Chemin du retour* with site license on VHS or DVD.

THEME I

❦ *Exercices oraux*

A l'écoute de la vie

Note: Each chapter of the audio program begins with an activity called Avant d'écouter. *Do the activity before you listen to the recording to help you remember related vocabulary and anticipate what you will hear.*

AVANT D'ECOUTER

Peut-on reconnaître un étudiant (une étudiante) à ses vêtements? Pensez aux étudiants «typiques» que vous connaissez. Comment s'habillent-ils pour venir en cours?

VETEMENTS	COULEUR? MARQUE?	CHAUSSURES
_____	_____	_____
_____	_____	_____
_____	_____	_____

Est-ce que cette description change selon le domaine de spécialisation des étudiants? Si oui, définissez ces domaines de spécialisation (voir liste à la page suivante) et décrivez les vêtements qui caractérisent ces étudiants.

ETUDIANTS EN	VETEMENTS PARTICULIERS
maths	_____
_____	_____
_____	_____

A L'ECOUTE

Rassurez-vous! You are about to listen to an authentic conversation originally recorded in France. You will probably not understand everything you hear, but don't worry. To do the activities in this section, you need to listen only for specified information. Each time, before you listen to the conversation, read the instructions for the task at hand. Focus on what you're asked to listen for, and don't be concerned about what you don't need to know. As you learn various strategies for listening, authentic speech will become increasingly easier for you to understand.

A. Ecoutez le segment sonore une première fois et cochez (*check*) les domaines de spécialisation mentionnés.

_____ gestion (*business management*) _____ danse / théâtre

_____ médecine _____ économie

_____ droit (*law*) _____ sciences politiques

_____ littérature comparée _____ physique / chimie

_____ psychologie / sociologie

B. Ecoutez une deuxième fois en soulignant les vêtements, couleurs, marques et chaussures que vous aviez anticipés dans l'activité *Avant d'écouter* et qui sont réellement mentionnés.

C. Ecoutez une troisième fois et indiquez les mots qui sont associés dans le segment sonore. **Mocassins** vous est donné comme exemple.

1. __*b*__ mocassins

2. _____ en cuir (*leather*)

3. _____ hippies

4. _____ trucs (= choses)

5. _____ boutons

6. _____ Benetton (la marque)

7. _____ blazer

a. veste
b. chaussures de ville
c. attaché-case
d. en bois (*wood*)
e. violets
f. pulls
g. anciens

D. Ecoutez encore et faites une liste de ce que portent les différentes catégories d'étudiants.

Catégorie 1: _____

_____

Catégorie 2: _____

_____

Catégorie 3: _____

_____

Les étudiants ordinaires: _____

_____

Quelle sorte de chaussures est-ce que les étudiants français ne portent généralement pas pour venir en cours? _____

A vous la parole

PHONETIQUE

Final Consonants

Note: The following phonetic explanation is not on the audio program. After you have read through the information, restart the audio CD.

In French, a final consonant is usually not pronounced unless it is followed by an *e*. As you know, this rule often applies to the masculine and feminine forms of adjectives, such as **français, française.**

Like most consonants, the final *s* indicating the plural is not pronounced. Compare: **petit, petits;** **grande, grandes.** To learn if a descriptive adjective or a noun is singular or plural, you often have to listen for other clues, such as articles, certain possessive adjectives, or the general context. Compare: **les amis, l'ami.**

Four consonants do not follow the silent final consonant rule: They are final *c, r, f,* and *l* (think of *careful*). *C, r, f,* and *l* are usually pronounced whether or not they are followed by an *e*. Compare: **noir(s),** **noire(s); original, originale.**

Now turn on the audio program. As you practice final consonants, be sure that you pronounce them completely or not at all.

A. Les consonnes finales: prononcées ou non? Lisez les expressions suivantes à haute voix en prononçant les consonnes finales, s'il le faut. Ensuite, écoutez le CD et répétez la prononciation.

1. les cheveux blonds
2. les yeux verts
3. une sœur timide
4. tes chaussettes roses
5. mon pull à manches longues
6. leurs sacs en cuir

B. Masculin, féminin. Vous allez décrire deux camarades de classe imaginaires. Ils sont complètement différents l'un de l'autre. Complétez les phrases suivantes en utilisant le genre masculin ou féminin selon le cas. Attention de bien prononcer la consonne finale, s'il le faut.

> MODELE: *Vous entendez:* Il est grand, et elle?
> *Vous répondez:* Il est grand, mais elle n'est pas grande.

1. ... 2. ... 3. ... 4. ... 5. ...

PAROLES

A. Des descriptions indirectes. Vous allez entendre des phrases négatives qui décrivent certaines personnes. Après, formulez une phrase affirmative pour exprimer la même idée. Ensuite, répétez la réponse modèle. Adjectifs utiles: *réaliste, optimiste, beau, raide, court, mince*

> MODELE: *Vous entendez:* Catherine n'est pas petite.
> *Vous répondez:* Alors, elle est grande.

1. ... 2. ... 3. ... 4. ... 5. ... 6. ...

B. Pour qui? Vous allez entendre le nom de certains vêtements. Dites à qui ce vêtement est destiné: c'est un vêtement pour hommes, pour femmes ou unisexe.

> MODELE: *Vous entendez:* un chemisier
> *Vous répondez:* C'est un vêtement pour femmes.

1. ... 2. ... 3. ... 4. ... 5. ... 6. ... 7. ...

C. Vive la différence! Regardez les trois dessins suivants, puis répondez aux questions qui seront répétées deux fois.

Monsieur Richard

Nicole

Madame Richard

1. ... 2. ... 3. ... 4. ...

D. Maintenant à vous! Décrivez-vous en répondant aux questions. Ecrivez vos réponses.

> MODELE: *Vous entendez:* Décrivez vos yeux.
> *Vous écrivez:* J'ai les yeux bleus.

1. _____

_____

2. _____

_____

3. _____

_____

4. _____

_____

STRUCTURES

A. Martin et Martine. Ces deux jeunes se ressemblent en tout point. Répondez selon le modèle.

> MODELES: a. *Vous entendez:* Martin est intelligent.
> *Vous répondez:* Martine aussi, elle est intelligente.
>
> b. *Vous entendez:* Martine est conservatrice.
> *Vous répondez:* Martin aussi, il est conservateur.

1. ...   2. ...   3. ...   4. ...   5. ...   6. ...

B. Les copains de Jean-Jacques. Jean-Jacques est lycéen à Strasbourg. Il va décrire certains de ses copains. Vous allez lui servir d'écho en suivant le modèle. Attention à la place de l'adjectif dans votre réponse.

> MODELES: a. *Vous entendez:* Jacqueline est jolie.
> *Vous répondez:* Oui, c'est une jolie jeune femme.
>
> b. *Vous entendez:* Pierre est énergique.
> *Vous répondez:* Oui, c'est un jeune homme énergique.

1. ...   2. ...   3. ...   4. ...   5. ...   6. ...

C. A qui sont ces vêtements? Votre camarade de chambre et vous, vous êtes à la laverie de la résidence universitaire. Il y a beaucoup de vêtements sur la table. Posez des questions à votre camarade selon le modèle.

> MODELE: *Vous entendez:* rouge / Christine
> *Vous répondez:* Est-ce que c'est le chemisier rouge de Christine?

1. vert / Marie-Paule

2. en coton / Marc

3. beau / Michel et Paul

4. blanc / Dominique

5. vieux / Virginie

D. A qui sont ces vêtements (suite)? Répondez affirmativement en utilisant un adjectif possessif.

> MODELE: *Vous entendez:* Est-ce que c'est le short de Monique?
> *Vous répondez:* Oui, c'est son short.

1. ...   2. ...   3. ...   4. ...   5. ...   6. ...

Dictée

Vous entendrez la dictée deux fois. La première fois, écoutez. La deuxième fois, écrivez les mots qui manquent pour compléter le texte. Ensuite, réécoutez le premier enregistrement pour corriger. A la fin, devinez (*guess*) le nom de la princesse en question.

—Miroir, mon doux miroir, dis-moi qui est la plus _____ de tout le royaume?

   —C'est une princesse avec _____,

_____ et la peau _____

_____.

   La reine, alors, se déguisa en _____, avec une grande robe

noire, _____ _____,

qui cachaient (*hid*) _____ et son corps maigre. _____

de jalousie, elle alla chercher sa _____ rivale.

Nom de la princesse? (en anglais ou en français) _____

Exercices écrits

PAROLES

A. Les deux frères. Paul et Michel sont frères, mais ils ne se ressemblent pas du tout. Regardez les dessins et complétez les phrases. Utilisez autant de vocabulaire du chapitre que possible.

Michel   Paul

1. Michel est grand, mais _____ .

2. Paul est gros, mais _____ .

3. Michel a les cheveux _____ , mais _____

   _____ .

4. Michel est mince et musclé, mais Paul _____

   _____ .

5. Michel et Paul ont tous les deux des troubles de la vue. Michel porte des lentilles alors que Paul

   _____ .

B. Cousine, cousine. Micheline et Paulette sont cousines, mais elles ne se ressemblent pas du tout. A vous de compléter ces deux «inventaires de personnalité».

MICHELINE	PAULETTE
1. aimable et sympathique	_____
2. _____	réservée et timide
3. _____	têtue
4. intéressante	_____
5. _____	paresseuse

C. A chacun son look. Voici des mini-descriptions de quatre jeunes Français. Complétez-les avec le(s) mot(s) ou l'expression convenable de la liste suivante. Utilisez chaque mot ou expression une seule fois.

de chaussettes	de grosses chaussettes blanches	imprimée
son manteau et des gants	son imperméable	un chemisier blanc
un pull ou un blouson	un tailleur	un parapluie (*umbrella*)
une cravate	un jogging et un polo	

Il ne fait plus froid et Edouard n'est plus obligé de mettre _____[1]

tous les jours. Aujourd'hui, par exemple, il porte un jean et une chemise _____

_____[2]. En plus, il porte des baskets mais pas _____[3].

Par contre, Sylvie, qui travaille comme adjointe au directeur d'une agence de voyages, doit

s'habiller très correctement en semaine. En ce moment, elle porte _____

_____[4] en laine et _____[5]. Il pleut beaucoup en

cette saison, alors elle porte aussi _____[6] et elle prend

_____[7] avec elle.

Ce soir, Pierre va au théâtre et il a décidé de mettre un costume, une chemise blanche et

_____[8] en soie. Il doit faire froid ce soir. Par précaution donc,

Pierre va mettre aussi _____[9].

Nicole vient de rentrer de la salle de gymnastique où elle a fait de l'aérobic. C'est pour cela

qu'elle porte _____[10]. Elle porte également des chaussures

spéciales pour le sport avec _____[11].

D. Vêtements et personnalité. A votre avis, y a-t-il un rapport? Proposez un vêtement «logique» pour
chaque personne. Imaginez aussi la couleur du vêtement.

1. une jeune fille sportive _____

2. un étudiant timide et sérieux _____

3. un professeur ennuyeux _____

4. une jeune mère africaine _____

5. une bibliothécaire qui a froid _____

6. un directeur de banque égoïste _____

E. Votre garde-robe. Répondez à ces questions personnelles au sujet de votre garde-robe. Essayez
d'utiliser des adjectifs possessifs dans les réponses.

1. Quels vêtements (n')aimez-vous (pas) porter en classe?

    _____

    _____

2. Portez-vous souvent des chaussettes de couleurs différentes? Dans quelles circonstances?

    _____

    _____

3. Quels sont vos accessoires préférés?

    _____

    _____

STRUCTURES

A. La sœur jumelle. Catherine est la sœur jumelle de Bertrand. Récrivez le paragraphe suivant pour décrire Catherine. Faites surtout attention aux adjectifs qu'il faudra mettre au féminin.

Bertrand est grand et beau. Il est aussi dynamique et toujours actif. En général, il n'est pas trop travailleur, mais au moment des examens, il devient très studieux. Parfois il est frivole et léger, surtout quand il sort avec ses amis.

Catherine _____

_____

_____

_____

_____

B. Bertrand et Catherine. Récrivez le même paragraphe, mais cette fois en utilisant un sujet pluriel: *Bertrand et Catherine*. Faites donc attention au pluriel des adjectifs (et des verbes).

Bertrand et Catherine _____

_____

_____

_____

_____

C. Devant ou derrière? Examinez cette image de trois jeunes amis—Annick, Pascal et Marianne. Complétez les phrases suivantes en plaçant bien les adjectifs. Pensez aussi à les accorder.

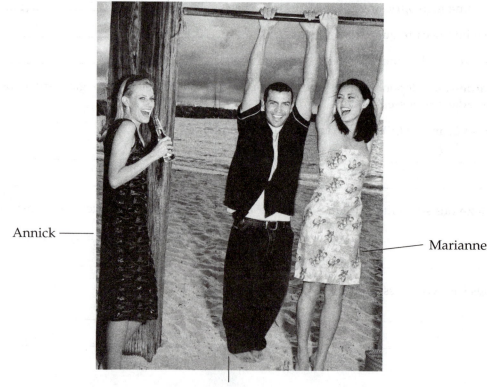

Annick

Marianne

Pascal

1. Pascal a les _____ cheveux _____ (noir).

2. Annick porte une _____ robe _____ (beau).

3. Marianne est une _____ jeune femme _____ (joli) qui s'habille toujours à la _____ mode _____ (dernier).

4. Les trois sont des _____ mannequins _____ (jeune) qui portent des _____ vêtements _____ (chic).

5. Ce sont aussi des _____ vêtements _____ (bon marché).

D. En ville. Regardez et décrivez les gens qui passent: la femme, le garçon, l'homme, le jeune homme, l'agent de police, la vieille dame, etc. Adjectifs possibles: *grand, petit, jeune, vieux, élégant, sympathique, timide, sportif, pauvre, beau, joli, gentil, content, blond, brun, anxieux, découragé,...*

MODELE: La jeune femme en jogging est grande et sportive et elle a les cheveux noirs.

_____

_____

_____

_____

_____

_____

_____

_____

_____

E. La place fait la différence! Choisissez un adjectif convenable et mettez-le à la bonne place. Adjectifs possibles: *ancien, propre, cher, pauvre, dernier*

MODELE: une femme digne de pitié → une pauvre femme

1. une femme sans argent _____

2. l'histoire des premières civilisations du monde _____

3. un journaliste qui a été professeur _____

4. la semaine qu'on vient de passer _____

5. la 4e semaine du mois _____

6. des chemises qu'on vient de laver _____

7. une amie que vous aimez beaucoup _____

8. une robe Dior et un chemisier en soie _____

9. des chaussures qui m'appartiennent; elles sont à moi _____

F. Le look et la personnalité. Choisissez une personne que vous connaissez bien. Y a-t-il un rapport entre ses vêtements et sa personnalité? Ecrivez un paragraphe qui répond à cette question. Donnez des exemples pour illustrer votre opinion. Utilisez des expressions comme *par exemple, mais, parce que, par contre, au contraire,* etc.

> MODELE: Je trouve qu'il y a un rapport entre les vêtements et la personnalité. Par exemple, mon père est… Par contre, ma sœur n'aime pas les vêtements de couleurs vives mais elle est… .

_____

_____

_____

_____

_____

_____

_____

_____

_____

_____

_____

www Branchez-vous!

The following section, *Branchez-vous!*, offers a variety of Internet activities. These activities are an invitation to search for information that relates to the topics and themes of *Ensuite* and that can be shared with the rest of the class through oral and/or written reports.

The Internet is a powerful tool that can give you additional practice with the French language, but also, and more important, additional exposure to the cultures of the Francophone world. The Internet has the advantage of presenting authentic and current information; however, one drawback is the instability of some of the sites. To remedy the problem of disappearing addresses, one or several sample keywords are suggested for each activity. Those keywords are merely a point of departure, and you are encouraged to try other avenues; best results are often obtained by combining keywords.

Suggestions:

♦ Visit the *Ensuite* website at **www.mhhe.com/ensuite.**
♦ Do an Internet search using your choice of search engines. Note that some search engines (such as Google, MSN, and Yahoo) allow you the option of searching in a specified country or for sites in a specified language. You can use these options to quickly focus your search for sites in France and French-speaking Belgium, Canada, and Switzerland. If you don't use these options, most of your searches will give you results for English-speaking North America. There are also French and Francophone search engines; for example, **www.nomade.tiscali.fr** and **www. Wo!Yaa.com.**
♦ Some search engine homepages already have lists of topics to explore. For example, if you set the **MSN.com** homepage for Belgium (French), you will find a list containing such topics as *Auto, Cinéma, Cuisine, Emploi, Musique, Santé, Shopping,* and *Sport.*
♦ Combining keywords can focus your search more quickly. Most search engines have instructions on how to do an advanced search (**recherche avancée**). For example, combine "président" and "France" in the Boolean statement "président ET France" to find a site about the current *président de la République française.* Some search engines will treat an expression inside quotation marks as a fixed expression rather than searching for each word separately. For example use this statement to search for a site about the president of France: "président de France."
♦ Don't be discouraged by dead ends. They are part of Internet searching!
♦ Don't forget that on most European sites prices will be in euros (€), measurements will be metric, and temperatures centigrade. However, the Internet has some nice tools that make conversions easy. (Search using "euro converter" as a keyword, for example.)
♦ Share your successes with members of your class and your instructor!

A. La haute couture. Vous connaissez sans doute quelques couturiers français célèbres comme Hubert de Givenchy, Christian Lacroix, Coco Chanel, Christian Dior, Jean-Paul Gaultier. Faites des recherches sur deux grands couturiers de France. Pourquoi sont-ils connus? Que savez-vous de leur vie? Combien coûte une de leurs créations?, etc.

Mots-clés: France, haute couture, mode, Hubert de Givenchy, Christian Lacroix, Coco Chanel, Christian Dior, Jean-Paul Gaultier, etc.

B. Le prêt-à-porter. Nous connaissons bien les vêtements de tous les jours: les jeans et les baskets, par exemple. Le prêt-à-porter coûte beaucoup moins cher que la haute couture, et nous pouvons trouver plus facilement des vêtements prêt-à-porter dans nos boutiques et grands magasins. Deux marques très célèbres de prêt-à-porter sont Gap et Levis. Les catalogues en ligne sont un bon endroit pour voir ce que portent les Français. Faites des recherches sur deux sortes de vêtements prêt-à-porter français (hommes, femmes, enfants, sport). Combien coûte (en euros ou en dollars) ce que vous aimez? Est-ce que ces vêtements sont différents de ce que vous trouvez dans les catalogues en ligne pour l'Amérique du Nord (Neiman Marcus ou Lands' End, par exemple?) Expliquez. Quelles autres marques françaises de vêtements prêt-à-porter avez-vous trouvées?

Mots-clés: La Redoute, 3Suisses, Naf-Naf, Petit Bateau, NewMan, Chevignon

C. Qui est-ce? Trouvez une photo des personnages français suivants et décrivez-les physiquement, en précisant leur nom.

1. le président de la République

2. le Premier ministre

3. un chanteur (une chanteuse) célèbre

4. un acteur (une actrice)

Mots-clés: France, politique, chanteur, acteur, cinéma, etc.

CHAPITRE **2**

Exercices oraux

A l'écoute de la vie

AVANT D'ECOUTER

Etude de mots. Devinez par le contexte le sens des mots en italique, puis cochez (*check*) la traduction convenable.

1. Je n'habite pas à Paris même, mais juste à côté de Paris, dans *la banlieue* parisienne.
   ☐ country   ☐ suburb

2. Un *mécanicien*, c'est quelqu'un qui répare les moteurs et les machines.
   ☐ mechanic   ☐ manual worker

3. Mes grands-parents ne sont plus en vie, ils sont *décédés*.
   ☐ decisive   ☐ deceased

A L'ECOUTE

> **Rassurez-vous.** Each chapter in the lab program begins with a conversation. These conversations contain many familiar elements but also some unfamiliar expressions that you are not expected to understand. Before you start the audio program, read the instructions for the activity and focus on what you are asked to listen for. In other words, concentrate on what you can do, and don't be frustrated when you miss certain words or expressions.

A. Lisez les phrases suivantes, puis écoutez la séquence sonore une ou deux fois, en indiquant si ces phrases sont vraies (V) ou fausses (F).

	V	F
1. Quand il se présente, Yannick donne son nom, son âge et la ville d'où il vient.	☐	☐
2. Quand il parle de sa famille, il mentionne d'abord ses parents, puis ses frères.	☐	☐
3. Yannick a une belle-sœur et un neveu.	☐	☐
4. Les parents de Yannick sont divorcés.	☐	☐
5. Il habite avec sa mère.	☐	☐
6. Son père voyage beaucoup.	☐	☐
7. Yannick mentionne la profession de son père mais pas celle de sa mère.	☐	☐
8. Il mentionne l'âge de ses parents.	☐	☐

9. Ses grands-parents paternels sont divorcés.   ☐   ☐

10. Une de ses grand-mères est décédée.   ☐   ☐

B. Ecoutez deux fois supplémentaires et complétez l'arbre généalogique de Yannick en donnant le prénom et le nom de famille. Si un de ces noms n'est pas connu, mettez un X. Orthographe des prénoms: *Armande, Liliane, Marie, Joseph, Luc, Thierry*

```
_____  _____        _____  _____
      |_____|                      |_____|
            |                                     |
  (Père) _____              (Mère) _____
         |_____|
             |            |            |
        _____   Yannick Charrière  _____
```

C. Ecoutez encore une fois et donnez deux renseignements (autres que le nom et la relation par rapport aux autres membres de la famille) sur chacune des personnes suivantes. (Exemples: *âge, profession, lieu approximatif de résidence, état civil,* etc.)

1. Thierry

   _____

   _____

2. l'autre frère de Yannick

   _____

   _____

3. la mère de Yannick

   _____

   _____

4. le père de Yannick

   _____

   _____

5. un des grands-parents (nom de la personne choisie): _____

   _____

   _____

A vous la parole

PHONETIQUE

Liaison

Note: The following phonetic explanation is not on the audio program.

Liaison means *linking*. In this chapter, you are going to practice one case where a liaison is always made: between subject pronoun and verb. The linking letter, **s**, is pronounced /z/, as in **vous‿aimez.**
    For **-er** verbs beginning with a vowel sound, liaison makes it possible to distinguish the third-person singular and plural forms: **il arrive / ils‿arrivent; elle habite / elles‿habitent.** This distinction is not heard if the verb form begins with a consonant or an **h aspiré: il parle** and **ils parlent** are pronounced the same.
    Now turn on the audio program.

A.   Liaison: oui ou non? Prononcez les phrases suivantes. Si une liaison est nécessaire, faites-la oralement et indiquez la liaison (‿) entre les lettres en question. Puis, écoutez pour vérifier les liaisons que vous avez indiquées.

       MODELES: a.   Ils viennent souvent au labo.

                 b.   Ils‿ouvrent leur cahier d'exercices tout de suite.

1.   Vous connaissez des photographes professionnels?

2.   L'équipement qu'ils ont est très compliqué.

3.   Comment peuvent-ils le manipuler?

4.   Mais leurs photos, elles sont toujours réussies!

5.   Et vous? Vous aimez prendre des photos?

B.   Singulier ou pluriel? Ecoutez les phrases suivantes. Si vous entendez un verbe au singulier, répondez avec le pluriel correspondant. Si vous entendez un pluriel, répondez au singulier. S'il est impossible de savoir si le verbe est au singulier ou au pluriel, répétez simplement la forme «à double valeur».

       MODELES: a.   *Vous entendez:* Il arrive tôt.
                       Vous répondez: Ils arrivent tôt.

                 b.   *Vous entendez:* Elles entrent tard.
                       Vous répondez: Elle entre tard.

1. …   2. …   3. …   4. …   5. …

PAROLES

A.   L'état civil. Un groupe de Français qui visitent votre ville se présentent. Ecoutez-les, puis devinez l'état civil de chacun.

       MODELE: *Vous entendez:* Je m'appelle Marie. Je suis légalement mariée, mais je n'habite plus
                                  avec mon mari.
             Vous répondez: Marie est séparée.

1. …   2. …   3. …   4. …   5. …   6. …

B. Un repas de famille. Regardez cette «photo» de la famille Chartier. Plusieurs membres sont réunis pour fêter l'anniversaire du petit Benoît qui a 8 ans aujourd'hui. Nommez chaque membre de la famille par rapport à Benoît. (Ensuite, répétez la réponse modèle.)

MODELE: (Bernard) → Bernard est son père.

1. … 2. … 3. … 4. … 5. …

C. Divers photographes. Ecoutez ces descriptions de photographes et puis indiquez l'appareil que chacun d'entre eux utilise.

MODELE: *Vous entendez:* Ginette prend toujours des photos en noir et blanc.
Vous répondez: Ginette utilise un appareil photo.

1. … 2. … 3. … 4. …

D. Et vous? Répondez aux questions suivantes sur votre famille et vous. Ecrivez vos réponses.

1. _____

2. _____

3. _____

4. _____

_____

STRUCTURES

A. Vous êtes pessimiste! Votre cousin vous rend jaloux/jalouse. Vous allez expliquer pourquoi. Modifiez chacune des phrases suivantes en l'adaptant à votre cas et en utilisant la négation indiquée.

MODELE: (ne… pas toujours) →
Vous entendez: Michel fait toujours son lit.
Vous répondez: Moi, je ne fais pas toujours mon lit.

1. (ne… pas)
2. (ne… plus)
3. (ne… jamais)

4. (ne… pas encore)
5. (ne… jamais rien)

B. La famille de Brigitte. Vous venez de rendre visite à la famille de votre copine française Brigitte. De retour à l'université, vous répondez aux questions de plusieurs camarades. Répondez en utilisant l'adverbe indiqué.

1. (très)
2. (souvent)
3. (rarement)

4. (très)
5. (heureusement)

C. En famille. Tous les membres de la famille sont ensemble dans la salle de séjour. Que font-ils? Vous allez entendre la même question deux fois. Répondez-y en utilisant les verbes suggérés. (Vous entendrez ensuite une des réponses possibles.) Verbes: *être, regarder, lire, dormir, se parler, avoir*

1. …   2. …   3. …   4. …   5. …

D. La journée de Raoul. Ecoutez Raoul qui décrit une journée typique et complétez le tableau. Vous entendrez Raoul deux fois.

LA JOURNEE DE RAOUL

HEURE	ACTIVITE
_____ 1	se lever
_____ 2	aller au premier cours
9 h 30–11 h	_____ 3
11 h	_____ 4
midi	déjeuner
13 h	_____ 5
_____ 6	aller au labo
15 h 30	_____ 7
_____ 8	dîner
toute la soirée	_____ 9
_____ 10	se coucher

E. Vos habitudes. Répondez aux questions en faisant attention à la forme du verbe. Ensuite, vous entendrez une réponse possible.

1. ... 2. ... 3. ... 4. ...

Dictée

Vous entendrez la dictée deux fois. La première fois, écoutez; la deuxième fois, écrivez. Ensuite, réécoutez le premier enregistrement pour corriger. A la fin, choisissez parmi les «photos» suivantes celle qui correspond à la description donnée dans la dictée. (La ponctuation vous sera donnée en français: point = *period;* virgule = *comma;* point-virgule = *semicolon.*)

_____

_____

_____

_____

_____

_____

_____

1.

2.

3.

Quelle famille est-ce qu'on décrit? _____

Exercices écrits

PAROLES

A. L'état civil. Complétez ce paragraphe avec les rapports de parenté ou les statuts d'état civil de ces personnes qui habitent le même immeuble (*apartment building*) à Paris.

Martin et Eric ont la même mère mais des pères différents. Ils sont _____[1].

Leur mère vient de perdre son père; il est _____[2] en septembre dernier. La

grand-mère de Martin et d'Eric est maintenant _____[3].

   Suzette n'a jamais été mariée. Elle est _____[4], mais sa voisine Martine

qui n'est plus mariée et maintenant légalement indépendante est _____[5].

Elle a la garde de ses deux _____[6], Antoine et Sébastien. Martine est à la

tête d'une famille _____[7].

   André et Eve ne sont pas mariés, mais ils vivent ensemble. Ils sont _____[8].

Mais ils sont fiancés et seront bientôt _____[9] et

_____[10].

B. La famille Morier. Voici l'arbre généalogique de la famille Morier.

Ecrivez un paragraphe dans lequel vous utilisez chacune des expressions de parenté ou d'état civil suivantes. Ecrivez comme si vous étiez membre de la famille. Utilisez des expressions comme *aussi, et puis, finalement,* etc.

MODELE: Voici ma famille, la famille Morier. Yves Morier est mon père; il est aussi le mari de Dominique, ma mère, et le fils aîné de mon grand-père, Martin Morier. Et puis, il y a… .

le mari	cinq petits-enfants
la fille	la grand-mère
le fils aîné	le même grand-père
pas de jumeaux	deux tantes
célibataire	mariées

_____

_____

_____

_____

_____

_____

_____

_____

_____

C. Vous y connaissez-vous en photographie? Complétez le texte suivant pour décider.

On prend des photos avec _____[1]. Elles peuvent être en

_____[2] ou en couleurs. On espère qu'elles seront toutes

_____[3], mais parfois il y en a qui sont ratées. Avec un appareil

numérique, on peut _____[4] les résultats tout de suite. Mais

avec une caméra, on _____[5] et avec un caméscope, on fait

des _____[6].

D. Le verbe *manquer*. Donnez l'équivalent français des phrases suivantes.

1. I miss Paul: _____

2. Paul misses me: _____

3. My parents miss me: _____

4. I miss my parents: _____

E. Absences. Faites une liste des personnes à qui vous manquez (ou pas) et de celles qui vous manquent (ou pas) dans les situations suivantes.

MODELE: à la maison →
           Quand je suis à la maison, mes camarades de classe me manquent mais je ne manque pas à mes professeurs.

1. en vacances _____

_____

2. au travail _____

_____

3. a l'école _____

_____

F. Interview et compte rendu. Préparez cinq questions à poser à un(e) camarade de classe sur sa famille. Essayez d'obtenir autant d'informations que possible et de découvrir quelque chose de singulier.

VOICI DES IDEES: les membres de la famille et leurs âges
les personnalités de chacun
un parent «pas commes les autres» et pourquoi

1. _____

2. _____

3. _____

4. _____

5. _____

Maintenant interviewez votre camarade, puis écrivez un paragraphe sur ce que vous savez de sa famille. Utilisez des expressions comme *aussi, et puis, finalement, par contre, mais,* etc.

_____

_____

_____

_____

_____

_____

STRUCTURES

A. La vieille tante Germaine. Votre camarade Brigitte a une vieille tante avec qui vous n'avez pas beaucoup sympathisé. Utilisez les adverbes à droite pour compléter votre description—plutôt négative—de cette personne.

La tante Germaine a _____[1] l'air sévère. Elle ne sourit

jamais et, _____[2], elle fait la grimace sans raison.

_____[3], cette personne obstinée parle

_____[4]. C'est _____[5] parce qu'elle se

sent très seule.

malheureusement
parfois
toujours
peut-être
constamment

B. La famille Leblon. Employez les verbes de la liste suivante pour compléter ce texte où Jeannine Leblon nous décrit sa famille. Conjuguez les verbes à la forme correcte du présent de l'indicatif. Utilisez chaque verbe une seule fois.

Je _____[1] Jeannine Leblon et ma famille

_____[2] à Rouen. Notre maison n'_____[3]

pas très grande, mais elle _____[4] à nos besoins. Quand

tous mes cousins _____[5] en visite (pour mon anniversaire,

par exemple), la maison _____[6] très petite, mais nous

_____[7] quand même.

s'appeler
correspondre
s'amuser
être
venir
habiter
sembler

Mes parents _____8 tous les deux dans un laboratoire

d'analyses chimiques à Rouen. Mon père _____9 tous les

matins à huit heures (c'est l'heure où moi, je _____10!),

mais ma mère ne _____11 pas partir si tôt.

partir
se réveiller
devoir
travailler

Heureusement, parce qu'elle _____12 besoin de

s'occuper de mon petit frère. Patrick est difficile: il n'_____13

presque jamais à personne. Lui et moi, nous ne _____14 pas

très bien.

obéir
s'entendre
avoir

Par contre, j'_____15 mes sœurs jumelles, Annick et

Martine. Cette année, elles _____16 leurs études

secondaires et l'été prochain, elles _____17 à Londres faire

un stage d'informatique.

aller
finir
adorer

C. **Optimiste, pessimiste.** Chantal est optimiste, mais son ami Robert est pessimiste. Complétez les phrases suivantes avec des expressions de négation.

1. Chantal se lève *toujours* de bonne heure, mais Robert _____

   _____.

2. Chantal fait *souvent quelque chose* de gentil pour *quelqu'un,* mais Robert _____

   _____.

3. Chantal a *quelques* photos *dans son bureau,* mais Robert _____

   _____.

4. En fait, Chantal aime la photographie—elle a *un* appareil photo et *un* caméscope, mais Robert

   _____

   _____.

D. **Vive la différence!** Christine et Claudine sont camarades de chambre, mais leurs premières expériences à l'université sont très différentes. Complétez les phrases avec un mot ou une expression.

aucune	encore personne
très bien	ni appareil photo ni caméscope
rien	ne fait jamais rien

1. Christine connaît déjà beaucoup d'étudiants, mais Claudine ne connaît _____

   _____.

2. Claudine _____, mais sa camarade fait

   toujours quelque chose avec ses copains.

3. Christine aime la photographie et elle prend des diapositives et fait de la vidéo; Claudine n'a

   _____.

4. Dans leur chambre, Christine a plusieurs photos de famille, mais Claudine n'a _____

_____ photo de personne.

5. Pour le moment, _____ ne va pour Claudine

alors que tout se passe _____ pour Christine.

E. La vie scolaire. Les étudiants sont souvent pressés. Comment votre vie a-t-elle changé depuis que vous êtes étudiant(e)? Complétez les phrases suivantes.

1. Depuis le début de l'année scolaire, je ne _____

_____.

2. Malheureusement, je n'ai plus le temps de _____

_____.

3. Pendant le semestre, je _____

_____.

4. Je ne _____ pas encore _____,

mais _____.

5. Peut-être que _____.

Branchez-vous!

A. La musique à la mode. La musique tient une place importante dans la culture française. Recherchez le genre de musique qui est actuellement populaire en France. Présentez un chanteur français (une chanteuse française) ou francophone ainsi que les paroles d'une de ses chansons. Par exemple: Johnny Hallyday ou Cheb Mami.

Mots-clés: Johnny Hallyday, Cheb Mami, France, chanteur, musique, etc.

B. La famille. Les familles de langue française en Belgique, au Canada, en France et en Suisse peuvent-elles trouver des conseils en ligne? Choisissez trois catégories qui vous intéressent parmi celles qui suivent. Ensuite, trouvez deux sites pour chacune des trois catégories que vous avez choisies où l'on peut trouver des conseils en Français. Décrivez le genre de conseils que l'on donne sur ces sites.

1. le mariage
2. le divorce
3. l'adoption
4. les familles monoparentales

5. les grands-parents
6. le concubinage
7. les nouveaux-nés (les bébés)

Mots-clés: Utilisez la catégorie comme mot-clé pour votre recherche. Vous pouvez aussi chercher «conseils famille».

CHAPITRE **3**

✒ *Exercices oraux*

A l'écoute de la vie

AVANT D'ECOUTER

Etude de mots. Analysez les mots suivants, puis utilisez-les dans les phrases données.

l'endroit (*m.*) = la situation géographique   un niveau = un étage
se rendre (à) = aller   l'aménagement (*m.*) = l'arrangement intérieur
le goût = ce qu'on aime   en bas âge = jeune

1. Est-ce que vous avez trouvé une maison à votre _____?

2. Où se trouve cette maison? A quel _____?

3. C'est idéal pour une famille avec plusieurs enfants _____.

4. Ils peuvent _____ à l'école à pied.

5. La maison a plusieurs _____.

6. Comme _____ dans la cuisine, il y a déjà un frigo et une cuisinière.

A L'ECOUTE

A. Lisez les phrases suivantes, puis écoutez l'enregistrement et indiquez si ces phrases sont vraies (V) ou fausses (F).

	V	F
1. Le monsieur qui parle vient d'acheter une maison.	☐	☐
2. Sa femme travaille et ne peut donc pas amener les enfants à l'école.	☐	☐
3. Il y a trois enfants dans la famille.	☐	☐
4. La famille voulait habiter tout près du centre-ville à cause des enfants.	☐	☐
5. La maison n'était pas chère.	☐	☐
6. C'est une maison neuve, qui n'a jamais été habitée.	☐	☐
7. Il n'y avait aucun appareil ménager dans la maison.	☐	☐

B. Ecoutez une deuxième fois, surtout le début de la séquence sonore, et complétez.

1. Selon ce monsieur, les deux facteurs principaux à considérer quand on achète une maison sont

   _____ et _____.

2. Il faut aussi, bien sûr, que la maison corresponde aux _____ de l'acheteur.

C. Ecoutez encore une fois, surtout la deuxième partie de la séquence sonore, et complétez le tableau suivant, selon le modèle.

		Oui	Non	Nombre	Où? rez-de-chaussée	étage
MODELE:	garage	✗		*1*	✗	
	cuisine					
	salle de bains					
	salon					
	bureau					
	chambre					
	buanderie (*laundry room*)					
	cheminée					

A vous la parole

PHONETIQUE

Rising Intonation

Intonation refers to the way your voice rises and falls as you speak. In both French and English, intonation rises in questions that have a yes or a no answer.

Turn on the audio program to listen to the following pairs of sentences. The first is a declarative sentence with falling intonation, and the second is a question with rising intonation. This difference in intonation allows you to distinguish a sentence from a yes/no question.

La table est de style rustique.
La table est de style rustique?

Martine a une cuisinière électrique.
Martine a une cuisinière électrique?

Vous mangez en regardant la télé.
Vous mangez en regardant la télé?

A. C'est vrai? Votre camarade-voyageur décrit la maison de la famille de Brigitte en France. Vous n'en croyez pas vos oreilles! Associez à chaque phrase une question avec intonation montante, selon le modèle.

MODELE: *Vous entendez:* Les parents de Brigitte habitent dans un très grand appartement.
Vous répondez: C'est vrai? Ils habitent dans un très grand appartement?

1. ... 2. ... 3. ... 4. ...

B. Comment? Vous téléphonez à un agent immobilier à propos d'une maison que vous pensez peut-être acheter. L'agent vous décrit certains aspects de la maison, mais vous ne l'entendez pas très bien. Pour être sûr(e) de l'avoir compris, vous lui posez des questions en utilisant **est-ce que.** Faites attention à l'intonation.

MODELE: *Vous entendez:* La maison est grande.
Vous répondez: Est-ce que la maison est grande?

1. ... 2. ... 3. ... 4. ... 5. ...

PAROLES

A. Vous emménagez? Les déménageurs (*movers*) arrivent et vous demandent où mettre vos affaires. Répondez logiquement selon le modèle. Mots utiles: *le séjour, la cuisine, la chambre, la salle à manger*

MODELE: *Vous entendez:* Le canapé?
Vous répondez: Mettez le canapé dans le séjour.

1. ... 2. ... 3. ... 4. ... 5. ... 6. ... 7. ...

B. Les appareils. Ecoutez les définitions, puis dites de quelle machine on parle.

MODELE: *Vous entendez:* C'est un ensemble d'appareils qui nous permet d'écouter de la musique sur cassette ou sur disque.
Vous répondez: C'est une chaîne stéréo.

1. ... 2. ... 3. ... 4. ... 5. ...

C. La chambre de Brigitte. Une des raisons de la surprise de Brigitte, c'est que sa chambre à la résidence universitaire est très modeste, avec un seul appareil. Regardez le dessin de sa chambre, écoutez les questions (répétées deux fois), puis répondez-y. (Vous entendrez ensuite une des réponses possibles.)

1. ... 2. ... 3. ...

D. Maintenant à vous! Est-ce que votre chambre ressemble à celle de Brigitte? Répondez aux questions (répétées deux fois) par écrit.

1. _____

2. _____

3. _____

4. _____

E.   Etes-vous artiste? Ecoutez le texte deux fois et indiquez où se trouve chaque pièce et chaque meuble mentionnés.

Rez-de-chaussée   Premier étage

STRUCTURES

A.   Un week-end plein de choses! Un de vos camarades vous invite à passer le week-end dans le chalet de ses parents à la montagne. Il propose toutes sortes d'activités. Vous voulez être sûr(e) qu'il possède le matériel nécessaire. Posez-lui des questions selon le modèle.

> MODELE: *Vous entendez:*   On peut écouter des disques et des cassettes.
> *Vous répondez:*   Tu as une chaîne stéréo?

1. ...   2. ...   3. ...   4. ...   5. ...

B.   Vous n'en pouvez plus! Votre cousin vous agace parce qu'il ne fait jamais rien et qu'il oublie de faire des choses importantes. Rappelez-le-lui selon le modèle.

> MODELE: *Vous entendez:*   Il ne remet jamais vos disques dans leurs pochettes.
> *Vous répondez:*   Remets mes disques dans leurs pochettes!

1. ...   2. ...   3. ...   4. ...   5. ...

C.   La Promenade Nouvelle. Voici une publicité pour des appartements à Nice. Arrêtez l'enregistrement pour la lire, puis remettez le CD en marche et répondez aux questions (répétées deux fois).

La Promenade Nouvelle
Situé à Nice (06000)

Nouvelle réalisation: Parfaitement isolée dans un environnement résidentiel à quelques pas du centre-ville. La Promenade Nouvelle bénéficie de la proximité des établissements scolaires (de la crèche au lycée), des commerces et des transports en commun. La résidence offre un choix varié d'appartements du 2 au 3 pièces. Séjour marbre, cuisine équipée, WC, chambre moquette, salle de bains, belle terrasse, exposition sud et ouest. Calme absolu. Cave et parking dans le sous-sol fermé de la résidence. Les commerces sont à proximité immédiate. Les appartements s'ouvrent sur des jardins et/ou de belles terrasses, et disposent d'une climatisation réversible.

**Bureau de vente: 54 bis, rue Gustave 06000 Nice. Ouvert de 10 h à 19 h
sauf le jeudi et le dimanche. Tél: 04.99.70.00.99.
promenade@cote-dazur.com**

1. …   2. …   3. …   4. …

D. A la maison. Brigitte, la jeune Française qui est étudiante à votre université, arrive à la maison de vos parents pour y passer le week-end. Elle est impressionnée par tous les appareils qu'il y a. Après une visite rapide de toute la maison, elle vous pose des questions. Ecoutez deux fois ses questions et écrivez vos réponses.

1. _____
   _____

2. _____
   _____

3. _____

_____

4. _____

_____

5. _____

_____

Dictée

Vous entendrez la dictée deux fois. La première fois, écoutez. La deuxième fois, écrivez. Ensuite, réécoutez le premier enregistrement pour corriger. A la fin, formez deux questions que vous aimeriez poser pour en savoir plus sur le logement décrit.

_____

_____

_____

_____

_____

_____

_____

_____

Deux questions:

1. _____

2. _____

Exercices écrits

PAROLES

A. Un samedi difficile. Marc et sa jeune femme, Suzanne, sont très occupés pendant la semaine. Pour eux, le samedi, c'est aussi un jour de travail… ménager. Complétez le texte avec les mots appropriés.

Le samedi matin, Marc ramasse tous les vêtements sales pour faire _____

_____[1]. Il les met d'abord dans _____[2] et ensuite dans

_____[3] pour les faire sécher. Après, il repasse les chemisiers et les

jupes de Suzanne en utilisant _____[4]. Pendant ce temps, Suzanne

nettoie la maison et elle passe _____[5] sur la moquette.

L'après-midi, ils font leurs courses et après, ils rangent les provisions. Par exemple, Marc met

les produits laitiers dans _____[6] et les boîtes de conserve dans

_____[7]. Suzanne prépare le dîner très rapidement en utilisant

_____[8].

Après avoir mangé, Marc et Suzanne lavent la vaisselle. Malheureusement, ils n'ont pas de

_____[9]. Enfin ils passent au séjour et regardent _____

_____[10] ou bien ils écoutent _____[11] ou

_____[12]. Avant d'aller au lit, Suzanne va dans le bureau pour

_____[13] sur Internet parce qu'elle veut envoyer _____

_____[14] à sa mère.

B. A la maison. On fait toutes sortes de choses à la maison. Indiquez où—dans quelle pièce ou à quel étage—on fait normalement les choses suivantes.

1. On se brosse les dents et on prend une douche _____.

2. On s'habille et se déshabille _____.

3. On reçoit des amis _____.

4. On prend ses repas de fête _____.

5. On fait la lessive _____.

6. On fait la vaisselle _____.

7. On range de vieux meubles _____.

C. On emménage! Voici le plan de la maison où vous allez habiter cette année et une liste de tous les meubles et appareils que vous voulez y mettre. Ecrivez une lettre à un ami (une amie) en lui expliquant dans quelle pièce vous allez mettre les diverses choses. Expliquez pourquoi. Utilisez des expressions comme *parce que, et, aussi, mais, par contre, enfin,* etc.

MODELE: Je vais te donner une idée de ma nouvelle maison. Il y a un grand salon avec deux grandes fenêtres. Je vais y mettre mon canapé moderne parce que… . Les deux fauteuils Louis XIV sont trop grands pour le bureau, alors… .

1. un canapé moderne
2. trois tables de nuit
3. une cuisinière à gaz
4. deux commodes
5. un sèche-linge
6. une table et six chaises

7. deux fauteuils Louis XVI
8. un tapis oriental
9. une armoire
10. un ordinateur
11. un lecteur de DVD
12. ?

_____
_____
_____
_____
_____
_____
_____
_____
_____
_____
_____

D. Qui achète quoi? Dans notre société de consommation, les gens adorent acheter. Composez des phrases où vous décrivez le type de personne qui achète les choses suivantes. Faites preuve d'imagination.

MODELE: (les disques) → Une personne qui aime la musique achète des disques.

1. (un tableau impressionniste) _____

   _____

2. (une caravane) _____

   _____

3. (des bijoux) _____

   _____

4. (un magnétoscope) _____

   _____

5. (des CD) _____

   _____

6. (une voiture de sport) _____

   _____

STRUCTURES

A. La famille Leblon n'est pas comme nous! Après votre visite chez les Leblon, vous expliquez à vos parents toutes les différences que vous avez remarquées entre les deux familles. A partir de chaque indice, composez une phrase.

> MODELE: (acheter beaucoup de vidéos) →
> La famille Leblon achète beaucoup de vidéos alors que nous, nous n'achetons pas beaucoup de vidéos.

1. (se promener avec des baladeurs) _____

   _____

   _____

2. (posséder deux résidences secondaires) _____

   _____

   _____

3. (payer cher les appels avec un portable) _____

   _____

   _____

4. (nettoyer les rideaux une fois par an) _____

   _____

   _____

5. (préférer les vidéos aux DVD) _____

   _____

   _____

6. (manger souvent sur la terrasse en hiver) _____

_____

_____

7. (jeter son linge sale sous le lit) _____

_____

_____

B. On met la charrue avant les bœufs! (*Proverb: To put the cart before the horse.*) Deux sociologues décrivent le style de vie des jeunes. A vous de formuler les questions qu'ils ont posées. Employez **est-ce que.**

MODELE: *Réponse:* On lit *un livre par mois.*
Question: Combien de livres est-ce que les jeunes lisent par mois?

1. On aime dîner *dans le séjour devant la télé.*

_____

_____

2. On préfère les plats *surgelés.*

_____

_____

3. Beaucoup de jeunes préfèrent les plats surgelés *parce qu'ils peuvent les réchauffer très rapidement dans un four à micro-ondes.*

_____

_____

4. On passe *rarement plus d'une heure* à dîner en semaine.

_____

_____

5. On fait généralement la vaisselle *le lendemain matin.*

_____

_____

6. Le soir et le week-end, les jeunes regardent la télé. Ils aiment beaucoup les émissions *sportives.*

_____

_____

C. Comment? Quelle était la question? Récrivez les six questions de l'exercice B, mais cette fois, utilisez l'inversion à la place de **est-ce que.**

1. _____

_____

2. _____

_____

3. _____

_____

4. _____

_____

5. _____

_____

6. _____

_____

D. L'interview des enquêteurs. Cette fois vous interviewez deux sociologues à propos de leur métier. Leurs réponses se trouvent ici. Posez une question convenable en utilisant les éléments donnés.

1. depuis / faire ce travail

_____

_____?

—Ça fait plus de quatre ans.

2. préférer / interroger / gens / dans la rue / chez eux

_____

_____?

—Eh bien, ça dépend de la nature des questions.

3. quel / questions / agacer / gens

_____

_____?

—Les questions personnelles.

4. pourquoi / passer / votre temps / interroger les gens

_____

_____?

—Parce que nous étudions la société de consommation.

E. Préparons-nous! Ce soir, votre camarade de chambre et vous allez recevoir des copains pour une petite soirée. Puisque vous devez sortir faire des courses avant le retour de votre camarade, laissez-lui une liste de choses à faire. Mettez les verbes à l'impératif.

Range tes vêtements dans le placard! _____

_____

_____

_____

_____

_____

_____

Branchez-vous!

A. Les visites virtuelles. Grâce aux sites web des agences immobilières (*real estate agencies*) vous avez la possibilité de faire la visite virtuelle d'un appartement ou d'une maison en France. Visitez sur Internet une maison ou un appartement meublé. Décrivez la maison ou l'appartement que vous visitez. Quel est son emplacement? Combien de pièces y a-t-il? Décrivez les murs, les fenêtres, le plancher, les meubles, les appareils ménagers et l'équipement électronique que vous voyez pendant la visite. Décrivez la salle de bains. Comment le logement visité se compare-t-il à votre logement actuel ou à la maison de vos rêves?

Mot-clé: «immobilier visite virtuelle»

B. Le Maghreb. Le Maroc est un des pays maghrébins qui est resté très lié à la France. Renseignez-vous sur la culture de ce pays. Pouvez-vous trouver des recettes de cuisine? Certains plats marocains sont de plus en plus à la mode sur la table des Français!

Mots-clés: Maghreb, Maroc, cuisine, culture, etc.

❧ *Pour le plaisir de lire*

Hélène de Beauvoir

> **Pour le plaisir de lire**   This supplementary reading section appears at the end of each workbook unit. It contains transcribed interviews with a variety of French speakers, on topics related to the unit's themes. After your work on the unit, you should find these interviews relatively easy to read.

Hélène de Beauvoir: Artiste et féministe

Hélène de Beauvoir, born in 1910, is an artist and engraver. Since 1936, she has had many gallery exhibitions of her paintings and copper engravings in Europe, Japan, and the United States. Sixteen of those engravings illustrate the 1967 short story "La Femme rompue" ("A Woman Destroyed") by her sister, Simone de Beauvoir.* Hélène de Beauvoir has a long-standing interest in feminist questions. She was interviewed in September 1985 in her home in Goxwiller, Alsace.

◆

Nous aimerions d'abord faire votre connaissance. Pouvez-vous vous présenter à nous? Qui êtes-vous, c'est-à-dire, quelle sorte de personne êtes-vous? Où êtes-vous née? Où habitez-vous maintenant? Que faites-vous comme profession?

Je suis née à Paris au-dessus d'un café: c'était La Rotonde à Montparnasse. Donc petite fille, je regardais de mon balcon des gens qui me paraissaient beaucoup plus amusants que les gens très, très catholiques et très colletmontés° que fréquentaient° mes parents. Je rêvais, un jour, d'appartenir à° un groupe pareil… c'était les artistes de Montparnasse. Et j'ai vu là, les premières femmes aux jupes courtes et cheveux coupés; c'était très amusant. Je pense que c'est un tout petit peu l'origine de ma vocation. Eh bien, maintenant, j'habite un petit village d'Alsace depuis près de 23 ans. Je suis peintre et graveur.

    Quelle sorte de personne suis-je? C'est très difficile à dire. Je peux dire que je suis gaie, ça c'est certain, optimiste, j'adore la vie. Je crois être très obstinée et il faut avoir beaucoup d'obstination dans le travail. Et ça manque° quelquefois aux femmes. Vous savez, les femmes, elles ne sont pas éduquées dans ce sens, moi non plus du reste. C'est peut-être chez moi comme une révolte qui a fait que je me suis accrochée à° la peinture.

Votre sœur et vous avez choisi des carrières artistiques. Pouvez-vous retracer les raisons qui vous ont toutes deux poussées à suivre cette voie°?

Ça c'était certainement une réaction contre notre milieu et contre notre éducation parce que nous vivions par ma mère, nous vivions dans un milieu très catholique, très ennuyeux. Vous savez qu'à 17 ans, quand j'ai vu pour la première fois une étrangère, c'était une jeune fille au pair chez des amis. On ne voyait que des bons Français et encore il fallait qu'ils soient des bons catholiques et même, j'allais au Luxembourg parce que nous habitions à côté, mais nous n'avions pas le droit de jouer même avec des filles de notre classe si ma mère ne faisait pas des visites, n'était pas en relation de visites avec les mères. C'était

prissy, stiff-necked
voyaient / d'… faire
  partie d'

is missing

je… j'ai continué avec

chemin, route

---

*Simone de Beauvoir was a famous existentialist writer whose life and thought were closely associated with those of philosopher Jean-Paul Sartre.

«Deux girafes à un pique-nique»

une éducation absolument oppressante. Notre père n'était pas croyant,° alors ça faisait déjà poser des questions. Mon père se moquait un tout petit peu de la religion. Il se moquait de nos professeurs et puis lui, je vous ai dit, c'était le côté futile de la famille. Et très jeune, j'ai remarqué que les hommes jouent, les femmes ne jouent pas.

Considérez: croire

Est-ce qu'il y a quelques anecdotes de votre jeunesse que vous pourriez nous raconter?

Alors, écoutez, il y en a une qui est justement assez caractéristique de la condition du fond° artiste. C'est une histoire qui m'a blessée,° c'est une vieille histoire de la jeunesse. En 1937, il y a eu une grande exposition à Paris et un architecte m'a commandé° deux grands panneaux.° J'ai acheté le matériel, j'étais très pauvre, j'ai même payé des modèles et j'ai fait deux panneaux. Mon Dieu, qu'ils étaient beaux! Et quand il est venu, en principe prendre la livraison° des panneaux pour les exposer, il m'a posé certaines conditions que je vous laisse deviner.° Et j'ai répondu: «Monsieur, ma peinture est à vendre mais pas moi!» Et voilà comment ça s'est terminé. Et je pense que je ne suis pas sûrement la seule femme-artiste à qui ça soit arrivé. Je crois, du reste, que c'est difficile de ne pas être féministe, parce que tous les hommes mufles° en profitent.

milieu / offensée

m'a... m'a demandé de faire / mot ap.

delivery

imaginer

cads

Comment pouvez-vous décrire votre œuvre?

J'ai essayé de faire à la fois une peinture figurative et abstraite, me servir des deux, parce que j'ai pensé que la figuration permettait une richesse de vocabulaire. Mais je crois que ma peinture, je ne sais si c'est un défaut ou une qualité, est très personnelle.

Y a-t-il des difficultés que vous avez dû° surmonter en tant que femme-artiste afin de poursuivre° votre carrière?

verbe: devoir
afin... pour continuer

Avant tout, des difficultés d'argent... Remarquez, j'ai connu de très grands artistes dans ma vie, comme Picasso et Léger. Eux, ils prennent les femmes au sérieux. Mais les tout petits artistes, ils sont les plus nombreux, ils n'encouragent pas et c'est dur.° Parce que pour créer, il faut une énorme confiance en soi, et moi, je me suis toujours étonnée° d'avoir eu cette confiance en moi. Mais enfin j'ai parié° sur moi et de toute façon je pense que sans aucun succès, j'aurais continué. C'était une passion.

difficile
surprise
bet

Aux Etats-Unis, on s'intéresse beaucoup au féminisme et au mouvement pour la libération des femmes. Est-ce que vous vous considérez «féministe» et jusqu'à quel point vous sentez-vous solidaire du MLF* ou d'autres groupes féministes?

Je vais vous dire tout de suite: pas le MLF actuel° parce que le MLF, «marque déposée»° comme on dit, c'est un groupe de femmes qui ont fait ce qui n'est pas pour moi le vrai féminisme. Le vrai féminisme commence par l'intérêt, la sympathie pour les autres femmes. Il y a aussi des femmes qui pensent que si elles se disent féministes, les hommes ne les aimeront pas parce qu'elles ont perdu leur féminité et il y a une légende qui veut que les féministes soient laides et hommasses.° Moi je connais des féministes ravissantes° et fines et puis surtout aussi féminines que les autres mais dans un autre sens du terme. Je suis résolument° féministe. L'histoire de France est faite par les hommes (Louis XIV, Napoléon) mais ça ne veut pas dire qu'ils étaient tellement supérieurs. Je me rappelle quand mes professeurs m'expliquaient gravement que les femmes étaient très inférieures aux hommes! J'ai essayé de résister, mais sottement° comme une enfant de 10 ans.

> d'aujourd'hui
> marque... *registered trademark*

> masculines / très belles
> avec détermination

> sans intelligence

Les hommes de ma famille: mon père travaillait peu, son frère pas du tout, un oncle que j'aimais beaucoup, qui vivait à la campagne, ne faisait que monter à cheval et faisait travailler ses paysans. Alors, au contraire, les femmes étaient très sérieuses avec des vies pas toujours amusantes, très sérieuses, elles travaillaient, elles se donnaient du mal et alors donc je n'ai pas eu de modèle masculin qui m'ait éblouie.°

> frappée, impressionnée

On dit toujours que Paris est le centre intellectuel et artistique de la France. Est-ce qu'il est difficile pour vous de ne pas vivre à Paris?

Du point de vue travail, c'est excellent. Du point de vue carrière,° si je tenais plus à° ma carrière qu'à mon œuvre, je serais désespérée.° A Paris simplement, j'invitais les gens à venir voir ma peinture, et je faisais des visites d'ateliers.° Ici j'ai des amis qui viennent; mais des gens qui comptent, des critiques, des marchands de tableaux, rien. L'Alsace c'est un centre pour les musiciens; Strasbourg est une très belle ville pour le théâtre, mais pour les arts plastiques, c'est vraiment zéro. Les collectionneurs vont acheter à Paris. J'exporte beaucoup plus à l'étranger (au Japon, en Allemagne, au Danemark) qu'à Paris. Vous comprenez, moi, je trouve que ce n'est pas à moi de chercher des galeries. Mon métier, c'est de peindre. Je n'ai pas de temps à perdre.

> profession
> si... si j'étais plus attaché à / *mot ap.* / lieux où travaillent des artistes

Comment pouvez-vous vous situer dans le mouvement artistique contemporain?

Comme je n'ai jamais suivi aucune mode et que je refuse, que je n'aime aucune mode, je suis toujours un petit peu en dehors du mouvement.

AVEZ-VOUS COMPRIS?

A. Complétez.

1. Hélène de Beauvoir est née à _____.

2. Sa mère était _____ et très religieuse.

3. Elle habite en _____.

4. Comme profession, elle est _____ et _____.

---

*Mouvement pour la libération des femmes

5. Elle dit que son style artistique est _____ et _____.

6. Hélène de Beauvoir explique que le MLF est un groupe _____.

7. Sa sœur, _____, était femme de lettres.

8. Hélène de Beauvoir a créé des _____ pour une nouvelle par sa sœur.

B. Décrivez l'atmosphère de la maison de l'enfant Hélène.

C. Décrivez ce qu'elle observait autour d'elle à Montparnasse.

D. Quelles étaient les différences en matière de croyance religieuse entre sa mère et son père? Quel effet est-ce que cela a eu sur elle?

E. Quelles différences voyait-elle entre les femmes et les hommes de sa famille?

F. Quelles difficultés a-t-elle éprouvées au commencement de sa carrière? Dans quelle mesure ces difficultés sont-elles typiques pour les femmes-artistes?

G. Comment se décrit-elle (caractère et œuvre artistique)?

H. Comment explique-t-elle son féminisme?

❧ *Visionnez!*

Le Chemin du retour

The *Ensuite* program now includes the McGraw-Hill feature-length film *Le Chemin du retour*. An engaging story with intrigue, drama, and humor, the film follows Camille Leclair, a young television journalist, as she searches for the truth about her grandfather's mysterious past. As the story unfolds, you will be exposed not only to the language of authentic French speakers but also to the visual culture of French-speaking countries, the sounds of everyday life, and the haunting presence of history in the Francophone world.

The two-hour film has been broken down into five 20-minute episodes, one after each unit of *Ensuite*, with activities that are tailored to the Intermediate level and correlated to the functions of the unit. This film and its accompanying activities can be used either in class or in the language lab.

- ♦ **In class.** The viewing and activities for each episode are designed to fit into a 50-minute class period. The activities thus become a springboard for cultural reflection and communication, in small groups or with the whole class. If more time is needed, some of the activities can be done in class, and others can be assigned as homework.
- ♦ **In the language lab.** If time constraints do not permit using the film in class, the viewing of each episode can be done in the language lab, and the activities can be done in writing, with some classroom discussion as follow-up.

In either case, before viewing each segment, read the questions that pertain to that segment. This will help you view and listen with a purpose, and it will enhance your comprehension, both linguistic and cultural.

The use of a feature-length film in the *Ensuite* program captures the essence of *Ensuite:* going beyond the separate slides or still images of the Intermediate world, with its typical short answers, toward the moving pictures of the Advanced level of proficiency, where elaborations unlock the door to fluency.

Le Chemin du retour

EPISODE I: Qui êtes-vous?
[scènes 1–15]

Fonction et thèmes: Description au présent—l'identité personnelle, la famille, les choses de la vie.

Le Chemin du retour est un film de presque deux heures que nous avons divisé en cinq épisodes pour accompagner *Ensuite*. C'est l'histoire d'une jeune journaliste, Camille Leclair, qui part à la recherche de la vérité sur le passé mystérieux de son grand-père.

AVANT DE VISIONNER

A. Les personnages. Avant de visionner le premier épisode, faisons la connaissance des personnages principaux de cet épisode.

Camille Leclair: jeune journaliste à Canal 7, une chaîne de télévision à Paris; vedette de l'émission «Bonjour!»

Bruno Gall: journaliste à Canal 7, partenaire de Camille dans l'émission «Bonjour!»

Rachid Bouhazid: nouveau reporter à Canal 7, vient de déménager de Marseille à Paris avec sa famille; nom d'origine maghrébine (nord-africaine)

Yasmine Bouhazid: fille de Rachid et de Sonia Bouhazid

Martine Valloton: productrice de l'émission «Bonjour!»

Hélène Thibaut: journaliste du Québec, amie de Camille et de Bruno

B. Anticipation

1. **Une nouvelle école.** Cochez ce que vous anticipez pour le premier jour de la petite Yasmine à sa nouvelle école.

    a. _____ Elle va être nerveuse.

    b. _____ Elle va être toute contente.

    c. _____ La maîtresse (l'institutrice) va poser beaucoup de questions personnelles à Yasmine.

    d. _____ La maîtresse va trouver le moyen de mettre Yasmine à l'aise.

2. **Un nouveau travail.** Cochez ce que vous anticipez pendant les présentations de Rachid aux employés du studio.

    a. _____ Ils vont se serrer la main.

    b. _____ Ils vont se faire la bise.

    c. _____ Ils vont se dire «vous».

    d. _____ Ils vont se dire «tu».

    e. _____ On va poser des questions personnelles à Rachid pour mieux le connaître.

    f. _____ Il y aura certainement une scène dans un café ou dans un restaurant!

VISIONNONS!

Pour visionner chaque scène avec les yeux et les oreilles d'un voyageur éclairé et non d'un touriste pressé, lisez d'abord les questions qui se rapportent à la scène, puis visionnez en fonction de ces questions.

A. Introduction [scènes 1–3]

1. **Dans les rues de Paris.** Comment les gens sont-ils habillés? Qu'est-ce qui est universel dans ce que vous voyez, et qu'est-ce que vous remarquez de «typiquement français»? Expliquez vos observations.

2. **A l'école.** Visionnez le segment en fonction des questions suivantes, puis répondez aux questions.
    a. Tout d'abord, que remarquez-vous sur les enfants qui se préparent à entrer dans l'école? Dans la comptine (chanson) des enfants, qu'est-ce qui a quatre pieds et qui sert de contexte à la chanson sur l'alphabet?
    b. Yasmine est-elle nerveuse ou contente? Justifiez votre réponse.
    c. Où est la maman de Yasmine? Qu'est-ce que cette scène révèle peut-être sur la situation familiale des Bouhazid?
    d. L'institutrice pose-t-elle beaucoup de questions personnelles à Yasmine ou à Rachid? Quelle conclusion culturelle en tirez-vous?
    e. Comment la maîtresse réussit-elle à mettre Yasmine à l'aise?
    f. Comment Rachid et Yasmine se disent-ils au revoir? Quels sont les noms affectueux que Rachid donne à sa fille—«ma chérie»? «mon petit lapin» (*rabbit*)? «ma puce» (*flea*)? Comparez avec les noms affectueux que l'on utilise dans votre culture.

B. Au studio de Canal 7 [scènes 4–8]

1. **L'émission «Bonjour!»** Qui est l'invité d'honneur pour l'émission d'aujourd'hui? Quel est le test? Quelle conclusion peut-on en tirer sur l'attitude des Français vis-à-vis du pain, ce grand symbole de la France?

2. **Le béret français.** Bruno gagne «le béret de la semaine». Le béret est un autre symbole traditionnel de la France, mais quelle est l'attitude de Bruno vis-à-vis de ce «prix»? Que peut-on en déduire

sur l'image du béret chez les jeunes Français—est-ce un symbole d'élégance et de prestige, ou au contraire un emblème de la vieille génération paysanne (et peu éduquée)? Y a-t-il des symboles dans votre pays qui ont une valeur culturelle ou patriotique pour certains et pas pour d'autres? Expliquez.

3. **Une autre perspective.** Pourquoi Hélène est-elle là? Sur quoi va-t-elle faire des reportages? Pourquoi pense-t-elle que «les Français sont formidables»?

4. **Le médaillon** (*locket*). Camille croyait avoir perdu son médaillon. Comment répond-elle à Martine, la productrice, quand celle-ci le lui rapporte et lui demande «Qui est-ce?» A votre avis, qui est sur la photo? Pourquoi Camille est-elle si troublée? Faites preuve d'imagination.

5. **Les présentations.** Quelles observations culturelles pouvez-vous faire sur l'interaction entre Rachid et ses nouveaux collègues—Martine, la productrice; Roger, le réalisateur; Nicole, la scripte; et finalement Camille.

C. **Bruno, Rachid et la famille Bouhazid** [scènes 9–15]

1. **Le ton de la plaisanterie.** D'après le petit échange sur le parking, quelle est la relation entre Bruno et Hélène? Ferait-on le même genre de plaisanterie dans la culture nord-américaine? Expliquez votre point de vue.

2. **Des choses sérieuses.** Qu'est-ce que le petit échange entre Bruno et Rachid dans leur bureau confirme sur la situation familiale de Rachid?

3. **A la cantine.** Quel est le plat du jour à la cantine (cafétéria)—bœuf bourguignon? jarret de porc aux lentilles? steak-frites? Que prennent Bruno et Rachid? Pourquoi Bruno demande-t-il à Rachid s'il est musulman? Quelles sont les origines de Rachid?

4. **Au téléphone.** Résumez l'incident avec le téléphone. Qui appelle d'abord? Quel est le conseil de Martine à Rachid? Quel est le résultat?

5. **A la sortie de l'école.** Qu'est-ce qui se passe? Résumez au présent, en ajoutant des détails selon votre imagination. (Rachid arrive donc à l'école avec Camille, parce que Camille a proposé de l'y emmener dans sa petite voiture… .)

SYNTHESE COMMUNICATIVE

Si le temps le permet, revisionnez tout l'épisode, sans interruptions, en fonction des questions de synthèse.

♦ **La culture**
   1. Vous avez remarqué que les Français ne posent pas beaucoup de questions personnelles au premier abord, et que la notion de vie privée est différente en France et en Amérique du Nord. Transposez la conversation entre Rachid, Yasmine et la maîtresse, puis la conversation entre Rachid et Bruno quand Rachid s'installe à son bureau, dans un contexte nord-américain. Qu'est-ce qui va être différent? Imaginez les dialogues, puis jouez ces sketchs.
   2. Faites une liste des autres éléments culturels qui vous ont frappé(e) dans ce premier épisode du film, puis résumez et comparez vos observations sur chacun.

♦ **L'intrigue** (*plot*)
   Que savez-vous maintenant sur a) Rachid? b) Camille? c) Bruno? En vous basant sur les images et les mots, donnez une description aussi détaillée que possible de ces trois personnes. Les descriptions les plus longues gagneront le béret de la semaine!

THEME II

CHAPITRE 4

Exercices oraux

A l'écoute de la vie

AVANT D'ECOUTER

Quand vous étiez à l'école primaire, quel était votre emploi du temps? Indiquez les heures ou répondez selon les indications.

      MODELE: lever _7 h_____

1. lever _____

2. arrivée à l'école _____

3. départ de l'école _____

4. repas de midi: entre _____ et _____. Où? (A la cantine? A la maison?)

     _____

5. récréations (Combien?) _____

6. activitiés favorites aux récréations _____

7. matière préférée à l'école _____

A L'ECOUTE

A. Vous allez entendre une conversation avec Samuel, un élève au collège. Ecoutez une première fois et organisez les sujets suivants selon l'ordre de présentation dans la conversation. Numérotez de 1 à 8.

    _____ commentaires sur l'école maternelle

    _____ âge actuel de Samuel

    _____ âge d'entrée à l'école primaire

    _____ classe actuelle de Samuel

    _____ matière préférée de Samuel à l'école primaire

    _____ nom des différentes classes à l'école primaire

    _____ activités pendant les récréations

    _____ emploi du temps d'une journée à l'école primaire

B. Ecoutez une deuxième fois et complétez.

1. l'âge

    a. âge d'entrée à l'école maternelle: _____ ou _____

    b. âge d'entrée à l'école primaire: _____

    c. âge actuel de Samuel: _____

2. l'heure

    a. heure à laquelle Samuel se lève: _____

    b. heure à laquelle l'école commence: _____

    c. heure à laquelle les cours du matin finissent: _____

    d. heure à laquelle l'école recommence l'après-midi: _____

    e. heure à laquelle l'école finit: _____

3. les activités

    a. activités principales à l'école maternelle: _____

    b. activités favorites de Samuel aux récréations: _____

4. matière préférée de Samuel: _____

5. Pourquoi Samuel aimait-il cette matière? Cochez toutes les réponses appropriées.

    ☐ L'institutrice était amusante.

    ☐ Les autres élèves étaient bons.

    ☐ Les autres élèves étaient nuls.

    ☐ Samuel était le meilleur.

C. Ecoutez une troisième fois et notez deux différences culturelles entre la France et les Etats-Unis.

_____

_____

A vous la parole

PHONETIQUE

Diphthongs

When two or more vowel sounds run together, the result is called a diphthong (**une diphtongue**). The vowels in *toy* and *say,* like many vowels in English, are diphthongs. French vowels, by contrast, usually consist of only one pure sound.

As you practice the **passé composé,** give special attention to the final vowel sound. Try to keep the muscles in your mouth tense as you speak and to make all the vowel sounds short, like staccato notes.

Now turn on the audio program.

Avant de commencer, écoutez ce contraste:

en anglais: *pay;* en français: **paix.**
Encore une fois: en anglais: *pay;* en français: **paix.**

A. Du présent au passé composé. Substituez le passé composé au présent. Essayez de ne pas faire de diphtongues. Ensuite, répétez la réponse modèle.

MODELE: *Vous entendez:* je parle
Vous répondez: j'ai parlé

1. … 2. … 3. … 4. … 5. … 6. … 7. …

B. Présent ou passé composé? Si vous entendez le présent, donnez le passé composé; si vous entendez le passé composé, répondez au présent. Essayez d'éviter la diphtongaison.

MODELES: a. *Vous entendez:* je parle
Vous répondez: j'ai parlé

b. *Vous entendez:* nous avons fini
Vous répondez: nous finissons

1. … 2. … 3. … 4. … 5. … 6. …

PAROLES

A. Quel âge? Quelle école? Connaissant l'âge d'une personne, vous pouvez savoir à quelle école elle se rend. Répondez selon le modèle. Réponses possibles: *à l'école maternelle, à l'école primaire, au collège, au lycée, à l'université*

MODELE: *Vous entendez:* Mireille a sept ans.
Vous répondez: Mireille va à l'école primaire.

1. … 2. … 3. … 4. … 5. …

B. Quelle est la matière dominante? Ecoutez ces étudiants qui parlent de leurs cours, puis déterminez leur matière dominante (*major*). Réponses possibles: *langues modernes, informatique, histoire, mathématiques, sciences naturelles, musique*

MODELE: *Vous entendez:* J'ai un cours d'algèbre et deux cours de calcul.
Vous répondez: C'est une étudiante en mathématiques.

1. … 2. … 3. … 4. … 5. …

C. Au boulot. Regardez ces dessins de trois scènes scolaires, puis répondez aux questions. (Vous entendrez ensuite une des réponses possibles.)

1. …   2. …   3. …   4. …   5. …

D. Maintenant à vous! Voici des questions (répétées deux fois) au sujet de votre vie scolaire. Ecrivez vos réponses.

1. _____

   _____

2. _____

   _____

3. _____

   _____

4. _____

   _____

5. _____

   _____

STRUCTURES

A. La routine. Luc est lycéen, et sa vie est monotone. Luc va vous dire (deux fois) ce qu'il a fait aujourd'hui. Demandez-lui s'il a fait la même chose hier.

MODELE: *Vous entendez:* Je prends mon petit déjeuner à 5 h 30 aujourd'hui.
         Vous répondez: Tu as pris ton petit déjeuner à 5 h 30 hier aussi?

1. …   2. …   3. …   4. …

B. L'école buissonnière. Regardez les dessins, puis composez une phrase pour décrire comment chaque élève a passé sa journée d'école buissonnière. (Ensuite, répétez la réponse modèle.)

Stéphanie

MODELE: *Vous entendez:* Stéphanie
         Vous répondez: Stéphanie a écouté des disques.

1. Christian   2. Sophie   3. Alain

4. 　　　　　　　　　　　5. 　　　　　　　　　　　6.

C. Tant pis pour vous! Gertrude vous agace parce qu'elle fait toujours tout… à l'heure et sans erreur. Vous, par contre,… . Répondez selon le modèle.

MODELE: *Vous entendez:* Gertrude est arrivée à l'heure.
Vous répondez: Moi, je ne suis pas arrivé(e) à l'heure.

1. …　　2. …　　3. …　　4. …

D. A l'école secondaire. Répondez honnêtement (!) aux questions sur vos expériences d'élève à l'école secondaire. Ecrivez vos réponses.

1. _____

2. _____

3. _____

4. _____

Dictée

Vous entendrez la dictée deux fois. La première fois, écoutez. La deuxième fois, écrivez. Ensuite, réécoutez le premier enregistrement pour corriger.

_____

_____

_____

_____

_____

_____

_____

_____

PAROLES

A. Comparons! Voici une liste d'âges. Indiquez dans quelle école les Français et les Américains se trouvent à chaque âge. Complétez le tableau.

FRANCE	AGE	USA
à l'école maternelle {	2 3 4 5	
	6	
	7	
	8	
	9	
	10	
	11	
	12	
	13	
	14	
	15 16 17 18 } à l'école secondaire	

B. Tout un programme. La liste de gauche est une liste de matières; la liste de droite est une liste de sujets d'étude. Indiquez dans quelle matière on étudie chacun de ces sujets.

MATIERES

1. _____ la géographie
2. _____ la physique
3. _____ la philosophie
4. _____ les sciences économiques
5. _____ l'histoire
6. _____ la psychologie
7. _____ la géométrie
8. _____ la musique
9. _____ la zoologie
10. _____ la littérature
11. _____ les sciences politiques
12. _____ l'histoire de l'art

SUJETS

a. le théorème de Pythagore
b. le thermodynamique
c. les serpents
d. Shakespeare
e. la Révolution française
f. l'impressionnisme
g. les fleuves d'Europe
h. l'existentialisme
i. les chiens de Pavlov
j. la monarchie parlementaire
k. l'inflation
l. Berlioz

C. Le cartable de Pierrot. Pierrot vient d'arriver à l'école et il vide son cartable. Etiquetez (*Label*) sur le dessin les articles qu'il a déjà sortis, puis dressez une liste de quatre autres articles qui sont toujours dans le cartable.

Pierrot n'a pas encore sorti _____

_____ .

D. Votre sac à dos ou votre serviette. Les étudiants mettent souvent leurs affaires dans un sac à dos ou une serviette. Vous ne devez pas faire exception. Choisissez un jour précis (aujourd'hui, lundi dernier...) et écrivez un paragraphe où vous indiquez quels articles vous y avez mis et quels articles vous n'y avez pas mis. Expliquez pourquoi. Utilisez des expressions comme *par exemple, parce que, et, aussi, mais, par contre, enfin*, etc.

MODELE: J'ai un sac à dos où je mets souvent mes affaires. Par exemple, mardi dernier, le jour de mon cours de maths, j'y ai mis ma calculatrice et mon livre de géométrie. Par contre, je n'y ai pas mis mon portable parce que... .

_____

_____

_____

_____

_____

STRUCTURES

A. *Etre* ou *avoir*? A l'école primaire, Pierre Morier fait de la grammaire française. Il a beaucoup de mal à se rappeler les verbes qui sont conjugués avec **être** au passé composé, sans parler de tous les participes irréguliers! Voici un exercice extrait de son manuel de grammaire. (Pierre a fait douze erreurs! Et vous?) Mettez les verbes suivants au passé composé.

1. nous répondons _____

2. Jean et Marc finissent _____

3. j'entre _____

4. elle se lève _____

5. vous comprenez _____

6. tu ouvres _____

7. Claude dit _____

8. elles font _____

9. je suis _____

10. tu as _____

11. nous mettons _____

12. vous buvez _____

13. ils s'écrivent _____

14. elle connaît _____

15. elles viennent _____

16. nous courons _____

17. Nathalie arrive _____

18. je vais _____

19. Nicolas descend _____

20. vous sortez _____

B. Une lettre sans toutes ses lettres! Voici une lettre que vous venez de recevoir. Vraisemblablement, votre correspondante Gisèle ne comprend pas très bien le passé composé, et elle a donc laissé beaucoup de blancs. A vous de les remplir, mais seulement s'il le faut.

Rouen, le 14 octobre

Cher (Chère) _____ (votre prénom)

J'ai reçu____¹ hier les cassettes que tu m'_____² envoyé____³ et je les adore! Hier soir, beaucoup de mes copains _____⁴ venu____⁵ chez moi et nous _____⁶ écouté____⁷ tes cassettes et des CD que j'ai acheté____⁸ à Paris le mois dernier.

Nous _____⁹ sorti____¹⁰ la voiture du garage que nous _____¹¹ transformé____¹² en une énorme salle de fête où nous _____¹³ dansé____¹⁴ jusqu'à minuit passé. Tout le monde s'_____¹⁵ bien amusé____¹⁶ et personne n'_____¹⁷ parti____¹⁸ avant une heure du matin. Nous _____¹⁹ longuement parlé____²⁰ de toutes sortes de choses. En plus, Nicolas et Alexandre _____²¹ raconté____²² des souvenirs de leur séjour en Russie. Nous _____²³ passé____²⁴ une super soirée. Il ne manquait que toi!

Bises,

Gisèle

C. Il ne faut pas remettre à demain ce qu'on peut faire le jour même! Dressez une liste de six choses que vous n'avez pas faites la semaine dernière mais que vous auriez dû faire (*should have done*).

MODELE: Je n'ai pas répondu à la gentille lettre de grand-mère.

1. _____

2. _____

3. _____

4. _____

5. _____

6. _____

D. Une soirée gâchée. Complétez le paragraphe suivant avec les mots donnés. Attention à la place des négatifs et des adverbes. Utilisez chaque mot une seule fois.

pas	personne	sûrement	peut-être
rien	aucune	complètement	

Hier soir, Nathalie n'a _____[1] fait. Elle n'a _____[2] fait de devoirs; elle n'a

écrit _____[3] lettre; elle n'a téléphoné à _____[4]. Elle a _____[5]

perdu son temps toute la soirée. Pourquoi? Elle a _____[6] reçu de mauvaises nouvelles

pendant la journée. Ella n'a _____[7] pas réussi à son examen de calcul.

E. Avez-vous déjà… ? Répondez aux questions suivantes par l'affirmative ou la négative selon vos expériences.

1. Avez-vous déjà eu un accident de voiture? En quelle année?

   _____

   _____

2. Quelles grandes villes avez-vous visitées? Qu'est-ce que vous y avez fait?

   _____

   _____

3. Etes-vous déjà parti(e) à l'étranger? Dans quels pays?

   _____

   _____

4. Où n'êtes-vous jamais allé(e)?

   _____

   _____

5. Avez-vous déjà rencontré une personne célèbre? Qui?

   _____

   _____

6. Avez-vous déjà fait un sport dangereux? Lequel?

_____

_____

7. Qu'est-ce que vous avez fait d'extraordinaire dans votre vie?

_____

_____

F.   Et vous? Ecrivez-vous beaucoup de lettres? Il faut essayer! Composez une lettre adressée à un ami (une amie) où vous racontez ce que vous avez fait au cours d'un événement (une fête?) auquel votre correspondant(e) n'a pas pu assister. La lettre de Gisèle (dans l'exercice B) pourra vous donner des idées. Utilisez des expressions comme *d'abord, ensuite, puis, après, alors, finalement,* etc.

_____

_____,

_____

_____

_____

_____

_____

_____

_____

_____

_____

_____

_____

_____

_____,

_____

 Branchez-vous!

A.   Ah, l'école! Renseignez-vous sur la routine des lycéens français. Quels sont les cours obligatoires? Combien d'heures passe-t-on en classe? Est-on souvent en vacances?, etc. Comparez avec la vie d'un élève américain (d'une élève américaine).

Mots-clés: France, lycée, «système scolaire», enseignement, éducation, etc.

B.   Saint-Ex, écrivain ou pilote? L'auteur du *Petit Prince* a eu une vie passionnante et pleine d'aventures. Trouvez assez de renseignements pour faire une petite présentation biographique.

Mots-clés: Saint-Exupéry, France, écrivain, etc.

CHAPITRE **5**

Exercices oraux

A l'écoute de la vie

AVANT D'ECOUTER

1. Qu'est-ce que vous aimiez faire quand vous étiez petit(e)? Donnez deux activités.

   _____

   _____

2. Et plus tard, quand vous étiez au lycée, qu'est-ce que vous aimiez faire quand vous sortiez avec vos copains et copines?

   _____

   _____

3. Quel genre de livres est-ce que vous aimiez lire?

   _____

   _____

4. Quel genre d'enfant étiez-vous?

   _____

   _____

A L'ECOUTE

A. Ecoutez une première fois pour voir si vous avez des caractéristiques en commun avec Gwenaëlle, la jeune Française interviewée. Quelles sont ces caractéristiques?

_____

_____

B. Ecoutez deux ou trois autres fois et complétez.

1. Quand elle était petite, Gwenaëlle jouait…

AVEC QUI?	OU?	A QUOI?	QUAND?
_____	_____	_____	_____
_____	_____	_____	_____

2. Nommez deux activités que Gwenaëlle faisait avec ses copines quand elle était au lycée.

_____

_____

3. Gwenaëlle et la lecture

   a. Quel genre de livres Gwenaëlle aimait-elle quand elle était petite?

   _____

   b. Et plus tard? Donnez deux auteurs que vous reconnaissez.

   _____

   _____

4. Gwenaëlle enfant

   Donnez deux adjectifs qui décrivent Gwenaëlle quand elle était petite.

   _____   _____

C. Ecoutez une dernière fois et indiquez si ces phrases sont vraies (V) ou fausses (F).

		V	F
1.	Quand elle était jeune, Gwenaëlle écrivait des histoires d'aventures.	☐	☐
2.	Quand Gwenaëlle sortait avec ses copines, elle allait les chercher chez elles.	☐	☐
3.	Sa mère lui achetait un livre toutes les semaines.	☐	☐
4.	Gwenaëlle n'a jamais été obligée de rester dans sa chambre comme forme de punition.	☐	☐

A vous la parole

PHONETIQUE

The Present and the Imperfect

The present tense endings of **-er, -ir,** and **-re** verbs are pronounced differently, but the imperfect endings of all groups of verbs are pronounced the same. The following chart with examples summarizes these pronunciations:

je _____**ais** [ɛ]	je parl**ais**
tu _____**ais** [ɛ]	tu finiss**ais**
il/elle _____**ait** [ɛ]	elle répond**ait**
nous _____*ions* [jɔ̃]	nous arriv*ions*
vous _____*iez* [je]	vous choisiss*iez*
ils/elles _____**aient** [ɛ]	ils descend**aient**

Notice that the four endings in boldface (**je, tu, il/elle, ils/elles**) are pronounced the same. Notice too that the sound [j] distinguishes the imperfect from the present for the **nous** and **vous** forms of almost all verbs.

Compare: present = **nous parlons** [parlɔ̃]; imperfect = **nous parlions** [parljɔ̃].
Now turn on the audio program.

A. Du présent à l'imparfait. Vous allez entendre des verbes au présent. Répétez le présent, puis donnez la forme correspondante de l'imparfait.

MODELE: *Vous entendez:* je parle
Vous répondez: je parle, je parlais

1. … 2. … 3. … 4. … 5. … 6. … 7. …

B. Présent ou imparfait? Cette fois vous allez entendre des verbes au présent ou à l'imparfait. Si vous entendez un verbe au présent, donnez l'imparfait. Si le verbe est à l'imparfait, donnez le présent.

MODELES: a. *Vous entendez:* il finit
Vous répondez: il finissait

b. *Vous entendez:* nous allions
Vous répondez: nous allons

1. … 2. … 3. … 4. … 5. … 6. … 7. … 8. …

PAROLES

A. L'histoire sportive de la famille Morier. Vous souvenez-vous de la famille Morier? Voici des «photos» extraites d'un de leurs albums de famille. A l'époque, Martin et Béatrice Morier avaient à peu près 30 ans et leurs enfants étaient petits. Décrivez les activités sportives des membres de la famille à cette époque. (Ensuite, répétez la réponse modèle.)

Martin

MODELE: *Vous entendez:* Martin
Vous répondez: Autrefois, Martin faisait du vélo.

1. Béatrice

2. Yves

3. Françoise

4. Anne

5. Martin

B. Tel père, tel fils? Pas du tout! Jean-Marc Crécy et son fils Daniel font exception à la règle. Ecoutez les phrases au sujet du comportement de Daniel et répondez par des phrases au sujet de son père.

> MODELE: *Vous entendez:* Daniel est un garçon mal élevé.
> *Vous répondez:* Mais son père était bien élevé.

1. ... 2. ... 3. ... 4. ... 5. ...

C. Le week-end. Ecoutez les descriptions suivantes, puis dites ce que ces jeunes aiment faire le week-end. Réponses possibles: *aller au cinéma, prendre un pot ensemble, jouer à la roulette, faire des balades à vélo, regarder des vidéos, faire la fête*

> MODELE: *Vous entendez:* Chantal et Irène rencontrent des copains pour bavarder, danser et écouter de la musique.
> *Vous répondez:* Chantal et Irène aiment faire la fête.

1. ... 2. ... 3. ... 4. ... 5. ...

D. Maintenant à vous! Quelle sorte d'enfant étiez-vous? Ecoutez les questions (répétées deux fois) et écrivez votre réponse.

1. _____
2. _____
3. _____
4. _____
5. _____

STRUCTURES

A. Plus ça change... La vie de Patrick n'a pas beaucoup changé. Ecoutez une phrase sur son passé et répondez au présent selon le modèle.

> MODELE: *Vous entendez:* Autrefois, Patrick jouait souvent aux échecs.
> *Vous répondez:* Et il joue toujours aux échecs.

1. ... 2. ... 3. ... 4. ... 5. ...

B. L'âge fait la différence! Vous venez de revoir des camarades de classe que vous n'aviez pas vus depuis dix ans. En quoi ont-ils changé?

> MODELE: *Vous entendez:* Aujourd'hui, Marie aime les sports.
> *Vous répondez:* Mais quand elle était jeune, Marie n'aimait pas les sports.

1. ... 2. ... 3. ... 4. ... 5. ...

C. Autres temps, autres mœurs (proverbe). Alain Morier va décrire certains aspects de sa vie quoti-dienne. Vous allez lui poser des questions au sujet de la vie de ses grands-parents. (Ensuite, répétez la question modèle.)

> MODELE: *Vous entendez:*   Je ne me lève jamais avant 7 h 30.
>   *Vous demandez:*   Et tes grands-parents? Est-ce qu'ils ne se levaient jamais avant 7 h 30?

1. ...   2. ...   3. ...   4. ...   5. ...

D. Copain, copine! Choisissez un de vos copains (une de vos copines) d'école secondaire. Ecoutez les questions à propos de son présent et de son passé. Faites bien attention au temps du verbe de la question et utilisez-le dans votre réponse.

1. _____

2. _____

3. _____

4. _____

5. _____

Dictée

Vous entendrez la dictée deux fois. La première fois, écoutez. (Notez que la dernière phrase n'est pas complète; ce sera à vous de la compléter.) La deuxième fois, écrivez. Ensuite, réécoutez le premier enregistrement pour corriger. A la fin, terminez la dernière phrase de façon personnelle.

_____

_____

_____

_____

_____

_____

_____

_____

Exercices écrits

PAROLES

A. Un tour du monde sportif. A côté de chaque nom, écrivez le sport que cette personne pratique (pratiquait).

> MODELE: Lance Armstrong → Il fait du vélo.

1. Tony Hawk _____

   _____

2. Kobe Bryant _____

   _____

3. Martina Hingis et André Agassi _____

   _____

4. Tiger Woods _____

   _____

5. Mia Hamm _____

   _____

B. Les sœurs Duclerc. Le texte suivant décrit les différences qui existaient entre deux jeunes sœurs, Antoinette et Claude Duclerc. Complétez le texte en utilisant un adjectif (à mettre au féminin) ou un verbe (à conjuger à l'imparfait) de la liste de droite.

Antoinette était une jeune fille bien élevée et polie alors que sa sœur Claude

était _____[1] et _____[2]. Les autres

membres de la famille appréciaient Antoinette parce qu'elle était

_____[3]; par contre, Claude n'obéissait jamais à

personne: elle était très _____[4]. De plus, Claude ne

montrait jamais d'affection tandis qu'Antoinette était toujours

_____[5].

Souvent, les deux sœurs se disputaient et même parfois elles

_____[6]. Le plus souvent, quand les parents les

_____[7], Antoinette pleurait et puis elle

_____[8]. Mais pas Claude. Et donc, les parents la

_____[9] fréquemment.

Tout le monde était étonné des différences entre les deux jeunes sœurs.

Bref, Claude était aussi _____[10] qu'Antoinette était

_____[11].

affectueux
se battre
demander pardon
désobéissant
gronder
impoli
mal élevé
méchant
obéissant
punir
sage

C. La fièvre du samedi soir. Vous et vos camarades de classe organisez une fête pour samedi. Vous discutez des activités possibles et proposez celles qui vous intéressent le plus. Consultez la liste d'activités. Choisissez-en cinq et suggérez-les à vos camarades en utilisant la structure suivante: *regarder la télé* → Si nous regardions la télé?

> danser
> écouter des CD   jouer à des jeux vidéo
> regarder un match de foot à la télé   jouer aux échecs
> regarder une vidéo ou un DVD   jouer à des jeux de société

1. _____

2. _____

3. _____

4. _____

5. _____

D. Et vous? Complétez les phrases suivantes en décrivant la personne que vous étiez à 10 ans. Utilisez le vocabulaire du chapitre.

1. En ce qui concerne mon comportement, j'étais un(e) enfant _____
   _____ .

2. Je me disputais _____
   _____ .

3. Mes parents me grondaient quand _____
   _____ .

4. Ils me punissaient chaque fois que _____
   _____ .

5. Je pleurais si _____
   _____ .

6. Comparé(e) à la plupart de mes copains (copines), je _____
   _____ .

STRUCTURES

A. Tel père, tel fils. L'enfance du père d'Alain Morier n'était pas très différente de celle de son fils. Mettez le paragraphe suivant au passé en supposant que c'est le père qui parle. Mettez tous les verbes à l'imparfait. Barrez (*Cross out*) les verbes au présent.

~~J'ai~~ *J'avais* _____ [1] quatorze ans. Je suis _____ [2] jeune mais j'essaie

_____ [3] d'être indépendant. Mes parents disent _____ [4] que

je suis _____ [5] mûr pour mon âge. Ils avouent _____ [6]

même que je commence _____ [7] à être raisonnable. Cela me fait

_____ [8] peur!

Mes copains et moi, nous adorons _____⁹ les sports. En hiver, nous faisons

_____¹⁰ du ski et en été, quand nous sommes _____¹¹ en

vacances, nous faisons _____¹² du VTT et parfois de la randonnée.

L'école m'ennuie _____¹³. J'étudie _____¹⁴ le moins

possible. Mais je m'amuse _____¹⁵ beaucoup le week-end. Avec les copains, on

va _____¹⁶ au cinéma et, souvent, quelqu'un organise _____¹⁷

une fête. Ça, c'est _____¹⁸ toujours très chouette parce que nous écoutons

_____¹⁹ des CD et nous dansons _____²⁰ très tard.

B. Mon enfance et l'école. Imaginez que vous racontez l'histoire de votre enfance à vos propres enfants. Ecrivez un paragraphe en mettant les phrases à l'imparfait, affirmatif ou négatif selon le cas. Parlez de l'école, des activités avec vos amis et avec vos parents. Donnez beaucoup de détails. Utilisez des expressions comme *au commencement, alors, mais, par contre, finalement,* etc.

> MODELE: Au commencement, quand j'étais jeune je n'aimais pas aller à l'école parce que je préférais rester avec ma mère parce que nous… . Par contre, quand mes amis venaient à ma porte… .
>
> aller à leur école
> suivre mon père dans les ravines fraîches
> dormir au pied des manguiers
> ne pas vouloir devenir pareil aux messieurs de la ville
> flâner le long des sucreries
> apprendre dans les livres
> danser le soir au clair de lune
> marcher sur la chair de mes pieds

_____

_____

_____

_____

_____

_____

_____

_____

C. Une histoire de chats. Complétez le paragraphe en utilisant les expressions suivantes conjuguées à l'imparfait: *être en train de, aller (+ infinitif), venir de*

Il était minuit et je _____¹ rentrer d'une soirée très agréable.

J'_____² me coucher quand j'ai entendu un bruit suspect dans ma

chambre. J'ai eu peur et j'_____³ téléphoner à la police. Mais tout à

coup, j'ai aperçu mes deux chats: ils _____⁴ jouer avec leur balle.

J'_____⁵ leur prendre la balle mais ils l'ont laissée pour venir m'accueillir avec un regard interrogateur: quand est-ce que j'_____⁶

leur servir du lait?

D. Je me souviens! Pensez à votre enfance et souvenez-vous des moments de plaisir et d'ennui. Avec le verbe indiqué, composez des phrases à l'imparfait qui font appel à vos souvenirs d'enfance. Parlez des autres membres de votre famille et de vos copains.

MODELE: (aimer) → Ma sœur aimait les vacances parce qu'elle n'aimait pas du tout les devoirs.

1. (adorer) _____

   _____

2. (penser) _____

   _____

3. (être) _____

   _____

4. (préférer) _____

   _____

5. (vouloir) _____

   _____

6. (savoir) _____

   _____

7. (détester) _____

   _____

8. (avoir) _____

   _____

9. (pouvoir) _____

   _____

10. (espérer) _____

   _____

E. Je me souviens! (suite) Maintenant, parlez de vous-même. Composez des phrases à l'imparfait avec les éléments donnés.

MODELES: (sage) → J'étais sage quand je voulais regarder la télé très tard le soir.

(se disputer) → Je me disputais souvent avec mes parents mais jamais avec mes grands-parents.

1. (désobéissant[e]) _____

   _____

2. (affectueux[se]) _____

   _____

3. (mériter une fessée) _____

_____

4. (demander pardon) _____

_____

5. (?) _____

_____

Branchez-vous!

A. Le rugby. Les Français aiment beaucoup le sport. Le football et le tennis, par exemple, sont très populaires mais d'autres sports ont leur part de popularité chez les Français, comme le rugby. Chaque année, la France participe à un tournoi international. Recherchez le classement du dernier tournoi ainsi que les pays qui y ont participé. Renseignez-vous sur l'équipe de France. Nommez quelques joueurs et leur position.

Mots-clés: France, sport, rugby, tournoi, etc.

B. Le Tour de France. Le Tour de France est un autre événement sportif particulièrement suivi des Français. Sur une carte de France, retracez les étapes du dernier Tour de France. Choisissez deux villes du parcours et préparez une présentation sur le Tour.

Mots-clés: France, sport, cyclisme, Tour de France, Lance Armstrong, etc.

C. Que savez-vous de la Guadeloupe? Faites des recherches sur la Guadeloupe ou sur la Martinique, une autre île francophone des Caraïbes. Renseignez-vous sur l'histoire ou sur une tradition de l'une de ces deux îles.

Mots-clés: Guadeloupe, la Martinique, DOM-TOM, etc.

CHAPITRE **6**

Exercices oraux

A l'écoute de la vie

AVANT D'ECOUTER

Dans la séquence sonore que vous allez écouter, une étudiante se rappelle son premier emploi. C'était pendant l'été, et elle travaillait dans une entreprise qui fabriquait des micro-puces (*microchips*). Cochez les renseignements que vous anticipez.

1. _____ son âge
2. _____ ses vêtements
3. _____ les heures de travail
4. _____ son salaire
5. _____ les difficultés expérience

6. _____ les jours de congés
7. _____ les patrons
8. _____ ses relations avec les autres employés
9. _____ la durée totale du travail
10. _____ l'impression qu'elle a de cette

A L'ECOUTE

A. Ecoutez la séquence deux ou trois fois et reprenez les renseignements catégorisés ci-dessus, en soulignant ceux qui sont réellement mentionnés. Rappelez-vous que vous n'avez pas besoin de tout comprendre pour accomplir cette tâche.

B. Ecoutez encore une fois et mettez les éléments dans l'ordre dans lequel ils sont mentionnés.

1. _____
2. _____
3. _____
4. _____
5. _____
6. _____
7. _____
8. _____
9. _____
10. _____

a. des bonus
b. la cafétéria
c. les chefs
d. une combinaison
e. l'école
f. des entretiens
g. les pauses
h. la réputation
i. la salle blanche
j. des tests

C. Ecoutez une ou deux fois de plus et indiquez si les phrases suivantes sont vraies (V) ou fausses (F). Si la phrase est fausse, corrigez-la.

		V	F	CORRECTION
MODELE:	L'étudiante avait 20 ans.	☐	☑	*Elle avait 18 ans et demi.*

1. Elle portait quelque chose sur les cheveux. ☐ ☐ _____

2. Elle s'est habituée aux vêtements après une semaine. ☐ ☐ _____

3. Elle travaillait seule. ☐ ☐ _____

4. Elle commençait parfois à 5 h du matin. ☐ ☐ _____

5. On la payait en euros. ☐ ☐ _____

6. Elle allait à la cafétéria en combinaison. ☐ ☐ _____

7. Elle a dû passer un test pour la vue. ☐ ☐ _____

8. Son patron travaillait dur. ☐ ☐ _____

9. Elle ne parlait à ses amis que pendant la pause. ☐ ☐ _____

10. Ce travail était très intellectuel. ☐ ☐ _____

A vous la parole

PHONETIQUE

Falling Intonation

As you know, yes/no questions have a rising intonation. When questions solicit more information (**où?, comment?, qui?, quel... ?**, etc.) they have a falling intonation.

Compare the intonation of the following pairs of questions. First you will hear a yes/no question and then an information question. (Turn on the audio program.)

♦ Est-ce que Pierre travaille au café?

Qui travaille au café?

♦ Nicole a gagné dix francs de l'heure?

Combien est-ce que Nicole a gagné?

♦ Le cuisinier était-il grec?

Quelle était la nationalité du cuisinier?

A. Le job d'été de Jacques. Vous allez entendre des questions à intonation montante. Modifiez les questions en demandant les renseignements en italique et en changeant l'intonation.

> MODELE: *Vous entendez:* Est-ce que Jacques a travaillé *au café*?
> *Vous demandez:* Où est-ce que Jacques a travaillé?

1. Est-ce que Jacques a commencé à travailler *en juin*?
2. Est-ce que Jacques travaille *six jours* par semaine?
3. Est-ce que Jacques sympathise avec *ses collègues*?
4. Est-ce que *les clients* sont parfois difficiles?
5. Est-ce que Jacques a déjà demandé *une augmentation de salaire*?
6. Est-ce que le patron a réagi *en mettant Jacques à la porte*?

B. Vous êtes incrédule! Michèle va vous parler de son travail d'été. Pour chaque détail qu'elle présente, posez-lui deux questions à intonation différente, selon le modèle.

> MODELE: (Quand est-ce que ≠ Est-ce que)
> *Vous entendez:* J'ai envoyé mon curriculum vitæ en avril.
> *Vous répondez:* Quand est-ce que tu as envoyé ton curriculum vitæ? Est-ce que tu as envoyé ton curriculum vitæ en avril?

1. (Qu'est-ce que ≠ Est-ce que)
2. (Qui ≠ Est-ce que)
3. (Quelle sorte de ≠ Est-ce que)
4. (Quand est-ce que ≠ Est-ce que)

PAROLES

A. Masculin, féminin. Les jeunes Françaises ont aussi besoin d'argent et donc, comme leurs copains, elles cherchent souvent un petit job. Donnez l'équivalent féminin des métiers suivants.

> MODELE: *Vous entendez:* Il est patron.
> *Vous répondez:* Elle aussi, elle est patronne.

1. … 2. … 3. … 4. … 5. … 6. … 7. … 8. …

B. Les jobs d'été. C'est la rentrée scolaire et vos camarades parlent de leurs jobs d'été. Posez-leur une question selon le modèle. Jobs: *un pompiste, un chauffeur, une caissière, une serveuse, un cuisinier, une vendeuse, un ouvrier*

> MODELE: *Vous entendez:* J'ai travaillé dans un café.
> *Vous répondez:* Est-ce que tu as travaillé comme serveuse?

1. … 2. … 3. … 4. … 5. … 6. …

C. Qu'est-ce que c'est? Regardez les dessins et répondez aux questions suivantes en donnant une définition du travail que font ces personnes. (Vous entendrez ensuite une des réponses possibles.)

> MODELE: *Vous entendez:* Qu'est-ce que c'est qu'un chauffeur?
> *Vous répondez:* C'est une personne qui conduit un véhicule.

1.   2.   3.

4.   5.   6.

D. Le vocabulaire du travail. Ecoutez les définitions et dites de qui ou de quoi on parle.

> MODELE: *Vous entendez:* C'est le chef.
> *Vous répondez:* C'est le patron.

1. …   2. …   3. …   4. …   5. …

STRUCTURES

A. A la préfecture de police. A cause du bruit, vous n'entendez pas les questions posées par les employés, mais vous entendez certaines réponses. Pouvez-vous formuler les questions correspondantes? Utilisez une forme de **quel** dans les questions.

> MODELE: *Vous entendez:* Mary Smith.
> *Vous répondez:* Quel est votre nom?

1. …   2. …   3. …   4. …   5. …   6. …

B. Encore une fois! Ecoutez ce jeune homme qui parle de son job, puis posez-lui des questions avec **qu'est-ce qui est** ou une forme de **quel** + **est/sont** pour vérifier ce que vous avez entendu.

> MODELES: a. *Vous entendez:* Je travaille de 9 h à 18 h cinq jours par semaine.
> *Vous répondez:* Quelles sont vos heures de travail?
>
> b. *Vous entendez:* Le magasin est très moderne.
> *Vous répondez:* Qu'est-ce qui est très moderne?

1. …   2. …   3. …   4. …

C. C'est la même question! Ecoutez les questions suivantes, puis formulez une question équivalente avec **est-ce que.** Vous entendrez ensuite la réponse.

> MODELE: *Vous entendez:* Qui as-tu vu?
> *Vous répondez:* Qui est-ce que tu as vu?
> *Vous entendez:* J'ai vu Stéphanie.

1. …   2. …   3. …   4. …   5. …

D. Jacques Roberge vous parle. Ecoutez Jacques Roberge. Il va vous parler de son travail et de ses espoirs. Ensuite, vous allez lui poser quatre questions pour vérifier l'information qu'il a donnée ou bien pour demander d'autres précisions. Ecrivez vos questions.

1. _____
   _____

2. _____
   _____

3. _____
   _____

4. _____
   _____

Dictée

Le texte que vous allez entendre représente un côté d'une conversation téléphonique. Ce sera à vous d'imaginer les réponses et de compléter cette conversation. La première fois, écoutez. La deuxième fois, écrivez en sautant une ligne après chaque question. Puis réécoutez le premier enregistrement pour corriger. Finalement, complétez le dialogue de façon logique.

—ALLO?

→ _____

— _____

→ _____

— _____

→ _____

— _____

→ _____

— _____

→ _____

Exercices écrits

PAROLES

A. Chassé-croisé de jobs. Attribuez un lieu de travail à chacune des personnes suivantes.

1. _____ une hôtesse d'accueil
2. _____ un pompiste
3. _____ une ouvrière
4. _____ un caissier
5. _____ un comptable
6. _____ une vendeuse
7. _____ un serveur

a. dans un supermarché
b. dans un restaurant
c. dans une station-service
d. dans une entreprise
e. dans un atelier
f. dans un bureau
g. dans une boutique

B. La triste histoire d'un job d'été. Louise Latour a cherché un poste comme employée de bureau l'été dernier. Décrivez comment elle a trouvé le job et ce qu'elle a fait une fois embauchée. D'abord, faites des phrases au passé composé; ensuite renumérotez-les logiquement.

MODELE: (voir l'annonce d'un poste à pourvoir) → Louise a vu l'annonce d'un poste à pourvoir.

_____ (expliquer ses aptitudes au patron)

_____

_____ (être surmenée tous les jours de la semaine)

_____

_____ (faire une demande d'emploi)

_____

_____ (enfin passer sa première journée au bureau)

_____

_____ (ne pas avoir de congés)

_____

_____ (être très contente d'être embauchée)

_____

_____ (se fâcher et donner sa démission)

_____

_____ (demander les détails du salaire au patron)

_____

_____ (demander très gentiment une augmentation de salaire)

_____

_____ (envoyer tout de suite son curriculum vitæ)

_____

C. Que font ces jeunes? Regardez les dessins et puis écrivez deux phrases comme si vous commenciez un paragraphe sur la personne. Utilisez des expressions comme *par contre, parce que, alors, donc, mais,* etc. Imaginez quelque chose d'intéressant sur chaque personne.

MODELE:

Serge travaille dans un café comme serveur.
Alors il gagne bien sa vie, mais il n'est pas content.

1.

_____

_____

_____

2.

_____

_____

_____

3.

_____

_____

_____

4. _____

_____

_____

Annick

D. L'entrée dans le monde du travail. Quand on se prépare à entrer dans le monde du travail, il y a certaines tâches à accomplir. La première tâche, c'est de préparer un curriculum vitæ à présenter aux employeurs. Imaginez que vous cherchez un travail d'été en France. (A vous de préciser la nature de ce travail.) Préparez un C.V. où vous vous présentez et où vous décrivez vos aptitudes.

Nom _____

Prénoms _____

Date de naissance _____

Nationalité _____

Diplômes _____

_____

_____

Aptitudes _____

_____

_____

_____

Expérience professionnelle _____

_____

_____

_____

STRUCTURES

A. *La grande vie,* **vous connaissez?** Modifiez les questions suivantes en utilisant la forme courte, si elle est possible.

   MODELE: Qui est-ce qui est venu hier? → Qui est venu hier?

1.   Qu'est-ce que c'est que la grande vie?

   _____

2.   De quoi est-ce que Pouce et Poussy ont besoin?

   _____

3.   A qui est-ce que Pouce et Poussy pensent souvent?

   _____

4. Qu'est-ce que maman Janine a dit?

   _____

5. Qui est-ce que «les deux terribles» ont rencontré à l'atelier de confection?

   _____

   _____

B. *Qu'est-ce que c'est* ou *quel est*? Posez les questions auxquelles les phrases suivantes répondent.

1. C'est un document qui présente les aptitudes et les expériences d'une personne.

   _____

2. Pour le poste en question, c'est 800 € par mois.

   _____

3. De 9 h à 18 h tous les jours sauf le dimanche.

   _____

4. C'est un jour où l'on ne travaille pas.

   _____

5. C'est une personne qui cherche un poste.

   _____

C. Encore des questions. Formulez des questions par inversion auxquelles les parties soulignées des phrases répondent.

1. Marie Duclerc a répondu à une annonce classée.

   _____

2. Elle a fait une demande d'emploi.

   _____

3. Mercredi, Marie s'est présentée au bureau du personnel.

   _____

4. La postulante a parlé à Mme Lafayette, la directrice du personnel.

   _____

5. Mme Lafayette avait besoin d'autres renseignements.

   _____

6. Marie les a fournis, et devinez qui Mme Lafayette a enfin décidé d'embaucher... Jules!

   _____

D. Sois plus précise! Votre copine Nicole vous raconte comment elle a trouvé un job à la bibliothèque de l'université. Vous vous intéressez au même type de job. Après chacun de ses commentaires, écrivez une question pour demander des précisions. Utilisez une forme de **quel** ou **lequel.**

   MODELE: —J'ai vu l'annonce sur un panneau d'affichage. →
   —*Sur quel panneau (Sur lequel) as-tu vu l'annonce?*
   —Sur le panneau devant la cafétéria.

1. —Trois bibliothécaires cherchaient des assistants.

   —_____

   —Mme Jones, M. Maldelair et Mlle Smith.

2. —Alors je me suis présentée. D'abord Mlle Smith voulait parler avec certains de mes
   professeurs.

   —_____

   —Avec mon professeur de français et de chimie, surtout. Je crois qu'elle les connaît.

3. —Tous les trois m'ont posé des questions que j'ai trouvées un peu étranges.

   —_____

   —La question de M. Maldelair était la plus surprenante. Il voulait savoir si j'aimais les voyages
   en avion.

4. —J'ai eu un deuxième entretien avec une des dames.

   —_____

   —Avec Mme Jones.

5. —J'ai été ravie quand on m'a engagée pour un des trois postes.

   —_____

   —Celui d'assistante de M. Maldelair.

E. Votre entretien à la bibliothèque. Ayant reçu des précisions de Nicole, vous avez fait une demande
pour un des postes à la bibliothèque. Dans quelques minutes, un des bibliothécaires va vous recevoir.
Ecrivez des questions sur les points suivants à poser pendant l'entretien.

1. les heures de travail: _____

   _____

2. le nom de votre patron(ne): _____

   _____

3. vos responsabilités: _____

   _____

4. le salaire: _____

   _____

5. la possibilité de faire des heures supplémentaires: _____

   _____

Préparez deux autres questions à poser:

_____

_____

_____

Branchez-vous!

A. Le chômage. C'est un sujet brûlant en France, d'autant plus qu'aujourd'hui une éducation poussée ne garantit pas forcément un emploi. Recherchez les derniers chiffres du chômage en France, ainsi qu'une offre d'emploi dans chacun des domaines suivants:

1. l'enseignement

2. l'informatique

3. la gestion

4. (dans le domaine de votre future carrière)

Mots-clés: *Le Monde, Le Figaro,* travail, «annonces classées», offres d'emploi, etc.

B. A la recherche d'un emploi. Les C.V. français sont un peu différents de leurs équivalents américains. Trouvez les renseignements nécessaires pour faire votre C.V. en français. Quelles sont les différences? N'oubliez pas non plus de créer votre lettre de demande d'emploi imaginaire basée sur l'offre qui vous a le plus intéressé(e).

Mots-clés: France, «C.V.», demande d'emploi, *Le Monde* et autres journaux français, etc.

Pour le plaisir de lire

Xavier Stelly

Xavier Stelly: Jeune Français

Xavier Stelly is a French teenager who had the opportunity, a few years ago, to spend a year in California with his family. He describes life in the United States from a foreigner's perspective. Before you read the interview, list a half dozen questions you might want to ask if you met a French student who had lived and studied in your country. How might French life differ from American life? See if your expectations are confirmed by Xavier's experience.

◆

Nous voudrions bien te connaître, Xavier. Pourrais-tu te décrire?

J'ai dix-sept ans et je vis avec mes parents. J'ai deux frères: Luc, le grand, et Guillaume, le petit. J'habite à Palaiseau, dans la banlieue parisienne. Mon père est ingénieur en métallurgie au CEA (Centre d'Energie Atomique), et ma mère est biochimiste à la faculté d'Orsay, c'est la faculté des Sciences.

Xavier, tu as eu l'occasion de passer une année dans une école primaire aux Etats-Unis. Comment as-tu trouvé l'école aux Etats-Unis?

Ce n'était pas du tout le même système. Les Etats-Unis, c'est plus moderne. Ça se sent dans la façon de vivre. Par exemple on commençait à huit heures et demie aux Etats-Unis et on finissait à trois heures moins dix. Par contre en France on commence à huit heures et demie et on finit à quatre heures et demie; mais on a quand même des récréations un peu plus longues, surtout à midi, quand on mange doucement. On mange à l'école, on a une cantine ou les élèves peuvent rentrer chez eux s'ils habitent assez près. Mais aux Etats-Unis, on payait. Au début de la semaine on achetait des tickets. A chaque repas on donnait un ticket, sinon on payait une certaine somme.

Je me rappelle qu'aux Etats-Unis il y avait le professeur, plus une aide tandis° qu'en France on a le professeur, c'est tout. Dans la salle de classe, il y avait les tables pour travailler. On travaillait par petits groupes, et après, on avait des coins où on pouvait jouer. Tandis qu'en France, les tables sont en rang° et toujours on travaille assis. On ne bouge pas du tout, tandis que là-bas on circulait souvent. Ce n'est pas du tout la même ambiance.

whereas

en... in rows

Lequel des deux systèmes préfères-tu?

Bof! Je trouve que des deux, bon ben… le système américain est plus pratique. Nous, on a des cartables. D'ailleurs, les livres sont très lourds et on n'a rien pour les ranger à l'école. Aux Etats-Unis on avait des casiers° et des cadenas.° Là on pouvait les ranger. Ça peut peser jusqu'à dix kilos, un cartable! Alors, vraiment, c'est trop lourd!

endroits à l'école où on met ses livres / fermetures à clef

Les devoirs, je n'en avais pas aux Etats-Unis. Par contre, je suivais des cours par correspondance. Alors là, c'était très dur. Chaque mois, on m'envoyait des cahiers et c'était impossible à faire. On avait des bouquins, des bouquins entiers à faire. On ne pouvait jamais tout faire; et c'était très strict. Ce n'était pas facile, mais ça m'a permis de continuer le rythme français. Et puis, comme on finissait tôt, je pouvais travailler à peu près une heure ou deux par soirée.

Avant ton année en Californie, est-ce que tu avais étudié l'anglais?

Avant de passer aux Etats-Unis, j'ai jamais appris l'anglais, pas un mot. «Yes» et «thank you», c'était tout. C'était dur au début parce qu'il fallait se mettre dans l'ambiance. On était arrivés fin septembre, on s'était installé et à Noël, moi, j'ai commencé à parler. Je me suis tout de suite mis à comprendre l'anglais. On comprend très facilement. Et après pour parler c'est pareil. Au bout d'un moment ça sort et à la fin de l'année, moi, je parlais couramment.

C'était dur au commencement?

Les Américains sont très accueillants° toujours. Moi, c'est ce que je vois des Américains. Pendant certains cours, il y avait une dame qui venait pour m'aider, qui parlait très bien le français et l'anglais. Avec elle on apprenait assez bien.

accessibles, sympathiques

Parlons maintenant de l'amitié. Avec tes amis ici en France est-ce une relation différente qu'aux Etats-Unis?

Aux Etats-Unis, on ne sortait pas ensemble avec les copains, on n'allait pas au cinéma. Je crois qu'ils ne sortent pas tellement le soir. Tandis qu'en France, on est très groupé; les copains, on fait une famille, un groupe. On va à la piscine, au cinéma ensemble, et c'est un groupe qui se soude° à mon âge.

se... ≠ divise, se sépare

Actuellement, est-ce que vous parlez anglais quelquefois à la maison?

Non. Souvent quand on parle, on parle le «verlan». C'est une mode surtout pour les jeunes, pour les adolescents. Tout est à l'envers.° Par exemple, pour «le métro» on dit «le tromé». Et aussi on met des mots américains: par exemple, «Tu go avec moi?»

mot ap.

Est-ce que ta vie de famille a changé après ce séjour aux Etats-Unis?

Surtout les horaires pour manger le soir. Les Français mangent très très tard, vers huit heures trente, des fois. Alors maintenant nous, on mange plus tôt, entre six heures trente, sept heures, des fois sept heures et demie quand vraiment on est en retard. Je ne peux pas dire qu'ils aient vraiment changé leur routine, non.

L'occasion de voyager dans un autre pays, de parler deux langues couramment, qu'est-ce que ça fait pour un jeune français?

Ça a des avantages pour la scolarité déjà parce que ça me donne de la facilité en anglais et je peux travailler dans les autres matières. Puis, j'ai pu voir d'autres pays, c'est toujours pratique. Si un jour dans mon métier, j'ai besoin de voyager, on peut connaître des gens toujours, et puis même le plaisir de voyager. Quand on a voyagé une fois, on veut voyager autant qu'on peut; on voudrait chaque année changer de pays.

Est-ce qu'il y a d'autres choses que tu veux dire aux étudiants américains au sujet de ton expérience?

C'est vraiment bien, une expérience comme ça. S'ils ont la chance de voyager, il faut le faire!

AVEZ-VOUS COMPRIS?

A. Complétez.

1. Au moment de l'interview, Xavier Stelly avait _____ ans.

2. Il habite _____ près de _____.

3. Son frère aîné s'appelle _____, et l'autre _____.

4. Son père travaille comme _____ et sa mère est _____.

5. D'après Xavier, aux Etats-Unis, l'école commençait à _____ et finissait à _____ chaque jour.

6. En France, l'école finit à _____.

7. En France, il n'y a ni _____ ni _____ et les élèves portent des _____ qui sont très lourds.

8. Xavier trouve les Américains très _____.

9. Le _____ est une mode de parler pour les jeunes un peu comme le «pig latin» aux Etats-Unis.

10. Il va souvent _____ ou _____ avec ses copains.

B. Décrivez Xavier et sa famille en quatre ou cinq phrases.

C. Décrivez les différences que Xavier a notées quant à la journée scolaire (les heures, le déjeuner, les adultes en classe, l'organisation de la salle de classe, la récréation, etc.) en France et aux Etats-Unis. Utilisez le passé composé et l'imparfait.

D. De quoi Xavier se plaint-il au sujet des cartables?

E. Expliquez le sens du mot «verlan».

F. Comment est-ce que Xavier a appris à parler couramment l'anglais?

Visionnez!

Le Chemin du retour

EPISODE II: Qu'est-ce qui s'est passé?
[scènes 16–39]

Fonctions et thèmes: narration au passé; description au passé; questions—l'enfance, le travail, les souvenirs

AVANT DE VISIONNER

A. Les personnages. Dans cet épisode, nous allons retrouver Camille et Bruno (les deux vedettes de l'émission «Bonjour!»), Rachid (le nouveau reporter à Canal 7), Martine (la productrice) et Hélène (la journaliste québécoise), mais nous allons aussi faire la connaissance de nouveaux personnages.

Mado Leclair: la maman de Camille

Louise Leclair: la grand-mère de Camille

Alex Béraud: un musicien qui joue des airs populaires au marché de la rue Mouffetard, dans le Quartier latin, près de chez Louise Leclair

B. Rappel. Avant de visionner le deuxième épisode, résumez *au passé* les événements principaux du premier épisode, en vous servant des questions suivantes comme guide. Donnez le plus de détails possible, puis posez toutes les questions qui vous viennent à l'esprit sur des choses qui sont restées mystérieuses.

1. Qu'est-ce qui est arrivé dans la vie de Rachid, Sonia et Yasmine Bouhazid?

2. Quel était le sujet de l'émission que Camille et Bruno ont faite ensemble? Qu'est-ce que Bruno a «gagné»? Quelle a été sa réaction? Pourquoi?

3. Qu'est-ce que Camille croyait avoir perdu? Qu'a-t-elle fait quand Martine le lui a rapporté?

4. Maintenant, quelles questions voudriez-vous poser sur les choses qui sont restées mystérieuses?

C. Anticipation

1. **La vie privée.** Nous avons déjà vu que la notion de vie privée est plus marquée en France qu'en Amérique du Nord. Pour la plupart des Français, la famille reste un sujet de conversation privé, qu'on ne partage pas avec n'importe qui.
   - ◆ Pensez à la culture américaine. Quels renseignements sur sa famille est-ce qu'on n'hésite pas à donner? Quelles sont les choses qu'on ne dit pas?
   - ◆ Imaginez que vous êtes invité(e) chez un Français et que vous voyez un album-photos sur la table du salon. Serait-il approprié d'ouvrir l'album et de poser des questions sur la famille?
   - ◆ Rachid va commencer à poser des questions «personnelles» à Camille et à sa mère. A votre avis, comment ces questions vont-elles être perçues? Va-t-on lui répondre ou va-t-on penser «De quoi se mêle-t-il?» (*"What business is it of his?"*)?

2. **L'art de la conversation.** Les Français sont souvent plus directs et plus animés que les Américains dans leur façon de parler. Le ton peut monter sans que ce soit un signe de colère ou d'animosité. Quand on discute, l'important n'est pas nécessairement de se mettre d'accord ou d'arriver à un compromis, mais de bien défendre son point de vue. Et la franchise est généralement plus importante que la diplomatie. Il est donc «normal» de critiquer ouvertement les choses et les gens («Tiens, vous avez grossi depuis la dernière fois que je vous ai vu!»). Ceci semble impoli aux Américains, mais le manque de franchise, les hésitations «polies» ou les compliments insincères semblent hypocrites aux Français. C'est une question de culture.
   - ◆ Imaginez que quelqu'un vous pose une question que vous jugez indiscrète. Comment allez-vous réagir? Créez un dialogue «à l'américaine» puis «à la française».

VISIONNONS!

Pour visionner chaque scène avec les yeux et les oreilles d'un voyageur éclairé et non d'un touriste pressé, lisez d'abord les questions qui se rapportent à la scène, puis visionnez en fonction de ces questions.

A. A l'appartement de Camille / Au studio [scènes 16–23]

1. **L'immeuble.** Que faisait Mado à la porte de l'immeuble de Camille? Où habite Mado?

2. **Le premier indice.** Les Cévennes sont une région montagneuse au sud-est de la France. Qui a donné ce livre sur les Cévennes à Camille? Pourquoi Rachid voulait-il l'emprunter? Quelle était la question «indiscrète» de Rachid? Comment Mado a-t-elle mis fin à la discussion? Quelles questions a-t-elle posées sur Rachid après son départ? Quels «faux pas» culturels Rachid a-t-il commis?

3. **Au studio de télévision.** Complétez le paragraphe en vous basant sur la scène.

   Bruno s'impatientait parce que Camille était _____[1] (au téléphone?

   au maquillage [*make-up*]? avec Martine la productrice?) Le sujet de l'émission était

   _____[2], un sujet bien français parce Paris est toujours la capitale de

   _____[3], n'est-ce pas? On peut penser par exemple aux _____

   _____[4] de Coco Chanel ou aux _____[5] d'Yves Saint-Laurent. Les

   questions que l'émission «Bonjour!» se proposait d'examiner: «Peut-on encore _____

   _____[6]? Combien _____[7]? _____[8] au meilleur

   marché?»

4. **Le deuxième indice.** Qu'est-ce que Rachid a trouvé dans le livre sur les Cévennes? Pourquoi

était-ce bizarre? Quelles questions Rachid a-t-il posées à Camille? Comment a-t-elle indiqué qu'il était indiscret?

5. **Une découverte.** Complétez le paragraphe en vous basant sur la scène.

Camille a trouvé une photo de son grand-père en utilisant son _____¹ pour

agrandir un détail d'une autre photo. Comme c'était la première fois qu'elle voyait son grand-

père, elle a dit: _____².

B. Un dîner chez Louise [scènes 25–31]

1. **Les préparatifs.** A quelle condition Camille a-t-elle accepté de venir dîner chez sa grand-mère? Qu'est-ce que Louise a demandé au musicien de lui acheter? Qu'est-ce que Camille a acheté? Quelles observations culturelles pouvez-vous faire sur la façon de faire son marché en France et sur l'interaction sociale entre les commerçants et les clients?

2. **Antoine.** Quelle a été la réaction de la grand-mère quand Camille a commencé à parler d'Antoine, le grand-père? Quand et comment Antoine a-t-il contacté sa femme pour la dernière fois?

3. **La dispute.** Complétez le paragraphe en vous basant sur la scène.

Quand Mado a vu la photo de son père, elle a ordonné à sa fille de ne jamais parler de lui à

_____¹, car on ne _____² pas les morts. Elle a accusé

Camille d'être une gamine (une petite fille) qui _____³ une gifle (*slap on*

the face).

C. Des inquiétudes (*worries*) [scènes 32–36]

1. **Le malaise.** Etait-ce la photo, la douleur du souvenir ou tout simplement une coïncidence? Pour rassurer Louise, le médecin lui a dit que ce n'était qu'un simple malaise, mais que voulait-il faire? Qu'a fait Mado quand Camille a voulu savoir ce que le médecin avait dit? Pourquoi, à votre avis?

2. **L'interview.** Dans le petit interlude avec Hélène, qu'est-ce que la journaliste québécoise a demandé à Camille? Notez trois questions et les réponses de Camille.

3. **Une bonne nouvelle.** Complétez le paragraphe en vous basant sur la scène.

Au téléphone, Louise a proposé à Camille _____¹ dans les Cévennes. Toute

contente, Camille a soudain voulu aller _____² car elle avait _____

_____³. Bruno, toujours prêt à taquiner (*tease*), voulait appeler _____⁴

parce que c'était un miracle que Camille arrête son _____⁵ et veuille faire

_____⁶!

D. Au restaurant [scènes 37–39]

1. **La taquinerie.** Les taquineries révèlent souvent des choses profondes.
   ♦ Bruno est-il vraiment un «grand dragueur» (*pick-up artist*)? Qui sont les femmes de sa vie?
   ♦ Pourquoi n'est-il pas encore marié?
   ♦ Que demande-t-il, indirectement, quand il demande à Camille si elle est une bonne fille pour ses parents?
   ♦ Depuis combien de temps est-ce que Camille n'a pas vu son père? Pourquoi?

2. **Au restaurant.** Qu'est-ce que la conversation entre le patron du restaurant et sa femme nous apprend sur Bruno et Camille? Pourquoi le patron a-t-il dit «nom d'un chien!» (*darn it!*)?

3. **Un souvenir.** Choisissez la bonne réponse.
Quand Camille avait 7 ou 8 ans, elle a surpris une conversation bizarre entre sa mère et sa grand-mère qui lui a fait penser qu'Antoine avait été a) un prisonnier de guerre; b) un traître (*traitor*); c) un espion (*spy*).

SYNTHESE COMMUNICATIVE

Si le temps le permet, revisionnez tout l'épisode, sans interruptions, en fonction des questions de synthèse.

♦ **La culture**
Dans cet épisode, quelles différences culturelles avez-vous remarquées sur
1. la notion de vie privée chez les Français?
2. l'art de la conversation en France? Pensez particulièrement aux conversations entre Rachid, Camille et Mado; entre Camille et sa grand-mère; entre les commerçants et les clients au marché; entre Bruno et Camille au restaurant; entre Bruno et le patron du restaurant.

♦ **L'intrigue**
1. Quel rôle Rachid a-t-il joué dans cet épisode?
2. Qu'avons-nous appris sur le grand-père de Camille? Pourquoi Louise et Mado ne voulaient-elles pas parler de lui?
3. Faites une liste de cinq questions que vous aimeriez pouvoir poser à la grand-mère de Camille.

THEME III

Exercices oraux

A l'écoute de la vie

AVANT D'ECOUTER

Etude de mots. Etudiez les phrases suivantes, pour déduire le sens des mots soulignés. Indiquez ensuite les synonymes.

1. Une voiture est venue nous <u>accrocher</u>; la portière est tout <u>enfoncée</u>.
2. C'était une route de montagne; d'un côté il y avait <u>des champs</u>, de l'autre <u>le ravin</u>.
3. On a <u>rattrapé</u> les criminels; ils sont à <u>la gendarmerie</u>.
4. Je me demande si, pendant <u>le procès</u>, l'avocat va leur recommander de tout <u>nier</u>.

1. _____ accrocher	a. refuser d'admettre
2. _____ enfoncer	b. trouver
3. _____ rattraper	c. rentrer dedans
4. _____ nier	d. écraser
5. _____ un champ	e. un règlement en justice
6. _____ un ravin	f. un morceau de terre cultivée
7. _____ la gendarmerie	g. le poste de police
8. _____ un procès	h. un grand trou

A L'ECOUTE

A. Ecoutez une première fois et indiquez si ces phrases sont vraies (V) ou fausses (F).

	V	F
1. L'accident que le monsieur raconte est le seul accident qu'il ait eu.	☐	☐
2. L'autre voiture allait très vite.	☐	☐
3. Un des passagers de l'autre voiture est mort.	☐	☐
4. Le conducteur de l'autre voiture a essayé de s'échapper.	☐	☐
5. Il n'y avait pas de témoins (*witnesses*) à l'accident.	☐	☐
6. Le procès a eu lieu un an plus tard.	☐	☐
7. Le conducteur de l'autre voiture venait juste de passer son permis.	☐	☐

B. Ecoutez une ou deux fois supplémentaires et reconstituez l'accident pour la police. Répondez aux questions comme si vous étiez le monsieur qui a eu l'accident.

1. D'où venait l'autre voiture?

   _____

2. Pouvez-vous décrire l'accident même?

   _____

   _____

3. Y a-t-il eu des blessés?

   _____

4. Des dégâts matériels?

   _____

5. Qu'est-ce que le conducteur de l'autre véhicule a fait après vous avoir accroché?

   _____

6. Combien de passagers y avait-il dans l'autre véhicule?

   _____

7. Qu'est-ce qui vous fait croire que l'autre véhicule était volé?

   _____

8. Est-ce que vous avez des témoins?

   _____

C. Ecoutez encore une fois si vous en avez besoin et résumez les problèmes du conducteur de l'autre voiture.

1. _____

2. _____

3. _____

A vous la parole

PHONETIQUE

The Vowels [e] and [ɛ]

The two vowel sounds [e] as in **été** and [ɛ] as in **très** are pronounced in much the same way. To pronounce [ɛ] as in **très,** however, the jaw is opened more. To pronounce [e] as in **été,** the lips are extended as if you were smiling.

In Chapter 7, you have been working with the **passé composé** and the **imparfait.** Note that the [e] sound appears in the past participle of all **-er** verbs (**parlé**) and that the [ɛ] sound is used in many **imparfait** endings (**-ais, -ait, -aient**).

Now turn on the audio program. Listen to the following pairs of words, and repeat them after the speaker.

[e]	[ɛ]
les	lait
mes	mais
dîné	dînais
allé	allaient

A. Passé composé ou imparfait? Vous allez entendre des verbes conjugués au passé composé (pc) ou à l'imparfait (imp). Encerclez le temps de chaque verbe.

1. pc   imp   5. pc   imp

2. pc   imp   6. pc   imp

3. pc   imp   7. pc   imp

4. pc   imp   8. pc   imp

B. Vous autres automobilistes. Vos amis parlent de leur manière de conduire. Ecoutez les phrases suivantes, puis transformez les verbes deux fois, d'abord au passé composé, puis à l'imparfait. Attention aux voyelles [e] et [ɛ].

> MODELE: *Vous entendez:*   Je parle français.
> *Vous répondez:*   J'ai parlé français. Je parlais français.

1. ...   2. ...   3. ...   4. ...   5. ...   6. ...

PAROLES

A. Auto-test I. Vous allez entendre les mini-descriptions de certaines parties d'une voiture. Ecoutez bien, puis identifiez chaque partie. Possibilités: *le coffre, le frein, la portière, le clignotant, le volant, le rétroviseur, l'embrayage, la ceinture de sécurité*

> MODELE: *Vous entendez:*   On s'en sert pour changer de vitesse.
> *Vous répondez:*   C'est l'embrayage.

1. ...   2. ...   3. ...   4. ...   5. ...   6. ...   7. ...

B. Que faire? Qu'allez-vous faire dans les situations suivantes? Répondez selon le modèle. Réponses possibles: *freiner, attraper une contravention, changer de file, ralentir, mettre le clignotant, faire le plein, accélérer*

> MODELE: *Vous entendez:*   Vous arrivez à un feu rouge.
> *Vous répondez:*   Je vais freiner.

1. ...   2. ...   3. ...   4. ...   5. ...   6. ...

C. Auto-test II. Pour la suite de votre auto-test, répondez aux questions en regardant le dessin.

1. ...   2. ...   3. ...   4. ...   5. ...

D. Votre véhicule. Avez-vous votre propre voiture? Sinon, vous avez sans doute accès à celle de quelqu'un. Répondez par écrit aux questions que vous entendrez deux fois.

1. _____
2. _____
3. _____
4. _____
5. _____

STRUCTURES

A. Un accident. Vous venez d'être témoin (*witness*) d'un accident: une voiture de sport est entrée en collision avec une camionnette. Un gendarme est en train de vous poser des questions. Répondez affirmativement à toutes les questions en utilisant le temps du verbe de la question (passé composé ou imparfait).

1. … 2. … 3. … 4. … 5. …

B. Juste avant! Vous allez entendre deux fois des phrases qui décrivent les intentions d'Annette. Complétez-les avec **allait** et le verbe entre parenthèses, selon le modèle.

MODELE: (freiner) →
          Vous entendez: Le feu est passé au vert.
          Vous répondez: Annette allait freiner quand le feu est passé au vert.

1. (changer de vitesse)   4. (faire demi-tour)
2. (accélérer)   5. (accélérer)
3. (mettre le clignotant)

C. Juste après! Continuez à parler de l'aventure d'Annette. Ecoutez deux fois les phrases suivantes et complétez-les selon le modèle.

MODELE: (mettre le clignotant) →
          Vous entendez: Elle a tourné à gauche.
          Vous répondez: Annette venait de mettre le clignotant quand elle a tourné à gauche.

1. (ralentir)   3. (accélérer)
2. (passer en seconde)   4. (se garer)

D. Votre première voiture. Nous avons tous des souvenirs de notre première voiture. Une de vos copines, amatrice d'autos, vous pose des questions sur votre première voiture (ou celle de votre famille). Répondez à ses questions par écrit.

1. _____

_____

2. _____
3. _____
4. _____

_____

5. _____

_____

Dictée

Vous entendrez la dictée deux fois. La première fois, écoutez. La deuxième fois, écrivez. Ensuite, réécoutez le premier enregistrement pour corriger. A la fin, terminez le texte de façon personnelle.

_____

_____

_____

_____

_____

_____

_____

_____

Exercices écrits

PAROLES

A. Un accident de la route. A l'aide de cette «photo» d'un accident, remplissez le constat d'accident.

REPUBLIQUE FRANÇAISE
CONSTAT D'ACCIDENT

Lieu: *Autoroute A8, à 2 km à l'ouest de la sortie BRIGNOLES*

Nombre et type de véhicules: _____

_____

Explication détaillée: _____

_____

_____

Dégâts: _____

_____

Blessés: _____

B. **Sésame ouvre-toi!** Regardez le dessin et terminez les phrases de façon logique.

1. C'est une _____. On l'ouvre pour _____

   _____.

2. C'est le capot. On l'ouvre pour _____

   _____.

3. C'est _____. On l'ouvre pour _____

   _____.

4. C'est la boîte à gants. On l'ouvre pour _____

   _____.

5. C'est _____. On ne l'ouvre pas! On le tient pour _____

   _____.

C. **Auto-test III.** Utilisez un élément de chaque colonne pour construire cinq phrases logiques.

le frein	être utilisé pour	une intention de tourner
le clignotant	servir à	arrêter le véhicule
le rétroviseur	pouvoir transporter	voir derrière le véhicule
un minibus	ne pas avoir	siège arrière
une camionnette	indiquer	une dizaine de personnes

1. _____

   _____

2. _____

   _____

3. _____

   _____

4. _____

   _____

5. _____

   _____

D. Des questions épineuses! Imaginez que vous allez acheter d'occasion la voiture d'un particulier. Préparez une liste de questions à lui poser. Puisque vous voulez surtout connaître «l'histoire» de la voiture, formulez vos questions au passé composé et à l'imparfait.

1. _____

_____

2. _____

_____

3. _____

_____

4. _____

_____

5. _____

_____

6. _____

_____

STRUCTURES

A. Un voyage à Québec. Deux de vos camarades de classe, Robert et Daniel, viennent de passer un week-end à Québec. Daniel est en train d'écrire une lettre à ses parents dans laquelle il décrit son voyage. Aidez-le à compléter sa lettre en mettant les verbes à la place et à la forme correctes. Utilisez le passé composé ou l'imparfait. (Vous pouvez utiliser le même verbe plusieurs fois.)

Chère maman, cher papa,

Nous _____[1] vendredi matin vers 8 h 30.

Le ciel _____[2] couvert, mais il ne

_____[3] pas encore. Pourtant, à 10 h 30, il

_____[4] à pleuvoir à verse et Robert, au volant,

_____[5] de la peine à voir. En arrivant au Canada, nous

_____[6] de prendre une petite route à deux voies plutôt

que l'autoroute. Elle _____[7] très pittoresque, mais

Robert _____[8] faire très attention à cause des virages.

Nous _____[9] depuis trois heures quand je (j')

_____[10] de prendre le volant, mais Robert ne

_____[11] lâcher son précieux volant.

avoir
vouloir
conduire
proposer
être
pleuvoir
choisir
partir
commencer
devoir

Vers midi et demi, nous _____¹² pour

déjeuner dans un petit restaurant. Il _____¹³ encore

mais, de notre table, nous _____¹⁴ contempler un très

joli panorama. Après le déjeuner, nous _____¹⁵ le plein et

_____¹⁶.

faire
repartir
pouvoir
s'arrêter
pleuvoir

Une heure plus tard, je (j') _____¹⁷ que Robert

_____¹⁸ très fatigué parce que cela

_____¹⁹ plus de cinq heures qu'il

_____²⁰. Encore une fois, je lui

_____²¹ de prendre le volant et encore une fois, il ne

(n') _____²² pas. Je (J') _____²³

renoncer à mon idée.

proposer
vouloir
être
devoir
conduire
penser
faire

Enfin, nous _____²⁴ à Québec. Malheureuse-

ment, c'_____²⁵ à une heure de pointe et il y

_____²⁶ un embouteillage monstre en entrant dans la

vieille ville. Pourtant nous _____²⁷ beaucoup de

chance parce que nous _____²⁸ trouver notre hôtel

sans difficulté.

avoir
arriver
pouvoir
être

Les détails de notre visite suivront.

Votre fils qui vous embrasse,

Daniel

B. Monique se défend. Complétez le texte suivant avec **devoir, pouvoir, savoir** ou **vouloir**, au passé composé ou à l'imparfait, selon le cas.

Monique _____¹ acheter une voiture depuis six mois et enfin elle

_____² en trouver une qui lui plaisait et qu'elle _____³

payer. Elle _____⁴ prendre possession de sa Peugeot 307 vendredi après-midi,

mais elle _____⁵ attendre le lundi suivant à cause d'une pièce qui manquait.

Son copain Quentin ne _____⁶ rien de l'achat de Monique, mais quand il

l'_____⁷, il _____⁸ tout de suite prendre le volant pour

essayer la voiture. Monique ne _____⁹ pas lui laisser le volant car elle

_____¹⁰ que Quentin devenait fou au volant. Alors, le jeune homme

_____¹¹ se contenter de monter par la portière de droite.

C. Séjour en Italie. L'été passé, Pierre a visité l'Italie en voiture. Complétez le texte suivant avec **depuis, pendant** ou **il y a.**

Pierre avait obtenu son permis _____¹ six ans et _____² ce temps, il conduisait la

voiture de ses parents. _____³ quatre ans, il a fait des économies et enfin au mois de mai, il

a pu s'acheter une voiture d'occasion.

_____⁴ sa jeunesse, Pierre avait envie de découvrir l'Italie et donc, en juin, il est parti

en voiture et a voyagé en Italie _____⁵ un mois. Il s'amusait _____⁶ quatre

semaines quand tout à coup il a eu un accident grave et a dû être hospitalisé _____⁷ dix

jours.

Son père est venu le chercher, et ils sont tous les deux de retour en France _____⁸ huit

jours. Est-il inutile de dire que Pierre n'a pas repris le volant _____⁹ son accident?

D. Un dimanche perdu. Complétez le texte avec les verbes donnés en les conjuguant au passé composé ou à l'imparfait selon le cas.

Il _____¹ beau quand nous

_____². Nous

_____³ l'intention de passer toute la

journée au soleil. Vers midi, nous _____⁴

au lac de Sainte-Croix où nous _____⁵

déjeuner, les pieds dans l'eau.

avoir
vouloir
partir
arriver
faire

Nous _____⁶ la voiture, et après

l'avoir déchargée, nous _____⁷ sur le sable.

Tout à coup, le ciel _____⁸ et il

_____⁹ à pleuvoir à verse. Nous

_____¹⁰ vers la voiture où nous

_____¹¹ très tristement notre pique-nique.

courir
se couvrir
s'installer
garer
terminer
commencer

E. Un itinéraire habituel. Il existe sûrement une route que vous connaissez très bien parce que vous l'empruntez très souvent pour aller d'un lieu à un autre. Décrivez en détail votre dernier trajet sur cette route. Utilisez des expressions comme *d'abord, ensuite, puis, après, alors, finalement,* etc.

1. Décrivez la route et la circulation ce jour-là.
2. En vous servant de quelques-uns des verbes suivants, expliquez en détail ce que vous avez fait pour arriver à votre destination.

freiner	doubler
faire demi-tour	mettre le clignotant
ralentir	tourner
accélérer	vous garer
passer en première	faire marche arrière

_____

_____

_____

_____

_____

_____

_____

_____

_____

Branchez-vous!

A. Le permis de conduire. Renseignez-vous sur ce qu'il faut faire pour passer son permis de conduire en France (conditions, examens, etc.). A quoi correspondent les permis A, B, C et D? Quel âge faut-il avoir pour chacun?

Mots-clés: France, «permis de conduire», etc.

B. Les voitures françaises. Trouvez le site officiel pour chacune des marques de voitures françaises suivantes: Citroën, Peugeot, Renault. Donnez quelques renseignements sur un modèle particulier (style, sécurité, conforts, options, etc.). Dites quel modèle vous préférez et pourquoi.

Mots-clés: Citroën, Peugeot, Renault

C. Les courses automobiles. Est-ce que la vitesse vous intéresse? Alors, vous connaissez déjà les courses comme les 24 heures du Mans, le Grand Prix de Monaco, et le Rallye Paris–Dakar. Cherchez des renseignements sur deux courses automobiles dans un pays francophone. Qui a gagné la dernière course? Quels autres pays ont participé? Quelles sont les dates des prochaines courses?

Mots-clés: France, «course automobile», Formule un, rallyes, «Paris–Dakar», «Grand Prix de Monaco», «24 heures du Mans», etc.

CHAPITRE **8**

Exercices oraux

A l'écoute de la vie

AVANT D'ECOUTER

A. Etude du contexte. Le contexte peut vous aider à déduire le sens des expressions sans avoir recours au dictionnaire. Trouvez dans la colonne B le sens des expressions soulignées dans la colonne A.

A	B
1. _____ C'était une tente en forme d'igloo et on pouvait <u>se tenir debout</u> à l'intérieur.	a. backpack b. beds
2. _____ On pouvait connecter les deux tentes avec <u>un auvent</u>.	c. canopy d. cardboard boxes
3. _____ ...pour mettre des chaises <u>pliées</u> pendant la nuit.	e. crouch f. folded
4. _____ Avant de partir en vacances, on mettait des céréales et d'autres produits secs dans <u>des caisses</u>.	g. inflatable h. paper bags i. pots
5. _____ On profitait du beau temps pour faire le jardin et pour arranger <u>les parterres</u> de fleurs.	j. stand up

B. Et vous? Imaginez que vous allez faire du camping. Répondez aux questions de façon personnelle.

1. Où est-ce que vous désirez faire du camping?

   _____

2. Pendant combien de temps voulez-vous partir?

   _____

3. Qu'est-ce que vous allez préparer?

   _____

4. Qu'est-ce que vous comptez faire le soir?

   _____

A L'ECOUTE

A. Vous allez écouter une interview sur le camping. Ecoutez l'interview une première fois pour pouvoir choisir la meilleure réponse à ces questions générales.

1. Qui faisait du camping?

    a. des jeunes   b. une famille   c. un jeune homme

2. Qu'est-ce que la personne qui parle pensait du camping?

    a. Elle trouvait ça bien.   b. Elle aurait préféré rester   c. C'était ennuyeux.
                                    à la maison.

B. Ecoutez encore une ou deux fois pour trouver les réponses aux questions suivantes.

1. Qui dormait dans les deux tentes?

    _____

2. Où est-ce qu'ils faisaient du camping?

    _____

3. Où habitait la personne qui parle quand elle était jeune?

    _____

4. Qui décidait où faire du camping?

    _____

5. Qu'est-ce qu'il fallait préparer avant de partir?

    _____

6. Comment était le terrain de camping?

    _____

    _____

7. Qui aimait danser?

    _____

8. Qu'est-ce qu'on faisait à la maison si on ne partait pas en vacances?

    _____

    _____

C. Pourquoi est-ce une bonne chose de partir en vacances quand on peut? Ecoutez une dernière fois, si nécessaire, pour trouver des réponses possibles.

_____

_____

A vous la parole

PHONETIQUE

Rhythm and Accent

Speakers of French pronounce all the syllables of an utterance at essentially the same speed and with the same amount of stress; think of a metronome whose beats are steady in rhythm and even in accent.

By contrast, English speakers emphasize certain syllables of words. No matter how they are used, English words keep the same accent: *personal´ity* ≠ *epit´ome*, for example.

Because French verbs conjugated in the **plus-que-parfait** always contain several syllables, your study of this tense offers a good opportunity to practice rhythm and accent. Now turn on the audio program and listen to the following contrasts between English and French.

FRENCH	AMERICAN ENGLISH
responsabilité (res-pon-sa-bi-li-té)	responsibility (re-spon-si-bil-i-ty)
le Mississippi (Mi-si-si-pi)	the Mississippi (Mis-sis-sip-pi)
Votre réponse est bonne!	You have the right answer!
Il n'avait rien fait la veille.	He had done nothing the day before.

A. A la mer. Voici une description des vacances au bord de la mer. Ecoutez les phrases, puis répétez-les en faisant attention au rythme et à l'accent.

1. Je m'étais baigné.
2. Avais-tu pris un bain de soleil?
3. Pierrot avait fait de la voile.
4. Elle n'avait pas eu le mal de mer.
5. Nous avions pris le bateau.
6. Aviez-vous fait du ski nautique?

B. Vive les contraires! Votre copine Marianne est méticuleuse. Avant de partir en vacances, elle avait tout arrangé. Vous, au contraire, vous êtes parti(e) sur un coup de tête (*impulsively*). Répondez aux questions suivantes—affirmativement pour Marianne et négativement pour vous—en faisant attention au rythme et à l'accent.

MODELES: a. *Vous entendez:* Avant de partir, est-ce que Marianne avait consulté des cartes touristiques?
   Vous répondez: Bien sûr qu'elle avait consulté des cartes touristiques.

   b. *Vous entendez:* Et vous?
   Vous répondez: Moi non, je n'avais pas consulté de cartes touristiques.

1. ...   2. ...   3. ...

PAROLES

A. Scène de vacances. En plus de leurs activités individuelles, les membres de la famille Chartier ont passé beaucoup de temps ensemble à la plage. Regardez les dessins et décrivez les activités de chaque personne. (Répétez la réponse modèle.)

MODELE: *Vous entendez:* Grand-père
   Vous répondez: Grand-père ramasse des coquillages.

Grand-père et Mme Chartier

M. Chartier

Pierre

Daniel

Martine et Richard

Chantal

1. ...   2. ...   3. ...   4. ...   5. ...   6. ...

B.   Des vacances partout. Ecoutez les descriptions, puis indiquez *où* chaque personne a passé ses vacances: *à la mer, à la campagne, à la montagne, à la maison*

> MODELE: *Vous entendez:*   Paul a fait de la planche à voile.
> *Vous répondez:*   Paul a passé ses vacances à la mer.

1. ...   2. ...   3. ...   4. ...   5. ...   6. ...

C.   La vie nocturne. Imaginez que vous êtes animateur/animatrice dans un club de vacances. Proposez des sorties nocturnes à vos clients selon leur goût.

> MODELE: *Vous entendez:*   Nous voulons écouter de la musique classique.
> *Vous répondez:*   Allez donc à un concert.

1. ...   2. ...   3. ...   4. ...   5. ...   6. ...

D.   Les vacances de vos rêves. Imaginez que vous partez aujourd'hui pour prendre vos vacances rêvées. Répondez par écrit aux questions que vous entendrez deux fois.

1. _____
2. _____
3. _____
4. _____
   _____
5. _____
   _____

STRUCTURES

A.   Comment? Votre copine n'écoutait pas très bien quand vous lui avez décrit vos vacances. Répondez à ses questions selon le modèle.

> MODELE: *Vous entendez:*   Es-tu allé(e) à la mer?
> *Vous répondez:*   Oui, j'ai dit que j'étais allé(e) à la mer.

1. ...   2. ...   3. ...   4. ...   5. ...

B.   La copine distraite (suite). Maintenant, c'est Jacques qui pose des questions à votre copine (Exercice A) sur ses vacances, mais, parce qu'elle n'écoute toujours pas bien, vous devez répéter ses questions.

> MODELE: *Vous entendez Jacques:*   A-t-il fait beau?
> *Vous entendez la copine:*   Comment?
> *Vous répondez:*   Il t'a demandé s'il avait fait beau.

1. ...   2. ...   3. ...   4. ...

C. Paul avait déjà pensé à tout! Hier vous êtes arrivé(e) à Nice pour une semaine de vacances avec votre copain breton, Paul. Répondez selon le modèle.

> MODELE: *Vous entendez:*   Je lui ai demandé de réserver une chambre.
> *Vous répondez:*   Mais il avait déjà réservé une chambre.

1. ...   2. ...   3. ...   4. ...   5. ...

D. Votre dernière visite à la plage. Votre camarade Paul vous pose des questions sur votre plage préférée. Il veut aussi savoir ce que vous avez fait la dernière fois que vous y êtes allé(e). Répondez à ses questions par écrit en respectant le temps des verbes.

1. _____

2. _____

3. _____

4. _____

Dictée

Vous entendrez la dictée deux fois. La première fois, écoutez. La deuxième fois, écrivez. Puis réécoutez le premier enregistrement pour corriger. Ensuite, répondez à la question.

_____

_____

_____

_____

_____

_____

_____

_____

Question: A votre avis, pourquoi sont-ils partis?

_____

_____

Exercices écrits

PAROLES

A. Des vacances partout! A côté de chaque lieu de vacances, proposez deux activités possibles.

MODELE: dans l'eau → On peut plonger ou faire de la planche à voile.

1. à la plage _____

_____

2. à la montagne _____

_____

3. à la campagne _____

_____

4. en ville, le soir _____

_____

5. à la maison _____

_____

B. Où se loger? Choisissez un logement adapté à chacun des groupes de voyageurs.

a. l'hôtel
b. une tente
c. des auberges de jeunesse

d. une villa
e. un gîte rural

1. _____ une famille qui veut découvrir la vie à la ferme

2. _____ un groupe de jeunes qui font du camping

3. _____ un groupe d'étudiants au budget limité qui font le tour de l'Europe

4. _____ un couple qui cherche une résidence de luxe au bord de la mer

5. _____ un représentant de passage à Nice

C. Des vacances personnalisées. Choisissez cinq personnes que vous connaissez bien et proposez-leur de partir en vacances. Utilisez un élément (indiqué ou inventé) de chaque colonne pour faire un paragraphe. Faites preuve d'imagination mais tenez compte des préférences des personnes. Utilisez des expressions comme *d'abord, ensuite, puis, après, alors, finalement*, etc.

MODELE: Pour mon frère, je propose une semaine à la plage en été. Il peut faire de la voile.

PERSONNE	ENDROIT	MOMENT	ACTIVITE
?	à la campagne	en été	?
	à la mer	en automne	
	à la montagne	en hiver	
		au printemps	

_____

_____

_____

_____

_____

_____

_____

_____

_____

D. A Djerba la Douce. Regardez la publicité à la page 90 de votre livre. Imaginez que vous venez de passer une journée pleine d'activités diverses. C'est le soir, et vous avez envie d'écrire vos souvenirs dans votre journal intime.

Ce matin, je me suis levé(e) de bonne heure. _____

_____

_____

_____

_____

_____

STRUCTURES

A. Un séjour à Québec (suite). Voici la seconde lettre que Daniel adresse à ses parents. Encore une fois, c'est à vous de l'aider à la compléter en mettant les verbes à la place et à la forme correctes. Utilisez le passé composé, l'imparfait ou le plus-que-parfait. (Quelques verbes sont utilisés plus qu'une fois.)

New York, le 11 juillet

Chère maman, cher papa,

Voici l'autre lettre sur notre week-end à Québec que je vous

_____[1]. Quand nous _____[2]

samedi matin, le ciel _____[3] toujours couvert,

mais il ne _____[4] plus. Cependant, quand

nous _____[5] de l'hôtel, il y

_____[6] des flaques d'eau (*puddles*) partout.

De toute évidence, il _____[7] tout la nuit.

Nous _____[8] un petit restaurant sympathique

où l'on _____[9] toutes sortes de cafés. Robert

_____[10] un cappuccino et moi,

j'_____[11] un excellent café au lait. En sortant du

restaurant, quelle surprise!—le soleil _____[12].

(right column, verbs list 1):
sortir
promettre
pleuvoir
avoir
être
se réveiller

(right column, verbs list 2):
briller
servir
trouver
commander
prendre

Nous _____[13] de nous promener jusqu'à la

Terrasse Dufferin où nous _____[14] le funiculaire. Nous

_____[15] le prendre pour descendre à la ville basse,

mais il y _____[16] trop de monde qui

_____[17] la queue, et donc nous

_____[18] d'idée tout de suite.

Après une belle promenade sur la terrasse, nous

_____[19] dans un petit café pour le déjeuner. Nous

_____[20] de nous asseoir sur la terrasse car il

_____[21] relativement chaud. De la terrasse, nous

_____[22] voir l'entrée du funiculaire où,

miraculeusement, il n'y _____[23] plus personne.

Nous _____[24] pour y aller et nous

_____[25] à la ville basse en moins d'une minute!

Nous _____[26] l'après-midi à visiter des magasins

d'antiquités que les parents de Robert _____[27].

Ces magasins _____[28] très vieux et nous

_____[29] beaucoup de meubles qui

_____[30] des 17e et 18e siècles.

Samedi soir, nous _____[31] très faim et

heureusement nous _____[32] un excellent restaurant

qui _____[33] des spécialités québécoises. Tout

_____[34] délicieux! Ensuite, nous

_____[35] dans une boîte de nuit où l'on

_____[36] du jazz. Nous (ne… pas)

_____[37] longtemps parce qu'il y

_____[38] trop de monde et parce qu'il

_____[39] nous lever très tôt le lendemain pour

repartir.

Quel bon week-end! Nous voulons y retourner l'an prochain!

Votre fils qui vous embrasse,

Daniel

B. Qu'est-ce qu'Hélène t'a dit? Une de vos copines vient de rentrer d'une semaine de vacances sur la Côte d'Azur. Elle vous a téléphoné tout de suite pour vous parler de son séjour. A votre tour, vous allez le décrire à des cousins qui habitent à Nice. Passez donc du discours direct au discours indirect.

MODELE: «J'aime beaucoup la région.» → Hélène a dit qu'elle aimait beaucoup la région.

1. «La mer était très belle et les plages étaient bondées (= pleines de gens).»

_____

_____

2. «J'ai fait de la planche à voile deux ou trois fois.»

_____

_____

3. «J'avais voulu ramasser des coquillages, mais il n'y en avait pas.»

_____

_____

4. «Toutes les spécialités culinaires viennent de la mer.»

_____

_____

5. «J'ai beaucoup aimé la bouillabaisse.»

_____

_____

6. «Il y avait des boîtes de nuit super et même des casinos.»

_____

_____

7. «J'ai drôlement regretté de partir.»

_____

_____

C. Une maman curieuse! Vous venez de rentrer d'une semaine de vacances à la montagne et votre mère vous pose beaucoup de questions. Passez du discours direct au discours indirect selon le modèle.

MODELE: «Où as-tu logé(e)?» → Maman voulait savoir où j'avais logé(e).

1. «A-t-il beaucoup neigé?»

_____

2. «A quelle heure te levais-tu?»

_____

3. «Qui as-tu rencontré d'intéressant?»

_____

4. «Y avait-il toujours beaucoup de monde sur les pistes?»

_____

_____

5. «Qu'est-ce que tu as fait d'autre?»

_____

D. Qu'avez-vous répondu? Maintenant, notez vos réponses à votre maman.

MODELE: J'ai dit que j'avais logé(e) dans une petite chambre d'hôtel avec deux jeunes Lyonnais.

1. _____

_____

2. _____

_____

3. _____

_____

4. _____

_____

5. _____

_____

E. Une soirée mémorable. En général, les étudiants aiment sortir le soir, mais ils n'ont pas toujours assez de temps pour tout préparer. Et vous? Racontez une soirée mémorable que vous avez passée récemment où vous aviez tout préparé. Parlez de vos préparatifs—réels ou imaginaires. Parlez des invitations, des vêtements, des réservations, etc. Utilisez des expressions comme _parce que, en tout cas, par contre, d'abord, ensuite, puis, alors, finalement_, etc.

MODELE: Samedi dernier j'ai passé une soirée extraordinaire parce que j'avais pris le temps de… . J'avais toujours voulu aller… avec… alors, j'ai…

Branchez-vous!

A. Des vacances de rêve... Vous avez le choix entre des vacances dans un village du Club Med en été ou dans une station de ski des Alpes en hiver. Choisissez une destination en Europe, puis décrivez l'endroit et dites quand et comment vous allez y arriver en précisant combien cela va vous coûter. (Répondez comme si vous aviez sept jours de vacances et que vous partiez de Paris.)

Mots-clés: France, tourisme, «Club Med», «vacances neige», etc.

B. Un choix difficile. Chaque année, la France reçoit plus de 60,5 millions de touristes, soit un peu plus de l'équivalent de sa population. Qu'aimeriez-vous visiter en France? Préparez un paragraphe sur un lieu touristique de votre choix dans chacune des régions suivantes.

1. la région parisienne

2. l'ouest (Normandie, Bretagne)

3. la Provence

4. l'Alsace

Mots-clés: France, tourisme, Paris, Normandie, Bretagne, Provence, Alsace, etc.

CHAPITRE **9**

Exercices oraux

A l'écoute de la vie

AVANT D'ECOUTER

Partir ou ne pas partir, voilà la question... Est-ce qu'il vous êtes déjà arrivé de devoir retarder un départ, si bien que vous ne saviez plus quand vous alliez partir, ou même si vous alliez partir? Si oui, résumez brièvement cette expérience. Si non, imaginez plusieurs circonstances qui justifieraient la nécessité de retarder un départ.

_____

_____

_____

_____

_____

_____

A L'ECOUTE

A. Ecoutez une première fois et indiquez si les sujets suivants sont mentionnés dans la séquence sonore.

		OUI	NON
1.	confort des trains français	☐	☐
2.	heure d'arrivée à Roissy	☐	☐
3.	formalités préliminaires à un départ en avion	☐	☐
4.	cause du retard de l'avion	☐	☐
5.	activités des voyageurs pendant l'attente	☐	☐
6.	durée totale du retard	☐	☐

B. Ecoutez encore et reconstituez l'emploi du temps des voyageurs.

1. 6 h 05, mercredi matin _____

2. entre 6 h 05 et 10 h/10 h 30 _____

3. avant 11 h _____

4. 11 h 40 _____

5. 12 h 20 _____

6. 12 h 30 (approx.) _____

7. 12 h 30 à 19 h _____

8. 19 h _____

9. 23 h _____

10. 7 h, jeudi matin _____

11. 9 h 30 _____

C. Ecoutez et indiquez si ces phrases sont vraies (V) ou fausses (F).

		V	F
1.	Pendant la longue attente dans le satellite de l'aérogare, les voyageurs avaient leurs bagages à main.	☐	☐
2.	La cause du malfonctionnement mécanique a été découverte vers 11 h du soir.	☐	☐
3.	Les annonces de la compagnie aérienne étaient pleines de «sans doute».	☐	☐
4.	Certains passagers ont trouvé des places sur d'autres vols.	☐	☐
5.	La voyageuse qui parle n'a pas pu prévenir sa famille.	☐	☐

A vous la parole

PHONETIQUE

The Vowels [u] and [y]

To form the sounds [u] as in **vous** and [y] as in **tu,** project your lips forward as if you were about to kiss someone. The sound [u] is basically pronounced like the English *oo* (for example, *do, to, clue*) but is a tenser vowel. For [y], the tip of the tongue is placed behind the lower front teeth, just as for the sound [i] (**si**). To produce the [y] sound, say [i], hold the tongue position, then round and project the lips forward (for example, **si/su, vie/vue, pile/pull**).

Turn on the audio program and repeat the following pairs of words. Concentrate on the difference between the two sounds.

[u]	[y]
1. tout	tu
2. vous	vu
3. pour	pur
4. boule	bulle

Now listen again. This time, you will hear only one word of each pair. Circle the one that you hear.

A. L'histoire d'un livre. Répétez les phrases suivantes en faisant attention à la différence entre [u] et [y].

1. Vous avez vu le livre.
2. Vous l'avez parcouru.
3. Vous l'avez voulu.
4. Vous l'avez acheté.
5. Vous avez tout lu.
6. Il ne vous a pas plu.
7. Et vous l'avez vendu.

B. La valise perdue. Votre camarade Michel a perdu sa valise et il fait une liste de ce qu'elle contenait. Montrez votre étonnement (mêlé de compassion) selon le modèle. Faites attention à la prononciation des voyelles [u] et [y].

> MODELE: *Vous entendez:* Il y avait mon nouveau short.
> *Vous répondez:* Ton nouveau short? Tu l'as perdu?

1. … 2. … 3. … 4. … 5. …

PAROLES

A. Suivons Sylvie! Regardez les scènes suivantes qui se passent dans une gare en France. A vous de répondre aux questions au sujet de la passagère, Sylvie. (Vous entendrez ensuite une des réponses possibles.) Mots utiles: *composter son billet, une place libre, le contrôleur, l'horaire, un billet*

B. Un voyageur exigeant. Votre vieil oncle n'aime pas du tout voyager, et donc il est très exigeant quand il doit partir. En tenant compte de ses exigences, proposez-lui une des solutions suivantes. Commencez vos phrases par *Prenez donc…*

l'avion	le TGV
une réservation	un billet de première classe
un train direct	un billet aller-retour
une place dans un compartiment non-fumeurs	

> MODELE: *Vous entendez:* J'aime les trains les plus rapides.
> *Vous répondez:* Prenez donc le TGV.

1. … 2. … 3. … 4. … 5. … 6. …

C. Un premier voyage. A la différence du vieil oncle, c'est la première fois que votre copain Pierre voyage en France par le train. Il faut donc lui expliquer comment se débrouiller à la gare et puis aussi dans le train. Répondez à ses questions selon le modèle. Réponses possibles: *à l'entrée du quai, à la consigne, une correspondance, au contrôleur, un compartiment non-fumeurs*

> MODELE: *Vous entendez:* Où peut-on se renseigner?
> *Vous répondez:* On peut se renseigner au bureau de renseignements.

1. ... 2. ... 3. ... 4. ... 5. ...

D. Savez-vous voyager en français? Imaginez que vous êtes à Nice. L'annonce suivante vous concerne. Ecoutez-la une fois, puis écoutez les questions suivantes. Ensuite, réécoutez l'annonce et écrivez votre réponse à chaque question.

1. _____

2. _____

3. _____

4. _____

STRUCTURES

A. Un papa inquiet! A l'exemple de celui du petit Nicolas, imaginez que votre père vous pose des questions avant votre départ en vacances. Répondez selon le modèle.

> MODELE: *Vous entendez:* Tu as ta trousse de toilette? (Oui)…
> *Vous répondez:* Oui, papa, je l'ai.

1. (Oui)…   3. (Non)…   5. (Non)…

2. (Oui)…   4. (Oui)…   6. (Oui)…

B. Un voyage en avion. Une amie française, Madeleine, n'a pas beaucoup voyagé à l'étranger. Elle voudrait savoir comment se débrouiller dans un aéroport américain. Répondez à ses questions en utilisant un pronom objet direct ou indirect. (Répétez la réponse modèle.)

> MODELE: *Vous entendez:* Est-ce qu'on doit prendre le billet à l'avance?
> *Vous répondez:* Oui, on doit le prendre à l'avance.
> *Ou bien:* Non, on n'est pas obligé de le prendre à l'avance.

1. ... 2. ... 3. ... 4. ... 5. ... 6. ...

C. N'avez-vous rien oublié? Votre famille se prépare à partir en vacances. Votre frère et vous venez de charger (*load*) la voiture. Cependant votre père n'a pas très confiance en vous (comme d'habitude). Répondez à ses questions selon le modèle.

> MODELE: *Vous entendez:* Avez-vous pris tous les pantalons?
> *Vous répondez:* Oui, papa. Nous les avons tous pris.

1. ... 2. ... 3. ... 4. ... 5. ...

D. La politesse, ça compte! Faites un choix parmi les structures proposées pour vous renseigner sur des points importants: *Est-ce que vous avez… ; Je voudrais… ; Pourriez-vous me dire…*

> MODELE: *Vous entendez:* un aller simple pour Tours
> *Vous répondez:* Je voudrais un aller simple pour Tours, s'il vous plaît.

1. ... 2. ... 3. ...

Dictée

Vous entendrez la dictée deux fois. La première fois, écoutez. La deuxième fois, écrivez. Puis réécoutez le premier enregistrement pour corriger.

_____

_____

_____

_____

_____

_____

_____

_____

_____

Exercices écrits

PAROLES

A. Que faire… et où? A gauche, il y a une liste de choses à faire à la gare ou à l'aéroport et à droite, une liste de lieux où il faudrait aller pour les faire. Assortissez (*Match*) les lieux aux choses à faire.

1. _____ déposer vos bagages

2. _____ vérifier l'heure du départ d'un train

3. _____ prendre votre billet de train

4. _____ prendre votre carte d'embarquement

5. _____ présenter vos bagages pour l'inspection

6. _____ montrer votre carte d'embarquement

7. _____ demander le meilleur itinéraire pour aller de Paris à Rome par le train

8. _____ composter votre billet de train

a. sur l'horaire
b. au guichet
c. à l'entrée du quai
d. à la consigne
e. à la porte d'embarquement
f. au bureau de renseignements
g. au comptoir de l'aéroport
h. à la douane

B. Les rencontres d'un voyageur. Indiquez la profession de chaque personne décrite.

1. Cette personne vérifie que votre billet de train est valable: _____

2. Cet homme vous sert à manger et à boire dans un avion: _____

3. Cette dame essaie avec son collègue (n° 2) de mettre les passagers à l'aise dans l'avion:_____

   _____

4. Cette personne inspecte les bagages des voyageurs internationaux: _____

C. Attention au décollage. Imaginez que vous êtes moniteur/monitrice d'un groupe de jeunes Français qui vont faire un voyage aux Etats-Unis. A cause de l'enthousiasme général et de l'âge des passagers, vous dressez une liste de ce qu'il faut faire—et ne pas faire—au moment du décollage. Faites preuve d'imagination en donnant autant d'exemples que possible. Mettez-les en deux catégories.

Il faut

1. _____
2. _____
3. _____
4. _____
5. _____

Il ne faut pas

1. _____
2. _____
3. _____
4. _____
5. _____

D. A la douane. Voici un petit dialogue qui pourrait avoir lieu à la douane de l'aéroport Charles de Gaulle, près de Paris. A vous de le compléter. Montrez par vos réponses que vous savez vous débrouiller à la douane.

LE DOUANIER: Bonjour. Votre passeport, s'il vous plaît. D'où arrivez-vous?

VOUS: _____

LE DOUANIER: Combien de temps pensez-vous rester en France? Quelle est la raison de votre visite?

VOUS: _____

_____

_____

LE DOUANIER: Qu'avez-vous à déclarer?

VOUS: _____

_____

LE DOUANIER: Merci, et bon séjour en France!

STRUCTURES

A. Le verbe *manquer*. Complétez à l'aide du pronom objet approprié en vous servant des indices entre parenthèses.

1. Quelle catastrophe! Je _____ ai manqué. (mon train)

2. Pendant les vacances je _____ ai manqué. (Suzanne)

3. Je peux dire qu'elle aussi, elle _____ a manqué. (je)

4. Est-ce que la cuisine française _____ manque depuis que tu es rentré? (tu)

5. Il paraît que je _____ manque beaucoup. (mes parents)

B. Un voyage pas comme les autres. Vous venez de faire un voyage à l'étranger avec votre petit cousin Serge. A l'arrivée, vous trouvez une lettre de votre tante où elle vous pose des questions sur le voyage. Répondez-lui (à la forme affirmative ou négative) en utilisant les pronoms objets convenables. Attention à l'accord du participe passé.

1. As-tu enregistré *les bagages de Serge*?

_____

2. Serge a-t-il attaché *sa ceinture* avant le décollage?

_____

3. Avez-vous regardé *le film*?

_____

4. Serge a-t-il mangé tous *ses légumes*?

_____

5. Serge a-t-il remercié *les hôtesses et les stewards* avant de descendre?

_____

6. Avez-vous trouvé tous *vos bagages* à l'arrivée?

_____

7. Serge a-t-il montré son passeport *à l'inspecteur de police*?

_____

8. Le douanier a-t-il inspecté *la grosse valise de Serge*?

_____

9. Veux-tu bien accompagner *Serge et sa sœur* en Afrique l'année prochaine?

_____

_____

C. Le prochain voyage de Serge. Dites-lui s'il faut ou s'il ne faut pas faire les actions suivantes. Utilisez l'impératif et des pronoms objets.

MODELE: apporter son ballon → Apporte-le. (Ne l'apporte pas.)

1. enregistrer ses valises: _____

2. montrer son billet au douanier: _____

3. montrer son passeport au steward: _____

4. attacher sa ceinture au décollage: _____

5. dire merci aux hôtesses: _____

6. chercher tous ses bagages à l'arrivée: _____

D. Une copine qui se renseigne. Votre copine Annette se prépare à partir pour la France. Puisque ce sera sa première visite et qu'elle pense faire plusieurs voyages en train, elle vous pose beaucoup de questions. Répondez-lui selon les modèles. Utilisez autant de pronoms que possible afin d'éviter des répétitions.

MODELES: a. Est-ce que je peux me renseigner dans une agence? →
                 Oui, c'est une bonne idée. (Oui, c'est obligatoire.) Renseigne-toi dans une agence.

            b. Est-ce que je dois montrer mon passeport à l'employé pour acheter un billet? →
                 Non, tu n'es pas obligée de le lui montrer.

1. Est-ce que je dois consulter l'horaire pour vérifier l'heure de départ des trains?

_____

2. Est-ce que je peux réserver ma place à l'avance?

_____

3. Si j'arrive à la gare à l'avance, est-ce que je peux mettre mes bagages à la consigne?

_____

4. Est-ce que je dois composter mon billet à l'entrée du quai?

_____

5. Est-ce que je dois montrer mon billet au contrôleur?

_____

6. Est-ce que je peux apporter mon déjeuner dans le train?

_____

7. Est-ce que je dois montrer mon billet à l'inspecteur de police à la frontière?

_____

E. Le départ du petit Nicolas (suite). Vous souvenez-vous du petit Nicolas et de sa mère inquiète? Voici des questions que pose la mère. A vous d'y répondre pour Nicolas—de façon originale. Utilisez des pronoms objets quand cela est possible.

1. Tu es sûr que tu as tout remis dans ta valise?

   Oui, maman, _____.

2. Tu n'as pas oublié ton pull à manches longues?

   _____

3. Et tes espadrilles?

   _____

4. Et les billes de ton copain? Tu les lui as rendues?

   _____

5. Alors, fais attention de ne pas les perdre! Oh tiens, tu n'as pas perdu l'adresse de tes grands-parents?

   _____

F. Un voyage memorable. Complétez cette lettre qui arrive de votre copine Stéphanie avec la forme correcte de **tout.**

Lyon, le 7 janvier

Cher (Chère) _____,

Enfin je suis rentrée après un voyage _____[1] à fait mémorable. _____[2] se

passait calmement quand le train s'est arrêté à Avignon pour laisser monter des passagers. Un jeune

papa a ouvert la porte du compartiment pour demander _____[3] gentiment s'il y avait de la

place pour lui et ses quatre enfants. J'ai dit que oui, et le père et _____[4] les quatre enfants

se sont installés en face de moi. Ils avaient _____[5] sortes de valises et de sacs.

Une fois partis, nous avons longuement parlé de _____[6] leurs souvenirs de vacances.

Malgré _____[7], j'étais contente d'avoir de la compagnie, et en _____[8] cas, le

voyage entre Avignon et Lyon, qui d'habitude semble très long, a vite passé.

A bientôt,

Stéphanie

G. Un ami vous rend visite. Votre copain Pierre qui habite à Grenoble veut venir vous rendre visite. Puisqu'il prépare déjà sa visite, il vous a téléphoné le week-end passé pour poser des questions sur les vêtements à apporter, des activités possibles, etc. Qu'est-ce que vous lui avez dit et pourquoi? Rapportez votre conversation en style indirect. Utilisez des expressions comme *d'abord, ensuite, puis, après, aussi, alors, enfin, parce que, puisque*, etc.

MODELE: Je lui ai dit que c'était une bonne idée de se préparer bien à l'avance. Puisqu'il viendra en été, je lui ai dit qu'il ferait certainement beau, mais qu'il devrait apporter… . Après, je lui ai aussi dit… .

_____

_____

_____

_____

_____

_____

_____

_____

_____

Branchez-vous!

A. Transports à Paris. Quand on est à Paris, prendre le métro est un moyen pratique d'éviter les problèmes d'embouteillage et de parking. Mais, prendre le bus est aussi très agréable quand on veut voir la ville et des gens dans la rue. Supposons que vous avez rendez-vous avec des amis vers midi demain au 185, avenue Victor Hugo à Paris et que votre hôtel est près de la place de la Madeleine. Trouvez le cite officiel de la RATP (l'établissement responsable des transports parisiens) et faites des recherches sur un trajet de «place de la Madeleine, Paris» jusqu'au «185, avenue Victor Hugo, Paris». Trouvez des renseignements sur un trajet en bus et un trajet en métro. Décrivez les deux trajets. Quelle ligne faut-il prendre et dans quelle direction? Faut-il changer de bus ou de métro? Où faut-il changer? Où faut-il descendre pour arriver au 185, avenue Victor Hugo? Combien de temps chaque trajet dure-t-il? Quel moyen de transport allez-vous prendre et pourquoi?

Mots-clés: France, Paris, «RATP», etc.

B. Un voyage en TGV. Allez au site officiel de la SNCF et trouvez des renseignements sur des voyages de Paris à Nice. Choisissez une date de départ et une date de retour avec départ dans la matinée (entre 8 h et 12 h). Dans un paragraphe, comparez un voyage en TGV à un voyage en train normal. De quelle gare de Paris est-ce qu'on part? Quelle est la durée des deux voyages? Combien coûte chaque voyage en deuxième classe? Dans chaque cas, une réservation est-elle obligatoire ou suggérée? Qu'est-ce qui vous tente le plus, le voyage en TGV ou en train normal? Expliquez.

Mots-clés: France, transport, train, «SNCF», «TGV», etc.

❧ *Pour le plaisir de lire*

Yannick Vernay

Yannick Vernay: Avocat et père de famille

Yannick Vernay is an attorney with a background in business. He was interviewed in his office at a pharmaceutical firm outside Paris, where he directs certain legal and site operations. He is married, with two children. In this interview, he talks about his family, in particular about their approach to vacations, and he comments on the role vacations and leisure time play in France.

◆

J'ai l'impression qu'en France, les vacances jouent un rôle très différent dans la vie familiale par rapport aux Etats-Unis. Par exemple, on dit que les Français vivent toute l'année dans l'attente des vacances. Est-ce exact? Aidez-nous à comprendre un peu cette attitude.

Oui, c'est un peu vrai. Il faut d'abord dire que les vacances sont échelonnées° dans l'année; il y a les grandes vacances, et en général les Français prennent un mois, en août ou en juillet. Il y a de plus en plus de petites vacances qui sont en général d'une semaine à Noël ou à Pâques pour faire du ski.

distribuées

Et à combien de semaines de vacances a-t-on droit? Est-ce que le nombre de semaines de vacances varie selon le travail que l'on fait?

Oui. La base est de cinq semaines de congé, néanmoins,° suivant l'ancienneté dans l'entreprise,° suivant l'entreprise dans laquelle on se trouve, on peut avoir plus, et par exemple dans le secteur bancaire, on peut avoir parfois six semaines de congé, voire° plus.

nevertheless

mot ap.

même

Durant les semaines pendant lesquelles on ne travaille pas, quelle est votre estimation du pourcentage de la population qui en vérité part en vacances?

Il doit y avoir environ 60% des Français qui quittent leur domicile. C'est un chiffre estimatif. Parce qu'il y a toute une partie de la population rurale, qui, elle, ne part pas ou en tout cas beaucoup moins que les citadins.

Pour les grandes vacances l'été dernier, qu'avez-vous fait avec votre famille? Quelles ont été les différentes étapes de vos préparatifs?

C'est très difficile de partir en vacances en France, parce que, en général, pour un Français les vacances sont synonymes de soleil, de détente° et de mer. Or tous les endroits qui répondent à cette attente sont bondés.° Il faut s'y prendre° très en avance, c'est-à-dire, à partir du mois de février. C'est ce que j'ai fait l'année dernière. J'ai loué une maison à Nice sur la Côte d'Azur à peu près à cette époque.

relaxation
très fréquentés / s'y... commencer

Et l'été prochain?

L'été prochain, je m'y prendrai encore plus tôt, car même cette année au mois de février, j'ai eu des problèmes pour ma location. Je pense que mes projets seront à peu près identiques, c'est-à-dire, trouver un endroit ensoleillé, tranquille, surtout pour les enfants, qui sont une préoccupation importante, car il faut qu'ils puissent jouer librement, sans contraintes.°

sans... en liberté

Si l'argent n'était pas une considération importante, où choisiriez-vous d'aller en famille pour les grandes vacances?

En fait, il y a plusieurs endroits auxquels je pense: les Etats-Unis, et tout particulièrement la Californie. Ma femme et moi aimons beaucoup cet endroit. J'aimerais beaucoup le faire connaître à mes parents qui connaissent déjà la Floride et New York, mais pas la Californie. Pourquoi la Californie? Parce que c'est un endroit qui répond à mes préoccupations. C'est ensoleillé et parce que c'est aussi très intéressant en tant que mode de vie et c'est un des pays du futur.

A l'opposé de la Californie, il y a comme autre choix possible, des îles déser- tes avec beaucoup de soleil, également° la plage pour les enfants. Par exemple les Seychelles.° En troisième lieu, je choisirais l'Extrême-Orient: la Thaïlande, que j'aimerais beaucoup visiter pour ses richesses culturelles et la différence de civilisation.

et
îles dans l'océan Indien

Est-ce qu'il est plus commun—d'après ce que vous connaissez des Français—d'aller chaque année au même endroit ou d'en choisir un nouveau?

Je crois que les Français aiment bien aller systématiquement au même endroit, pour autant qu'il les satisfasse.° Et je dirai qu'après tout, si l'on pense à la France, les endroits où l'on peut passer des vacances sont tout de même assez limités. Il y a la Bretagne, le Sud-Ouest de la France et la Côte d'Azur. Le plus populaire de tous étant de toute évidence la Côte d'Azur; ensuite peut-être la Bretagne et le Sud-Ouest.

pour... s'il les satisfait

Que pensez-vous des voyages organisés? Avez-vous déjà participé à de tels voyages?

Oui, nous avons fait des voyages organisés. Bien entendu, c'était à l'étranger,° et nous sommes allés en Afrique du Nord principalement. C'est intéressant, car lorsque l'on se rend dans un pays étranger, on a besoin d'un guide pour nous indiquer ce qu'il y a d'intéressant à visiter. Par contre, je n'aime pas les voyages organisés quand tout est organisé y compris les loisirs, quand il faut faire toujours comme tout le monde. Et cela, c'est mon petit côté individualiste.

à... dans un autre pays

Aux Etats-Unis, les «summer camps» pour les enfants sont très populaires. Est-ce la même chose que les colonies de vacances ici?

Je ne sais pas exactement ce que sont les «summer camps». Mais pour ce qui est des colonies de vacances en France, cela consiste donc à envoyer son enfant dans des camps où l'air est pur, proches de la nature et surtout où il y a possibilité de développer leurs capacités sportives. Ces camps sont essentiellement orientés vers le sport et en second lieu vers le développement de la vie en commun. Je crois que c'est ce que les parents recherchent indépendamment du fait qu'ils souhaitent faire faire du sport à leurs enfants. Ils considèrent, je considère aussi, que ce qui est très important, c'est cette vie en commun pendant un mois, pendant lequel les enfants vont être amenés à faire des concessions à leurs petits camarades, ils vont vivre avec eux et vont se trouver confrontés à des personnalités différentes des leurs. Donc, selon moi, alors que le milieu parental amène à développer leur propre personnalité, à affirmer leur «moi», les colonies les font prendre conscience du fait qu'il y a d'autres «moi» que le leur.

Si le mois d'août est consacré aux vacances, quel en est l'effet sur l'économie française avec tant de bureaux, d'usines et de magasins fermés?

L'économie française tout d'abord y est accoutumée. Cela ne crée pas de perturbations spécifiques. Cela dit, il faut quand même prendre en considération le fait que tout n'est pas fermé au mois d'août et au mois de juillet, puisque la moitié des Français alternent sur ces deux mois. Et que par ailleurs, il n'y a que 60% des Français qui partent en congé, donc cela ne pose pas de problèmes pour faire ses courses. Si une partie de l'industrie s'endort un peu, une autre en revanche commence à revivre; c'est celle du tourisme. Le tourisme, ce n'est pas seulement l'infrastructure hôtelière, c'est aussi le petit commerce. Je pense que d'une façon générale, ce problème de vacances existe partout ailleurs—en Europe et peut-être dans le monde à une moindre échelle,° mais cela existe quand même en Allemagne, en Suisse et en Italie. L'économie française—comme les autres économies d'ailleurs—a appris à réagir à ce type de phénomène.

à... to a lesser degree

A votre avis, l'attitude des Français vis-à-vis des vacances est-elle en train de changer?

Oui, dans une certaine mesure. En fait, les Français ont de plus en plus envie de découvrir d'autres horizons, d'une part parce que leur niveau de vie° augmente et d'autre part parce que l'on ne vit plus maintenant comme on vivait il y a cinquante ans, dans un monde cloisonné;° la notion de frontière existe de moins en moins. En plus, il y a de plus en plus de communication entre les états, ce qui fait que l'on est de plus en plus attiré par ce qui est au-delà des frontières. Il y a bien entendu aussi le développement de l'industrie du tourisme et toute la publicité qui est faite autour des destinations plus ou moins lointaines telles que l'Afrique du Nord qui est très fréquentée par les Français, la Grèce, l'Espagne, l'Italie. Les Etats-Unis sont également très prisés, mais cela pose des problèmes financiers car le transport est tout de même onéreux.° Donc, effectivement dans ce sens-là, l'attitude des Français tend à changer.

niveau... style de vie

fermé

cher

Une dernière question. Pouvez-vous nous raconter un souvenir de vacances qui vous est cher?

J'en ai plusieurs, mais je vais vous parler de deux particulièrement. Il y en a un qui concerne les Etats-Unis et plus particulièrement Carmel, qui est à mon avis l'un des plus beaux endroits du monde, en tout cas le plus beau que je connaisse. Cet endroit m'a beaucoup ému par la nature, les couleurs qu'on y rencontrait, par la beauté du paysage et par la manière dont le paysage était organisé. C'est-à-dire que finalement il n'y avait pas de violation de ce paysage par une civilisation, mais une civilisation qui était complètement intégrée au paysage. Cela a été pour moi un des plus beaux souvenirs.

A l'opposé, je citerai la Tunisie, où j'ai passé d'excellentes vacances avec tout un groupe d'amis et là, il y avait à la fois le cadre qui était magnifique et il y avait beaucoup d'activités. Nous avons fait du sport (du tennis et de la natation).

Mais nous avons également fait beaucoup de visites de la Tunisie, du désert, de toutes les villes importantes, et cela a été fantastique car cela nous a amenés à découvrir une civilisation qui a sûrement plus de mille ans de retard par rapport à la nôtre et sur certains plans peut-être plus de cent ans d'avance. C'était donc très intéressant, c'était la découverte de quelque chose d'inconnu d'une part et le plaisir de partager cette découverte d'autre part.

AVEZ-VOUS COMPRIS?

A. Vrai ou faux?

1. On a droit à cinq semaines de vacances minimum en France.

2. Yannick Vernay estime que 40% des Français ne quittent pas leur domicile pour aller en vacances.

3. En France, il faut s'y prendre au printemps pour préparer les vacances d'août.

4. La location d'une maison à Nice pour le mois d'août est facile.

5. Un endroit idéal pour des vacances est, d'après Yannick Vernay, Carmel en Californie.

6. Bien des Français vont au même endroit pour leurs vacances chaque année.

7. La Bretagne est l'endroit le plus populaire pour les vacances d'été en France.

8. Les Français voyagent de plus en plus à l'étranger.

B. Décrivez les caractéristiques désirables (d'après Yannick Vernay) d'un lieu de vacances.

C. Parlez des avantages et des inconvénients des voyages organisés, selon Yannick Vernay.

D. Pourquoi est-ce que Yannick Vernay considère quelques semaines dans une colonie de vacances comme une bonne idée pour un enfant?

E. D'après Yannick Vernay, quel est l'effet sur l'économie française des fermetures annuelles du mois d'août? Expliquez.

F. Quelles sont les deux catégories de vacances que décrit Yannick Vernay?

Le Chemin du retour

EPISODE III: Un voyage dans le passé
[scènes 40–65]

Fonctions et thème: narration et description au passé; le discours indirect; stratégies de communication et d'élaboration—le voyage

AVANT DE VISIONNER

A. Les personnages. Dans cet épisode, nous allons faire la connaissance d'un nouveau personnage, David Girard, un historien, ami de Bruno, qui va aider Camille à faire des recherches sur son grand-père.

B. Rappel. Avant de visionner le troisième épisode, résumez *au passé* les événements principaux du deuxième épisode, en vous servant des questions suivantes comme guide.

1. Dans quelles circonstances Rachid avait-il trouvé la photo coupée?

2. Quelles avaient été les réactions de Louise et de Mado quand Camille leur avait montré la photo d'Antoine?

3. Qu'avions-nous appris sur Antoine?

4. Qu'avions-nous appris sur Camille et Bruno—et dans quelles circonstances?

C. Le contexte historique. La Deuxième Guerre mondiale, qui a secoué le monde entier de 1939 à 1945, a fait environ 50 millions de morts, dont 5,2 millions de Juifs (*Jews*). Après la crise économique des années 30, Adolf Hitler avait établi une dictature totalitaire en Allemagne et lancé un programme d'agression contre les races dites «inférieures». Il avait déjà envahi l'Autriche et la Pologne quand la France et l'Angleterre ont déclaré la guerre à l'Allemagne, en septembre 1939. Mais Hitler a envahi la France et dès juin 1940, l'Allemagne contrôlait les deux tiers (⅔) du territoire français. C'était «l'occupation allemande». Réfugié à Londres, le général Charles de Gaulle allait diriger les efforts de la Résistance. Le maréchal Pétain, lui, signait un armistice avec l'Allemagne et formait le gouvernement «libre» de Vichy, qui était en fait un gouvernement de collaboration avec les Allemands et qui allait participer à l'arrestation et la déportation des Juifs. Les membres de la Résistance, eux, s'organisaient en petits groupes, publiaient des journaux clandestins, cachaient des Juifs et exécutaient des sabotages. En 1942, les troupes allemandes ont envahi le reste de la France et pendant que le gouvernement de Vichy se mettait au service de l'Allemagne, les efforts de la Résistance s'accentuaient, préparant le grand débarquement des Alliés en Normandie, en juin 1944 et, éventuellement, la libération de la France, en septembre 1944.

D. Anticipation. On soupçonne Antoine Leclair d'avoir été «un traître». Selon vous, était-il un «collaborateur» ou un «résistant»? Que faisait-il dans les Cévennes en 1943? Imaginez!

VISIONNONS!

Pour visionner chaque scène avec les yeux et les oreilles d'un voyageur éclairé et non d'un touriste pressé, lisez d'abord les questions qui se rapportent à la scène, puis visionnez en fonction de ces questions.

A. Louise et Antoine [scènes 40–45]

L'histoire d'un couple. Complétez le paragraphe en vous basant sur la scène.

Louise et son mari ont commencé à habiter le quartier Mouffetard en _____[1] (date).

Antoine avait _____² ans à l'époque. Il avait hérité de son atelier d'ébéniste (fabrication de meubles) de son _____³ et les affaires marchaient bien. Mado est née en septembre _____⁴, au moment de la déclaration de _____⁵. En 1940, Antoine était à Paris. Deux de ses ouvriers étaient _____⁶ au combat; le troisième, Samuel Lévy, qui était _____⁷ (race/religion), est parti en _____⁸ pour rejoindre sa femme. Louise savait que son mari voulait partir, lui aussi. Elle lui a dit de faire ce qui était _____⁹. Il est donc allé dans les _____¹⁰, d'où il a écrit cette lettre pour le quatrième anniversaire de sa fille. Après, il a disparu.

B. **«Mon amant de Saint-Jean»** [scènes 46–50]

1. **La mort de Louise.** Vrai ou faux? Si c'est faux, corrigez.
   a. Au moment de sa mort, Louise était très calme.
   b. En regardant Mado, Louise a pleuré.
   c. Son cœur s'est arrêté de battre pendant qu'elle dormait.

2. **La chanson.** Louise avait demandé qu'on joue «Mon amant de Saint-Jean» à son enterrement (*funeral*). Pourquoi était-ce sa chanson préférée? Qui était son «amant»? Comment s'appelait ce village des Cévennes où était cet «amant»?

3. **Un reportage.** Où Camille a-t-elle envoyé Rachid pour faire un reportage? Officiellement, c'était un reportage sur quoi? Et indirectement?

4. **Des renseignements.** Choisissez la bonne réponse.
   Bruno a demandé à Hélène si elle connaissait quelqu'un aux Archives nationales pour trouver des renseignements sur a) Saint-Jean de Causse; b) la ville d'Alès; c) un fantôme (*ghost*).

C. **Une piste** (*a lead*) [scènes 51–65]

1. **L'historien.** Comment Hélène a-t-elle trouvé les coordonnées de David l'historien? Pourquoi a-t-elle dit à Bruno qu'il était «un vrai Français»? Qu'est-ce qu'elle impliquait par là?

2. **Des recherches difficiles.** Complétez le paragraphe en vous basant sur la scène.

   David a expliqué à Camille que les recherches étaient difficiles parce que beaucoup d'archives avaient été détruites par _____¹. Le document que David a retrouvé était un laissez-passer qui permettait de voyager _____². C'était un laissez-passer signé par un officier _____³, ce qui était assez _____⁴, et ce qui pourrait indiquer qu'Antoine avait peut-être _____⁵ avec les Allemands.

3. **Le coffret de Louise.** Qu'est-ce que Mado et Camille ont trouvé dans le coffret de Louise? Chez qui Antoine avait-il habité à Saint-Jean de Causse? Qu'est-ce que Mado a finalement décidé? Qui avait coupé toutes les photos du grand-père? Pourquoi?

4. **Une piste.** Complétez le paragraphe en vous basant sur la scène.

   Rachid a invité Camille à venir manger _____¹ chez lui. Il a expliqué à Camille qu'à Saint-Jean de Causse, il a rencontré une vieille dame qui s'appelait Jeanne Leblanc. Il a même interviewé son _____² et il a noté _____³ des Leblanc. Cette fois, Camille avait une piste!

5. **Le départ de Camille.** Pourquoi Martine n'était-elle pas contente que Camille parte en vacances? Quelle(s) raison(s) Camille a-t-elle donnée(s)? Pourquoi Camille ne voulait-elle pas que Bruno parte avec elle, ou même qu'il vienne lui dire au revoir sur les quais de la gare?

SYNTHESE COMMUNICATIVE

Si le temps le permet, revisionnez tout l'épisode, sans interruptions, en fonction des questions de synthèse.

♦ **La culture**

Dans cet épisode, quelles observations avez-vous faites sur les aspects culturels suivants? Comparez avec votre propre culture.

1. La façon de faire ses condoléances en France. (Rappelez-vous les commentaires de Martine, de Bruno et d'Hélène à Camille après le décès de sa grand-mère: «Je suis désolée pour ta grand-mère», «On est avec toi, Camille», «Je suis de tout cœur avec toi»; «Je peux faire quelque chose pour toi?»)
2. L'attitude de beaucoup de Français vis-à-vis de la technologie.
3. L'attitude de la vieille génération vis-à-vis de la guerre. Était-il facile de les faire parler? Pourquoi, à votre avis? L'attitude des Français de l'après-guerre vis-à-vis des collaborateurs.
4. L'attitude des Français vis-à-vis du travail et des vacances. (Pensez au dialogue entre Martine et Camille.)
5. Les plaisanteries à connotation romantique. Souvenez vous notamment d'Hélène qui mentionne que David est un bel homme ou de Bruno qui dit à Martine que Camille n'aime que lui.

♦ **L'intrigue**

1. Qu'avons-nous appris dans cet épisode sur la vie d'Antoine Leclair entre 1938 et 1943?
2. Dans quelles circonstances Louise est-elle morte? Comment savons-nous qu'elle n'avait jamais cessé d'aimer son mari? Pourquoi toutes les photos d'Antoine avaient-elles été coupées?
3. Pourquoi est-ce que Camille ne voulait «surtout pas» téléphoner à Jeanne Leblanc?

THEME IV

CHAPITRE **10**

Exercices oraux

A l'écoute de la vie

AVANT D'ECOUTER

Si on vous demandait, aujourd'hui, de dire quels sont vos aliments préférés, qu'est-ce que vous diriez?

AU PETIT DEJEUNER	AU DINER	
_____	hors-d'œuvre	_____
_____	plat principal	_____
_____	légumes	_____
	dessert	_____

Maintenant, si la question s'appliquait à vos goûts lorsque vous étiez enfant, est-ce que les réponses seraient les mêmes?

AU PETIT DEJEUNER	AU DINER	
_____	hors-d'œuvre	_____
_____	plat principal	_____
_____	légumes	_____
	dessert	_____

L'interview que vous allez entendre va vous permettre de comparer vos réponses avec celles de trois enfants français.

A L'ECOUTE

A. Ecoutez le début de l'interview, donnez l'âge des trois enfants et dites ce qu'ils aiment manger au petit déjeuner.

		AGE	PETIT DEJEUNER
1.	Marina	_____	_____
2.	Samuel	_____	_____
			_____
3.	Karine	_____	_____

B. Ecoutez le reste de l'interview et complétez le tableau suivant sur ce que les trois enfants aiment manger aux repas.

	MARINA	SAMUEL	KARINE
Hors-d'œuvre			
Plat principal		croissants fourrés	croque-monsieur
Légumes			
Dessert			

C. Ecoutez encore une fois et répondez.

1. Qu'est-ce que Karine ne digère pas? (digérer = *to digest*)

_____

2. Qu'est-ce que c'est qu'une salade composée? Donnez deux exemples.

_____

_____

_____

3. Qu'est-ce que les plats principaux mentionnés par Samuel et Karine ont en commun?

_____

D. Analysez les réponses des trois enfants français et comparez-les avec vos réponses à vous. Est-ce que certaines des différences sont des différences culturelles? Lesquelles?

_____

_____

_____

_____

_____

_____

_____

A vous la parole

PHONETIQUE

Vowel Timbre: [ə], [e], [y], [a]

You have already studied three of the vowel sounds listed above: [ə] as in **de,** [e] as in **des,** and [y] as in **du.** The fourth sound, [a], is quite similar to an English vowel sound: the *ah* sound in the word *father,* for example.

Speakers of American English need to pay special attention in order to distinguish the four vowel sounds clearly and to avoid replacing any of them with the schwa, the *uh* sound in *about, cut, the.*

Now turn on the audio program, listen to the following groups of articles, and repeat them after the speaker.

1. le, la, les
2. du, de la, des, de

A. Le, la, les. Voici des groupes de substantifs sans articles. Prononcez-les avec l'article défini correct (**le, la, les**). Faites attention aux voyelles.

1. croissant, confiture, tartines
2. crudités, soupe, crabe
3. homard, fruits de mer, quiche
4. purée, maïs, carottes
5. salade, fromage, fruits
6. yaourt, petits gâteaux, glace

B. Serge n'aime pas les légumes! A table, votre petit cousin Serge n'est pas un bon compagnon de voyage. Il n'aime rien! Vous êtes au restaurant, et le serveur propose un choix de légumes. Répondez au serveur selon le modèle.

MODELE: *Vous entendez:* Peut-être des carottes…
Vous répondez: Des carottes? Non, ne lui apportez pas de carottes; il ne les aime pas.

1. … 2. … 3. … 4. … 5. …

PAROLES

A. Devinette. Ecoutez les descriptions suivantes, puis dites de quoi on parle.

MODELE: *Vous entendez:* C'est le premier repas de la journée.
Vous répondez: C'est le petit déjeuner.

1. … 2. … 3. … 4. … 5. … 6. …

B. Un grand dîner. Ecoutez le garçon qui vous propose plusieurs choix, puis dites de quel plat il parle: *hors-d'œuvre, entrée, plat principal, fromages, dessert*

MODELE: *Vous entendez:* Il y a du potage aux champignons et du pâté de campagne.
Vous répondez: Le garçon propose des hors-d'œuvre.

1. … 2. … 3. … 4. … 5. … 6. …

C. Qu'est-ce qu'on va boire? Ecoutez les descriptions et décidez ce que ces personnes vont boire. Réponses possibles: *bière, vin rouge, vin blanc, chocolat, café au lait, lait, jus de fruits*

MODELE: *Vous entendez:* Pierrot a 10 ans et il se prépare à partir pour l'école.
Vous répondez: Pierrot va prendre du chocolat.

1. … 2. … 3. … 4. … 5. … 6. …

D. Chacun son goût! Ecoutez cinq jeunes Français parler de leurs habitudes de table. A la fin de chaque petit discours, vous entendrez une question. Donnez votre réponse.

1. (Martine)
2. (Frédéric)
3. (Daniel)
4. (Louise)
5. (Raoul)

STRUCTURES

A. Au féminin. Vous allez entendre des phrases dont le sujet est masculin. Transformez ces phrases au féminin. (Répétez la réponse modèle.)

MODELE: *Vous entendez:* Le père est heureux.
Vous répondez: La mère est heureuse.

1. … 2. … 3. … 4. … 5. … 6. …

B. Au jardin zoologique. Mettez chacune des phrases suivantes au pluriel. Attention aux articles et aux pluriels irréguliers. (Répétez la réponse modèle.)

> MODELE: *Vous entendez:* L'éléphant est énorme.
> *Vous répondez:* Les éléphants sont énormes.

1. … 2. … 3. … 4. … 5. …

C. Un dîner à oublier! Vous venez de rentrer d'un dîner au restaurant L'Etoile Noire qui ne vous a pas du tout plu. Regardez ce restaurant sur le dessin et répondez aux questions de votre copain. Attention aux articles qui changent et à ceux qui ne changent pas.

1. … 2. … 3. … 4. … 5. …

D. Qu'est-ce qu'ils prennent? Regardez le dessin, puis répondez aux questions en faisant preuve d'imagination et de logique! Mettez le pronom relatif **qui** dans votre réponse.

> MODELE: *Vous entendez:* Que mange le garçon qui regarde la télé?
> *Vous répondez:* Le garçon qui regarde la télé mange une pomme.

1. … 2. … 3. … 4. … 5. …

E. Qu'est-ce que vous aimez? Votre hôtesse française vous pose des questions sur vos préférences culinaires. Écrivez votre réponse en suivant l'un des modèles.

MODELES: a. *Vous entendez:*   Les tomates, par exemple?
              Vous écrivez: Oui, je mange beaucoup de tomates; je les aime bien.

           b. *Vous entendez:*   Les betteraves, par exemple?
              Vous écrivez: Non, je ne mange pas beaucoup de betteraves; je ne les aime pas trop.

1. _____

2. _____

3. _____

4. _____

5. _____

6. _____

Dictée

Vous entendrez la dictée deux fois. La première fois, écoutez. (L'ordre des plats va peut-être vous sembler bizarre, mais ne vous inquiétez pas.) La deuxième fois, écrivez. Réécoutez ensuite le premier enregistrement pour corriger. A la fin, recopiez la dictée en mettant les plats dans un ordre plus logique, du point de vue d'un Français.

1. _____

_____

_____

_____

_____

_____

_____

_____

2. _____

_____

_____

_____

_____

Exercices écrits

PAROLES

A. Quel petit déjeuner? Raymond prend toujours un petit déjeuner à la française, alors que son copain Jérémy déjeune le plus souvent à l'anglaise. Pour chaque aliment, indiquez qui le prendra: R (Raymond), J (Jérémy) ou les deux (R + J).

1. _____ des œufs
2. _____ du pain grillé
3. _____ une tartine
4. _____ du café
5. _____ un yaourt

6. _____ des saucisses
7. _____ un croissant
8. _____ des céréales
9. _____ du thé
10. _____ du chocolat chaud

B. Le menu. Mettez les plats à droite dans la section convenable du menu. Rajoutez un article indéfini (ou un article partitif pour les fromages).

LES HORS-D'ŒUVRE

_____

_____

_____

LES ENTREES

_____

_____

_____

LES PLATS GARNIS

_____

_____

_____

LES FROMAGES

_____

_____

_____

LES DESSERTS

_____

_____

_____

gâteau maison
crudités variées
steak-frites
escargots à la provençale
potage aux champignons
coquilles St-Jacques
pont-l'évêque
tarte aux abricots
agneau au curry
chèvre frais
côtes de porc
glace à la fraise
huîtres
camembert
pâté de campagne

C. Quelles boissons? Proposez un choix de deux boissons aux personnes suivantes. Utilisez un article partitif. Proposez chaque boisson une seule fois!

AU PETIT DEJEUNER

1. un enfant de 6 ans _____

2. un étudiant (à l'université) _____

AU DEJEUNER

3. votre professeur de français _____

4. un élève de collège _____

AU DINER

5. une Française _____

6. un monsieur au régime _____

D. Vous désirez? Vous êtes en France dans un petit restaurant où vous voulez dîner à la carte. La serveuse vous pose des questions. Complétez le dialogue en consultant la carte suivante.

Restaurant Le Marais

LES SUGGESTIONS DU CHEF

NOS ENTREES

Saumon fumé avec toasts grillés	11 €
Jambon de Bayonne	8 €
Salade de chèvre chaud	7 €
Salade du *Marais*	10 €
Cuisses de grenouilles à la Provençale.	19 €
Coquille St-Jacques à la Provençale	19 €
Douzaine d'escargots de Bourgogne à la persillade	13 €

NOS POISSONS

Saumon en civet au Bourgogne blanc	13 €
Saumon sauce Nantua	13 €
Truite Meunière	8 €
Filet de sole sur coulis d'oseille	13 €
Lotte au blanc de poireaux	15 €
Filet de sole aux morilles	19 €

NOS VIANDES

Andouillette de Troyes grillée	9,5 €
Faux filet ou entrecôte grillée maître d'hôtel	11 €
Entrecôte forestière	13 €
Filet de bœuf poivre vert	14 €
Filet de bœuf grillé sauce Béarnaise	14 €
Faux filet aux échalotes	13 €
Pot au feu de foie gras	22 €
Foie gras de canard à la Périgourdine	22 €
Cuisse de canard confite	10 €
Magret de canard poivre vert ou à la Périgourdine	14 €
Tournedos aux morilles ou Rossini	22 €

Plateau de fromages	7 €

Carte des Cocktails et Boissons

Cocktail *Marais* (sans alcool – 20 cl)	5 €
Cocktail *Marais* (avec alcool – 10 cl)	**5,50 €**
Cocktail des fruits frais (20 cl)	7 €
Sangria	**6,50 €**
Bouches-du-Rhône (12,5 cl)	**4,50 €**
Muscat de Frontignan (12,5 cl)	**3,50 €**
Bière Stella Artois (33 cl)	**4 €**
Eau minérale (50 cl)	**2,50 €**
Perrier (33 cl)	**2,50 €**
Coca Cola (33 cl)	**2,50 €**
Orangina (25 cl)	**2,50 €**

Carte des Desserts

Mousse au Chocolat	5 €
Crème Caramel ou Brûlée	5 €
Tarte	5 €
Glace ou Sorbet	6 €
Coupe de Fraises	7 €
Œufs en Neige	5 €
Coupe *Marais*	**6,20 €**
Coupe Melba ou Belle Hélène	7 €

Les plats de résistance sont servis avec les légumes de saison.
Les menus ne peuvent en aucun cas être modifiés. Nous vous laissons libre choix dans la carte ci-dessus.
Le service est compris

LA SERVEUSE: Bonsoir. Prendrez-vous un apéritif pour commencer?

VOUS: _____

LA SERVEUSE: Qu'est-ce que vous prendrez comme entrée?

VOUS: _____

LA SERVEUSE: Et ensuite, comme plat garni?

VOUS: _____

LA SERVEUSE: Et ensuite, du fromage, un dessert, une glace?

VOUS: _____

LA SERVEUSE: Et comme boisson?

VOUS: _____

STRUCTURES

A. Du singulier au pluriel. Mettez ces expressions au pluriel. Attention aux articles qu'il faut aussi changer.

1. le genou _____
2. l'œil bleu _____
3. un feu d'artifice _____
4. un chou à la crème _____
5. un travail culinaire _____

6. un clou de girofle (*clove*) _____
7. une salle à manger _____
8. un hors-d'œuvre _____
9. un monsieur _____
10. Mademoiselle _____

B. Masculin et féminin. Donnez la forme féminine qui correspond au masculin ou vice versa. N'oubliez pas que parfois ce sera la même forme!

1. mesdames _____
2. un secrétaire _____
3. une chanteuse _____
4. un professeur _____

5. une étudiante _____
6. une vedette de cinéma _____
7. un grand-père _____
8. des jeunes filles _____

C. Une histoire décousue! Complétez les phrases suivantes en rajoutant les articles et les pronoms relatifs (**qui, que, dont**) qui conviennent.

1. C'est _____ histoire d'une jeune fille, Brigitte, _____ a suivi _____ régime

   (*diet*) pour maigrir.

2. _____ régime _____ elle a choisi était très sévère.

3. _____ plats _____ elle avait envie étaient tous interdits.

4. _____ seul dessert _____ était permis, c'était _____ yaourt.

5. Pas _____ glace, pas _____ pâtisseries, et seulement _____ yaourt nature.

6. Pauvre Brigitte! Cette fille _____ aimait tant _____ bière et _____ vin était obligée de ne boire que _____ eau minérale.

7. Un jour où elle était de mauvaise humeur, elle a vu _____ publicité pour une eau minérale Volvic _____ sa mère lui avait parlé et _____ le titre était «A nous le bien-être».

8. La fille _____ jouait dans cette publicité était belle et souriante.

9. En l'apercevant, Brigitte a crié: «Toi _____ as _____ air si contente, ce n'est pas toi _____ je veux devenir, ce n'est pas toi _____ je veux être!»

10. Et Brigitte s'est retournée et s'est regardée dans _____ glace _____ elle avait souvent voulu briser.

11. Cette fois pourtant, l'image _____ elle y a vue n'était pas _____ image _____ elle avait honte mais plutôt _____ image _____ la satisfaisait.

12. Sur le coup, elle a décidé qu'il était temps de prendre _____ glace, pas un peu _____ glace mais beaucoup _____ glace, peut-être un banana split!

Comme dit le proverbe: «Le mieux est l'ennemi du bien-être.»

D. Au restaurant, tout est relatif! Complétez les phrases de façon plausible en tenant compte des pronoms relatifs. Réponses possibles:

> … je ne comprends pas sur la carte
> … j'ai oublié mon portefeuille
> … ne sont pas très grands
> … on m'a parlé
> … je n'ai pas envie de faire la cuisine

1. Je sors au restaurant chaque fois que _____

_____.

2. Je préfère les restaurants qui _____

_____.

3. Le plus souvent, je choisis des plats dont _____

_____.

4. Je pose beaucoup de questions au garçon ou à la serveuse pour apprendre tout ce que _____

_____.

5. Je n'oublierai jamais le soir où _____

_____.

E. **«Dis-moi ce que tu manges, je te dirai ce que tu es.»** Composez un paragraphe qui décrit certaines de vos habitudes alimentaires et comment elles vous décrivent. Utilisez des expressions comme *quand, pour, parce que, alors, puisque, parfois, en plus, mais,* etc.

MODELE: Puisque je suis toujours pressé(e), je n'ai pas beaucoup de temps pour préparer mes repas, alors, je… . Mais parfois… .

Quand je suis triste	acheter	de la glace
Pour impressionner mes amis	manger	du jus de carotte
Quand je suis malade	boire	des escargots
La semaine des examens	refuser de goûter	de la pizza
Pour faire plaisir à mes parents	rêver	du café

_____

_____

_____

_____

_____

_____

_____

_____

_____

_____

_____

_____

Branchez-vous!

A. **Les fromages français.** Si la France est très connue pour sa cuisine, elle l'est aussi pour ses fromages. Il en existe plus de 350, et vous avez déjà appris le nom de quelques-uns d'entre eux dans ce chapitre. Recherchez des renseignements sur les fromages suivants (D'où viennent-ils? À base de quel lait sont-ils faits?, etc.).

1.   le gruyère

2.   le roquefort

3.   la tomme

4.   le bleu

Mots-clés: France, fromage, gruyère, roquefort, tomme, bleu, etc.

B. **Des recettes.** Trouvez deux ou trois recettes françaises utilisant du fromage. Nommez les autres ingrédients.

Mots-clés: France, fromage, cuisine, recette, etc.

CHAPITRE 11

Exercices oraux

A l'écoute de la vie

AVANT D'ECOUTER

Quand vous pensez à la Polynésie et à ce que mangent les Polynésiens, qu'est-ce qui vous vient à l'esprit? Faites une liste.

_____

_____

_____

A L'ECOUTE

A. Ecoutez une première fois en traçant un cercle autour des aliments que vous aviez anticipés et qui sont réellement mentionnés dans le segment sonore.

B. Ecoutez une deuxième fois pour trouver la définition des termes suivants. Cochez toutes les réponses correctes.

1. le taro
   a. ☐ un fruit de la terre
   b. ☐ une racine (*root*)
   c. ☐ une viande

2. le fafa
   a. ☐ des feuilles (*leaves*) qu'on mange crues
   b. ☐ des feuilles qu'on mange cuites
   c. ☐ des feuilles qu'on utilise pour envelopper le poulet, mais qui ne se mangent pas

3. le pain tahitien
   a. ☐ un pain traditionnel à base de farine
   b. ☐ un fruit cru
   c. ☐ un fruit cuit

4. le ma'a
   a. ☐ un terme général pour désigner la nourriture tahitienne
   b. ☐ la noix de coco
   c. ☐ le poisson cru

5. le mitihué   a. ☐ du porc cuit sous terre

                   b. ☐ une sauce au lait de coco

                   c. ☐ ce dans quoi on trempe le ma'a

C. Vrai ou faux? Ecoutez encore une fois et répondez.

	V	F
1. Le poisson cru est d'abord macéré (*marinated*) dans du citron.	☐	☐
2. La base de la nourriture des anciennes générations à Tahiti était le fafa.	☐	☐
3. Le ma'a se mange avec les doigts.	☐	☐
4. Les Tahitiens ne se servent pas souvent de fourchettes.	☐	☐
5. La cuisine chinoise est très populaire à Tahiti.	☐	☐
6. Les Tahitiens mangent beaucoup de légumes.	☐	☐

D. Ecoutez une dernière fois et résumez.

Un repas traditionnel tahitien   Un repas ordinaire à Tahiti

_____   _____

_____   _____

_____   _____

_____   _____

A vous la parole

PHONETIQUE

Nasal Vowels: [ɛ̃], [ɑ̃], [ɔ̃]

There are three nasal vowel sounds in French. The mouth and lips take the same position to produce a nasal vowel as they do to produce the corresponding oral vowel. The difference occurs when you actually produce the sound. For a nasal vowel, you release air through the nose *and* the mouth; for an oral vowel, you release all the air through the mouth. Compare: **beau, bon.**

Turn on the audio program and listen to the following pairs of words. The first word contains an oral vowel, and the second word contains the corresponding nasal vowel. Repeat the words after the speaker.

[ɛ]	fais		[ɛ̃]	faim
	très			train
[a]	à		[ɑ̃]	en
	sa			sans
[o]	eau		[ɔ̃]	on
	mot			mon

A. Faisons les courses! Répétez les phrases suivantes en distinguant bien les voyelles nasales des autres.

1. Allons dans les petits magasins.
2. Il faut prendre de la dinde.
3. Les enfants voudront des bonbons.
4. De combien de vin a-t-on besoin?
5. On n'en a plus à la maison.

B. Comptons un peu! Répondez à chacune des questions suivantes en utilisant le pronom **en** et le nombre entre parenthèses.

> MODELE: (15) →
>
> *Vous entendez:* Combien de bananes prendrez-vous?
> *Vous répondez:* Des bananes? J'en prendrai quinze.

1. (5)   2. (11)   3. (20)   4. (45)   5. (500)

PAROLES

A. Où faut-il aller? Votre copine Mireille a une liste de provisions à acheter, mais elle ne sait pas où. Puisqu'elle veut éviter le supermarché, proposez-lui toujours un petit magasin. Réponses possibles: *la charcuterie, la pâtisserie, l'épicerie, la boucherie, la boulangerie, la poissonnerie*

> MODELE: *Vous entendez:* J'ai besoin de sucre.
> *Vous répondez:* Du sucre? Tu en trouveras à l'épicerie.

1. …   2. …   3. …   4. …   5. …   6. …

B. Robert est allé au supermarché. Regardez les petites scènes suivantes. Répondez aux questions en utilisant une des expressions données.

passer au rayon des jus de fruits   prendre un chariot
sortir du magasin   payer en liquide
y mettre ses achats   faire la queue à la caisse

1.

2.

3.

4.

5.

6.

C. Dans la cuisine. Ecoutez les descriptions suivantes, puis dites de quoi on parle. Vocabulaire utile: *une poêle, une livre, un couteau, un four à micro-ondes, le sel et le poivre, un frigo*

> MODELE: *Vous entendez:* C'est un appareil que l'on utilise pour mélanger des ingrédients.
> *Vous répondez:* C'est un mixer.

1. ... 2. ... 3. ... 4. ... 5. ... 6. ...

D. Au supermarché. Imaginez que vous organisez une petite soirée pour des copains et que vous êtes en train de faire vos provisions. Qu'allez-vous prendre à chaque rayon? Ecrivez vos réponses.

1. _____

_____

2. _____

_____

3. _____

_____

4. _____

_____

5. _____

_____

STRUCTURES

A. Vous êtes sûr(e)? Un groupe de vos copains préparent un gâteau. Répondez aux questions (répétées deux fois) avec le pronom **en** ainsi que la quantité.

> MODELE: *Vous entendez:* Est-ce que Marie a mis 200 grammes de beurre?
> *Vous répondez:* Oui, elle en a mis 200 grammes.

1. ... 2. ... 3. ... 4. ... 5. ...

B. La vie quotidienne. Gaston et Hélène sont à la maison. Commentez les dessins en répondant aux questions. Utilisez **y** ou **en** dans la réponse selon le modèle.

> MODELE: *Vous entendez:* Est-ce qu'Hélène va au supermarché?
> *Vous répondez:* Oui, elle y va.

1.

2.

3.

4.

C. Ce n'est pas juste! Vous vous sentez très seul(e): votre famille et vos amis sont partis en vacances sans vous. C'est la faute de votre patron qui a refusé de vous accorder des vacances. Répondez aux questions de votre patron en utilisant un pronom disjoint.

1. …   2. …   3. …   4. …   5. (Non) …   6. (Non) …   7. (Non) …

D. Dans votre frigo. Les frigos des étudiants renferment souvent des surprises! Qu'est-ce qu'il y a dans votre frigo en ce moment et en quelle quantité? Ecoutez les questions deux fois et ne cachez pas la vérité! (Si vous n'avez pas de frigo à vous, qu'est-ce qu'il y a dans un frigo de votre résidence ou dans le frigo d'un ami ou d'une amie?)

1. _____

_____

2. _____

_____

3. _____

_____

4. _____

_____

E. «Dis-moi ce que tu manges.» Arrêtez la séquence sonore afin de lire le tableau suivant. Ensuite, répondez par écrit aux questions que vous entendrez deux fois. Voici une structure utile:

Du pain? J'en mange $\left\{\begin{array}{l} \text{plus} \\ \text{autant} \\ \text{moins} \end{array}\right\}$ que l'année dernière.

La consommation alimentaire

	Part en volume, en %		
	1980	2001	Evolution
Produits bruts traditionnels (pain, pommes de terres, etc.)	12,6	9,5	−3,1 %
Viandes rouges (bœuf, mouton, etc.)	11,2	6,6	−4,6 %
Porc (porc, charcuterie, etc.)	3,2	2,5	−0,7 %
Viandes de volaille (poulet, dinde, etc.)	5,4	5,7	+0,3 %
Viandes préparées	8,3	11,7	+3,4 %
Poissons et produits de la mer préparés	2,5	4,2	+1,7 %
Produits laitiers (fromage, yaourts, etc.)	10,8	13,0	+2,2 %
Légumes et pommes de terres en conserves et préparés	2,3	3,1	+0,8 %
Légumes frais	5,7	5,4	−0,3 %
Fruits en conserve et préparés	1,1	1,3	+0,2 %
Fruits frais	6,1	5,8	−0,3 %
Chocolat et confiserie	4,5	4,7	+0,2 %
Pâtisserie	4,7	3,7	−1,0 %

(Tableau incomplet) Source: INSEE, mai 2002

1. _____
2. _____
3. _____
4. _____
5. _____
6. _____

Dictée

Vous entendrez la dictée deux fois. La première fois, écoutez. La deuxième fois, écrivez. Puis réécoutez le premier enregistrement pour corriger. A la fin, répondez à la question.

_____
_____
_____
_____
_____
_____
_____
_____

Qu'est-ce que ce marchand essaie de vendre?

    a. du sucre   c. du poivre de Cayenne

    b. des herbes de Provence   d. de la moutarde de Dijon

Exercices écrits

PAROLES

A. Qu'est-ce que l'on y trouve? A côté du nom de petits magasins suivants, indiquez par une phrase deux produits que l'on peut y acheter. Soyez original(e)!

MODELE: (une pâtisserie) → On peut y acheter une tarte aux abricots et des choux à la crème.

1. (une épicerie) _____

   _____

2. (une charcuterie) _____

   _____

3. (une boucherie) _____

   _____

4. (une boulangerie) _____

   _____

5. (une poissonnerie) _____

   _____

6. (un marché en plein air) _____

   _____

B. Différentes sortes de produits. Certains produits se vendent sous une seule forme. Par exemple, la confiture se vend toujours en conserve. D'autres produits existent sous plusieurs formes. Citez deux ou trois produits que vous pouvez acheter sous chacune des cinq formes indiquées ici. Réponses possibles: *des petits pois, de la glace, du sucre, du riz, des kiwis, des bananes, des pâtes, des asperges, du café, des céréales,* etc.

MODELE: (en conserve) → de la confiture, du thon, de la moutarde

1. (frais) _____

2. (en boîte) _____

3. (secs) _____

4. (en poudre) _____

5. (surgelés) _____

C. Savez-vous mesurer? Voici des extraits de recettes. Complétez-les avec la mesure qui convient.

1. une _____ de vin rouge

2. deux _____ de sel et une _____ de poivre

3. 500 _____ de farine

4. une _____ à soupe de moutarde

5. trois _____ de jambon

6. un _____ de gruyère (fromage) de 300 g

D. Une cuisine de débutants. Marc et Aline doivent équiper leur petite cuisine, mais avec le minimum possible parce qu'il n'aiment pas passer beaucoup de temps à préparer leurs repas. Aidez-les à décider ce qu'il vaudrait mieux acheter.

DES USTENSILES   DES APPAREILS

_____   _____

_____   _____

_____   _____

_____

_____

Pouvez-vous justifier vos choix?

E. Ce soir, il y aura de la tourte à la mozzarella! Vous recevez un groupe de copains à dîner. Vous allez servir de la tourte à la mozzarella comme plat principal. Etudiez la liste d'ingrédients, puis complétez les listes qui suivent.

TOURTE A LA MOZZARELLA

Préparation: 30 mn (attente 2 h + 15 mn) • Cuisson: 40 mn

Pour 6 personnes

400 g de mozzarella • 200 g de jambon en très fines tranches • 5 tomates • 4 cuil. à soupe de parmesan râpé • 2 brins de basilic • sel, poivre

Pour la pâte

300 g de farine • 150 g de beurre + 20 g pour le moule • 4 œufs + 1 jaune pour dorer • 20 g de levure de boulanger • 2 cuil. de lait • sel

---

Le menu: Qu'est-ce que vous allez servir avec la tourte? Et à boire? Et comme dessert?

PLATS   BOISSONS   DESSERT

*tourte*_____   _____   _____

_____   _____   _____

_____   _____   _____

_____

Votre liste de provisions: magasins, ingrédients et quantité

SUPERMARCHE   _____   _____

*5 tomates*_____   _____   _____

_____   _____   _____

_____   _____   _____

_____   _____   _____

Votre emploi du temps pour la journée:

HEURE	ACTIVITE
10 h	*faire les commissions*
_____	_____
_____	_____
_____	_____
_____	_____
_____	_____

STRUCTURES

A. Une recette «à la lettre». Voici la recette des madeleines de Commercy que vous avez préparées la semaine dernière. Maintenant vous en décrivez la préparation dans une lettre à votre mère. Complétez avec les pronoms objets convenables: *me, le, la, les, y, en*

> ### MADELEINES DE COMMERCY
> Temps de cuisson, 15 mn • Pour 12 pièces
>
> Passer ensemble au tamis le sucre et la farine. Ajouter les œufs à la spatule sans pour cela triturer trop la pâte. Ajouter alors le beurre cuit noisette. La pâte est mise à reposer pendant 1 h au frais, puis versée en moules spéciaux beurrés et farinés. Cuire à four chaud.
>
> **125 g de sucre • 125 g de farine • 125 g de beurre • 2 œufs**

J'ai commencé avec le sucre et la farine. Pour le sucre, j'_____[1] ai mesuré 125 grammes et pour la farine aussi. J'ai pris le tamis et je _____ _____[2] ai passés. Ensuite j'ai ajouté les œufs: j'_____[3] ai ajouté deux. J'avais déjà préparé le beurre cuit noisette et je _____[4] ai rajouté.

Après, j'ai dû mettre la pâte à reposer pendant une heure au frais, mais j'ai décidé de _____[5] laisser sur la table de travail. En fait, je _____ _____[6] ai laissée 50 minutes et puis je _____[7] ai mise dans des moules spéciaux. Je _____[8] ai mise au four et je _____ _____[9] ai laissée une heure.

La recette était pour 12 pièces, mais je n'_____[10] ai fait que 10. C'était un peu dommage parce que le résultat était splendide! Je _____ _____[11] souviendrai longtemps!

B. Trop de courses. Vous venez de rentrer d'un après-midi fatigant: il vous a fallu passer chez presque tous les marchands du quartier! Récrivez chaque phrase en remplaçant les mots en italique par des pronoms.

> MODELE: D'abord, je suis allé(e) *à l'épicerie.*
> D'abord, j'y suis allé(e).

1. J'avais besoin *de fruits de mer* pour servir en entrée. _____

_____

2. J'ai longuement parlé *au poissonnier.* _____

_____

3. Ensuite, je me suis arrêté(e) *chez le boucher* pour prendre *des escalopes de veau.* _____

_____

4. En sortant, je suis allé(e) *au marché en plein air* pour chercher *des légumes.* _____

_____

5. J'ai rencontré *le nouveau marchand de fromages* qui vient d'arriver *de Suisse.* _____

_____

6. Il m'a persuadé(e) d'essayer *sa raclette et son emmenthal.* _____

_____

7. Avant de rentrer, j'ai dû prendre un *pain de campagne à la boulangerie du coin.* _____

_____

8. En arrivant à la maison, je me suis souvenu(e) *du vin dont j'avais besoin.* _____

_____

C. A vos ordres! Votre petit frère veut vous aider à préparer un gâteau. Laissez-lui un petit mot (*note*) à lire en attendant votre arrivée. Récrivez les ordres suivants en remplaçant les mots en italique par un pronom.

MODELE: Cherche *la recette!* → Cherche-la!

1. Cherche *le moule à gâteau!* _____

2. Mets *la spatule et la cuillère en bois* sur la table! _____

3. Prends trois *œufs,* pas quatre! _____

4. Sors *la farine!* _____

5. Souviens-toi de préchauffer *le four!* _____

6. Ne mets pas *tes doigts* dans le sucre! _____

D. Des appétits d'oiseau. Complétez le texte suivant—un extrait de lettre que Camille envoie à sa sœur—avec des pronoms disjoints: *moi, toi, lui, elle, nous, vous, eux, elles*

Ma camarade de chambre s'appelle Colette, et franchement, _____[1], je n'ai jamais vu une fille

pareille! Elle doit penser que je ne fais que manger parce que Colette, _____[2], est maigre comme

un clou.

Hier, elle a invité deux copains et _____[3] à sortir avec elle au restaurant. Ses copains, je ne

suis pas arrivée à m'habituer à _____[4]. Pourquoi? Parce qu'ils n'ont rien voulu manger de bon!

L'un, il s'appelait Quentin _____[5], n'a pris qu'un blanc de poulet (élevé en liberté, bien sûr!),

alors que l'autre, Bernard—c'était _____[6] qui était le plus méfiant—s'est contenté d'un jus de fruits

auquel il avait rajouté des vitamines en poudre. Pour sa part, Colette, _____[7], a commandé une salade aux pousses de bambou. Il n'y avait que _____[8] qui ai commandé quelque chose normal:

une pizza avec double portion de fromage et une bonne bouteille de bière allemande!

E. Des personnes pas comme les autres. Composez un paragraphe où vous décrivez trois ou quatre personnes que vous respectez beaucoup. Utilisez autant de pronoms disjoints que possible. Voici quelques expressions verbales utiles: *penser à, rêver à, avoir besoin de, avoir confiance en, se souvenir de, se fier à.* Aussi, utilisez des expressions comme *alors, c'est la raison pour laquelle, c'est pour ça que, par exemple,* etc.

MODELE: J'ai énormément de respect pour… . Il (Elle) est toujours disponible quand j'ai besoin de lui… . (d'elle). C'est la raison pour laquelle je… .

_____

_____

_____

_____

_____

_____

_____

_____

_____

_____

Branchez-vous!

A. Alimentation. Cherchez quelques sites Web de supermarchés en France. Trouvez des renseignements sur l'alimentation. Qu'est-ce qu'on vous montre en photos sur ces sites? Qu'est-ce qui est en solde (*on sale*)? Est-ce qu'on peut demander la livraison à domicile? Carrefour et Casino sont des supermarchés en France. Quels autres supermarchés avez-vous pu trouver?

Mots-clés: France, alimentation, supermarché, Carrefour, Casino, etc.

B. Proust. Cherchez des photos et des renseignements sur le village dont parlait Marcel Proust. Où se trouve le village? Décrivez le village tel qu'il existe aujourd'hui. Est-ce un endroit important? Combien d'habitants y a-t-il? Qu'est-ce que ces sites vous ont appris sur la vie de Marcel Proust?

Mots-clés: France, Illiers-Combray, Proust, etc.

CHAPITRE **12**

Exercices oraux

A l'écoute de la vie

AVANT D'ECOUTER

Imaginez que vous êtes dans un restaurant en France et qu'on vous apporte les menus suivants. Quelles sont les questions qui vous viennent à l'esprit pendant que vous lisez ces menus? A la page suivante, notez vos premières réactions, puis quelques questions que vous voudriez poser au serveur ou à la serveuse avant de commander.

Les menus

MENU à 19 €

ENTREES

Salade Gourmande
Assiette du Jardinier
Salade de chèvre chaud
6 Escargots de Bourgogne
Jambon de Bayonne

*****

PLATS

Plat du jour
Andouillette de Troyes grillée
Truite meunière
Pavé de Bœuf au Roquefort *(supplément 3 €)*
Magret de Canard Bordelaise *(supplément 3 €)*

*****

Plateau de fromages ou
fromage blanc ou
dessert *(voir la carte)*
Soufflé au Grand Marnier supplément 2,50 €

MENU ENFANT à 10 €

Jusqu'à 10 ans

Hors d'œuvre
*****
Steack haché
ou
filet de sole
*****
Dessert

MENU à 28 €

ENTREES

Saumon fumé avec toasts
Salade de chèvre chaud
12 Escargots de Bourgogne
Foie gras de canard avec Toasts
Assiette de Crustacés

*****

PLATS

Filet de sole à la crème d'oseille
Lotte sur émincé de poireaux
Faux filet aux échalotes
Pavé de Bœuf au Roquefort
Magret de Canard Bordelaise

*****

Salade de saison ou plateau de fromages
*****
Dessert *(voir la carte)*
Soufflé au Grand Marnier supplément 2,50 €

DESSERTS

Assiette de Sorbet au Coulis	**4,00 €**
Poire Belle-Hélène au Chocolat Chaud	**3,50 €**
Melba aux Fruits de Saison	**3,50 €**
Feuilleté aux Fruits de Saison	**3,75 €**
Soufflé au Grand Marnier	**11,00 €**
(pour 2 personnes – à commander au début du repas)	
Nougat Glacé	**3,55 €**
Gratin de Fruits	**4,00 €**

Tous nos plats sont accompagnés de leurs garnitures – le service est compris

1. Premières réactions (exemple: «Comment le menu à 19 euros est-il différent du menu à 28 euros?»)

_____

_____

2. Questions (sur ce que vous ne comprenez pas, etc.)

_____

_____

_____

_____

A L'ECOUTE

A. Ecoutez la séquence sonore une première fois en soulignant sur les menus tous les plats et desserts qui sont mentionnés dans la conversation.

B. Ecoutez encore et indiquez si ces phrases sont vraies (V) ou fausses (F).

		V	F
1.	Ce restaurant est recommandé dans un guide.	☐	☐
2.	Les deux clients pensent que les prix sont très raisonnables.	☐	☐
3.	La dame adore les escargots.	☐	☐
4.	Le monsieur n'aime pas essayer des plats qu'il ne connaît pas.	☐	☐
5	Les clients demandent à la serveuse de décrire trois plats différents.	☐	☐
6.	La dame a l'intention de commander de la glace comme dessert.	☐	☐
7.	Le monsieur aime commander les spécialités régionales.	☐	☐

C. Ecoutez encore et encerclez sur les menus ce que les deux clients commandent. Ecrivez à côté si c'est pour **lui** ou pour **elle**.

D. Ecoutez une autre fois en faisant attention aux détails qui suggèrent où le restaurant est situé.

1. Situation dans la ville: _____

2. Région de France: _____

Comment le savons-nous? _____

_____

E. Et vous? Maintenant que vous en savez un peu plus sur ce restaurant, faites votre commande!

MENU A _____ EUROS

Entrée: _____

Plat principal: _____

Salade/fromage: _____

Dessert: _____

A vous la parole

PHONETIQUE

Nasal Vowels (continued)

In written French, the letter **m** or **n** indicates that the vowel directly before it is nasalized. However, if the **m** or **n** is followed by an **e** or if the consonant is doubled, the vowel sound is no longer nasalized but becomes an oral vowel.

This rule is important for the pronunciation of certain present tense verb forms that you are studying in this lesson.

Now turn on the audio program and repeat the following pairs of words after the speaker.

VOYELLES NASALES	VOYELLES ORALES
plein	pleine
lampe	lame
nom	nommer
mien	mienne
vient	viennent
prend	prennent

A. Singulier ou pluriel? Pour beaucoup de verbes au présent, une voyelle nasale indique le singulier tandis qu'une voyelle orale indique le pluriel. Il est donc important de savoir reconnaître et de faire la distinction. Vous allez entendre des verbes conjugués à la troisième personne du présent. Si le verbe est au singulier, répétez-le, puis mettez-le au pluriel; s'il est au pluriel, répétez-le, puis mettez-le au singulier.

1. ...   2. ...   3. ...   4. ...   5. ...   6. ...

B. C'est évident! Comment apprend-on à faire les choses suivantes? Mettez les verbes au participe présent. Faites attention aux voyelles nasales et orales.

MODELE: *Vous entendez:*   Comment apprend-on à parler français?
Vous répondez: On apprend à parler français en parlant, bien sûr!

1. ...   2. ...   3. ...   4. ...

PAROLES

A. A table! Identifiez les objets dont vous entendez la définition.

MODELE: *Vous entendez:*   On l'utilise pour manger de la soupe.
Vous répondez: C'est une cuillère à soupe.

1. ...   2. ...   3. ...   4. ...   5. ...

B. Au restaurant. Pouvez-vous «vous défendre» au restaurant? Répondez aux questions suivantes pour décider. Vocabulaire utile: *laisser un pourboire; demander la carte; dire «Monsieur, s'il vous plaît»; demander un couvert; commander un apéritif; demander l'addition*

1. ...   2. ...   3. ...   4. ...   5. ...   6. ...

C. Toutes sortes de régimes. Ecoutez les descriptions, puis dites quelle sorte de régime ces gens suivent. Réponses possibles: *végétarien, amaigrissant, grossissant, sans sucre, sans produits laitiers*

MODELE: *Vous entendez:*   Jacques fait de la musculation et il veut prendre du poids.
Vous répondez: Jacques suit un régime grossissant.

1. ...   2. ...   3. ...   4. ...

D. J'achète de la vaisselle. Arrêtez la séquence sonore et regardez bien ces publicités, puis répondez par écrit aux questions.

La vaisselle AM.PM
Angèle : Une vaisselle en fine porcelaine d'aspect modelé.
Une élégance très contemporaine.

Les 4 gobelets: contenance 20 cl.
Les 4 assiettes plates: Ø.28 cm.
Le saladier: Ø.24, haut.10 cm.
Les 4 assiettes à dessert. Ø.22 cm.
Les 4 coupelles. Ø.19 cm.
Des couverts de service en aluminium poli. Longueur: 30 cm
Les 4 couverts bambou, en acier inoxydable: 1 fourchette, 1 couteau, 1 cuiller à soupe, 1 cuiller à café
Vendus sur notre site: www.laredoute.fr

La vaisselle en céramique AM.PM

Flore: Une vaisselle festonnée, en céramique grise patinée rouge.
Assiettes à dessert vendues par 4, diamètre 22 cm
Assiettes plates vendues par 4, diamètre 27 cm
Plat rectangulaire 45 x 36 cm
Elise: Ces couverts en acier inoxydable sont vendus par 4:
1 cuiller, 1 fourchette, 1 couteau, 1 cuiller à café.
Résistent au lave-vaisselle.
Vendus sur notre site: www.laredoute.fr

1. _____
   _____

2. _____
   _____

3. _____
   _____

4. _____
   _____

5. _____
   _____

STRUCTURES

A. Reconnaître les mots-liens. Ecrivez tous les mots-liens que vous entendez. Ensuite, s'il y a un équivalent possible, donnez-le.

MOTS-LIENS	EQUIVALENTS
_____	_____
_____	_____
_____	_____
_____	_____
_____	_____
_____	_____
_____	_____

B. Faire la connexion. Vous allez entendre deux phrases, à vous de les relier avec le mot-lien le plus approprié au sens. Vous entendrez ensuite une réponse possible.

MODELE: *Vous entendez:*   Pierre s'est levé / il est allé dans la cuisine.
        Réponse possible: *Pierre s'est levé, puis il est allé dans la cuisine.*

1. _____
2. _____
3. _____
4. _____
5. _____

C. Des activité simultanées. Avez-vous de bonnes ou de mauvaises habitudes? Répondez affirmativement ou négativement en mettant le deuxième verbe au participe présent.

MODELE: *Vous entendez:* Faire ses devoirs / regarder la télé.
               Réponse possible: *Non, je ne fais jamais mes devoirs en regardant la télé!*

1. _____
2. _____
3. _____
4. _____
5. _____

Dictée

Vous entendrez la dictée deux fois. La première fois, écoutez. La deuxième fois, écrivez. Puis réécoutez le premier enregistrement pour corriger.

_____
_____
_____
_____
_____
_____
_____
_____
_____

Exercices écrits

PAROLES

A. Savez-vous mettre la table? Voici le menu d'un dîner que vous allez servir. De quoi aurez-vous besoin?

	VAISSELLE	COUVERT
1. un vin d'apéritif	_____	_____
2. une soupe aux champignons	_____	_____
3. un pâté de campagne	_____	_____
4. un poulet à la basquaise garni	_____	_____
5. du vin rouge	_____	_____
6. un choix de fromages	_____	_____
7. une tarte aux pommes	_____	_____
8. du café noir	_____	_____

B. Au Soleil en Coin. Comme vous allez aujourd'hui au Musée national d'art moderne au Centre Beaubourg avec des amis et que vous comptez dîner avec eux après la visite, voilà l'occasion idéale d'essayer ce restaurant dont vous avez trouvé la publicité sur Internet (voir la page suivante).

1. Pour réserver, comment allez-vous contacter le restaurant?

   _____

2. Pourquoi avez-vous choisi ce restaurant?

   _____

3. Selon la publicité, quelle sorte d'ambiance allez-vous y trouver?

   _____

4. Quelle région de France la cuisine représente-t-elle?

   _____

5. Si on est jeudi aujourd'hui, à partir de quelle heure pouvez-vous arriver au restaurant?

   _____

6. Si vous prenez le poisson, combien allez-vous payer?

   _____

7. Si vous prenez l'entrecôte, quelle cuisson allez-vous demander?

   _____

Au Soleil en Coin

Situé 21, rue Rambuteau, à deux pas du Centre Beaubourg, Au Soleil en coin, dirigé par Eric et son équipe sera heureux de vous accueillir dans un cadre chaleureux.
Métro: Rambuteau
Tél: 01.42.26.72.25
Email: soleil@club-internet.fr

Au Soleil en coin vous reçoit six jours sur sept de 12 h à 14 h 30 et de 19 h 30 à 22 h 30 du lundi au vendredi et le samedi de 20 h à 22 h 30. Fermé samedi midi et dimanche.

Le restaurant parisien de cuisine française du sud. Des vins de propriétaires parfaitement accordés à des produits frais et élaborés sur place. Un service accueillant et souriant. Tout est fait pour que vous retrouviez «le goût simple des bonnes choses».

Exemples de nos spécialités:
Entrées à 6 €
Surprise du marché
Cassolette d'escargots en ratatouille
Plats garnis à 12,50 €
Croustillant de lotte au miel
Noix d'entrecôte au gros sel
Magret de canard aux poires confites

Menus à 18 et à 22 €

Acceptation de différents moyens de paiements dont les cartes de crédit telle que Carte Bleue.

C. Le panier à pique-nique. Demain vous allez faire un pique-nique avec quatre copains. C'est à vous de préparer le panier. Qu'allez-vous y mettre?

3 types de sandwichs: _____

_____

_____

2 choses à manger avec les sandwichs: _____

_____

des fruits comme dessert: _____

_____

_____

3 boissons: _____

_____

_____

«vaisselle» et couverts: _____

_____

_____

_____

D. Savez-vous suivre un régime? A côté du nom de chaque type de régime, écrivez deux phrases. Dans la première, indiquez deux ou trois plats recommandés pour ce régime et dans la seconde, indiquez deux ou trois plats à éviter.

1. un régime végétarien

   On peut prendre _____.

   On doit éviter _____.

2. un régime amaigrissant

   _____

   _____

3. un régime grossissant

   _____

   _____

4. un régime sans sucre

   _____

   _____

5. un régime sans sel

   _____

   _____

STRUCTURES

A. Le départ. Vous souvenez-vous des vacances du petit Nicolas au chapitre 9? Complétez le récit de son départ avec les mots-liens appropriés.

_____[1] Nicolas est parti en colonie de vacances, sa maman l'a aidé à faire sa valise.

_____[2] ils y ont mis les billes, _____[3] des jouets, _____[4] ses vêtements,

_____[5] ses espadrilles. _____[6] juste avant de partir, Nicolas a décidé de prendre ses billes au fond de la valise, _____⁷ sa maman n'était pas très contente. _____⁸

ils sont partis pour la gare. C'était la première fois que Nicolas partait seul, _____⁹ ses

parents étaient un peu inquiets _____¹⁰ ils ont oublié la valise. _____¹¹ ils étaient

partis trop tôt, ils ont dû attendre sur le quai. _____¹² ils n'ont pas raté le train

_____¹³ ils étaient en avance. _____¹⁴, le papa de Nicolas était tellement troublé

qu'il a oublié la valise sur le quai. _____¹⁵ Nicolas est parti sans sa valise.

B. L'histoire d'un restaurant. Vous est-il déjà arrivé quelque chose d'amusant pendant un dîner au restaurant? Racontez votre histoire en utilisant les mots-liens suivants:

ensuite	finalement	c'est pour ça que
c'est-à-dire	comme	
alors que	ainsi	

_____

_____

_____

_____

_____

_____

C. La fable de l'Etudiant. Créez une fable, en imitant La Fontaine ou en prose, sur un aspect de votre vie d'étudiant. Utilisez au moins six mots-liens différents, et n'oubliez pas d'inclure une morale.

_____

_____

_____

_____

_____

_____

_____

_____

_____

D. Faire la cuisine n'est pas toujours chose facile! Remplacez les mots en italique par le participe présent ou par des adjectifs dérivés du participe présent.

MODELE: Il chantait *pendant qu'il cuisinait:* → *en cuisinant*

1. Un jour, Pierre regardait les légumes *qui cuisaient* dans la casserole: _____

2. *Comme il mettait* la table, il a cassé une assiette: _____

3. Alors il s'est baissé pour ramasser les morceaux *qui coupaient:* _____

4. Mais *pendant qu'il les ramassait,* il a oublié les légumes qui cuisaient: _____

5. L'eau *qui bouillait* s'est répandue sur la cuisinière: _____

6. *Quand il a entendu* ce qui se passait, il a voulu se relever: _____

7. *Comme il se relevait,* il a renversé la casserole: _____

8. C'est alors que l'eau *qui brûlait* l'a blessé: _____

E. Un pique-nique catastrophique. Remplacez chaque verbe entre parenthèse par la forme appropriée du participe présent ou par un adjectif dérivé du participe présent.

Le temps _____[1] (être) magnifique, nous avons décidé d'aller faire un pique-nique.

Mais _____[2] (préparer) le panier avec les sandwichs et la boisson, nous avons oublié

d'emporter des verres. Cela a posé un problème quand nous avons voulu boire le café qui était

_____[3] (brûler). Et puis, _____[4] (couper) son sandwich, Martine s'est

blessée avec le couteau. Heureusement, _____[5] (penser) aux urgences, nous avions

pris une trousse de secours. Enfin, nous avons voulu jouer au foot mais _____[6]

(essayer) d'attraper le ballon, Paul est tombé dans la rivière. Nous avons quand même bien ri

_____[7] (voir) qu'il était mouillé de la tête aux pieds. Puis il a été temps de rentrer et

tout _____[8] (ranger) nos affaires, nous avons commencé à chanter. C'est alors que des

nuages _____[9] (menacer/*to threaten*) sont apparus dans le ciel. Il a commencé à

pleuvoir et nous sommes partis _____[10] (courir).

F. Succès. Qu'a-t-on fait pour accomplir les choses suivantes?

MODELE: Je / calmer un enfant qui pleurait →
J'ai réussi à le calmer, en lui parlant et en le prenant dans mes bras.

1. Tu / gagner le premier prix de cuisine: _____

_____

2. Il / réussir son examen: _____

_____

3. Nous / obtenir beaucoup d'argent: _____

_____

4. Elle / pouvoir acheter une voiture: _____

_____

5. Je / attraper un coup de soleil: _____

_____

Branchez-vous!

A. Les fables. La Fontaine est le plus célèbre fabuliste français. Connaissez-vous d'autres fables de La Fontaine? Recherchez deux fables supplémentaires que vous pouvez lire en classe. Soyez prêt(e) à en discuter la morale.

Mots-clés: France, écrivain, La Fontaine, fable, etc.

B. Les bonnes tables. Recherchez le nom et l'adresse d'un restaurant à Paris. N'oubliez pas d'inclure des renseignements concernant le service, le menu et peut-être quelques prix.

Mots-clés: France, Paris, restaurant, cafés, etc.

Pour le plaisir de lire

Georges Blanc

Georges Blanc: Restaurateur

Georges Blanc represents the fourth generation of his family to run the restaurant and hotel *La Mère Blanc* in Vonnas, a village in the wine country north of Lyon. Jean-Louis Blanc opened a small inn near Vonnas in 1872. Georges Blanc's two sons are currently studying to take over the family business.

La Mère Blanc has received the coveted three-star recommendation of the *Guide Michelin*; it was one of only nineteen such restaurants honored in France in 1991. Blanc also gives cooking demonstrations around the world, and is the author of several cookbooks in English as well as in French.

Fine cuisine and great chefs such as Georges Blanc are probably more revered in France than in the United States. Every March, when the new Michelin ranking of restaurants appears, there is enormous national interest. Any restaurant awarded two or three stars is besieged with reservation requests from all over the country. The chefs in these establishments become media personalities, just as Julia Child has in the United States.

Before you read the interview, think of a half dozen questions you would ask a world-famous chef if you had the opportunity. As you read, see if your questions are answered.

◆

Pourriez-vous nous parler un peu de vous-même?

Oui. Alors là, c'est une affaire familiale. Vous verrez° dans l'histoire que je suis la quatrième génération de la famille ici. Mes parents m'ont un peu poussé pour faire ce métier. J'étais le seul garçon de la famille; il fallait continuer. J'avais une sœur, qui a onze ans de plus que moi, qui était mariée et qui n'était pas du tout dans le métier, et alors mes parents m'ont envoyé à l'école hôtelière. Mais je n'étais pas vraiment passionné par ce métier au début. Après avoir travaillé dans différentes maisons, je suis revenu ici dans l'affaire familiale et j'ai travaillé deux ans avec ma mère qui faisait une cuisine un peu différente de ce que je fais aujourd'hui. Ça, c'était dans les années avant 1970, c'est-à-dire avant qu'il y ait une certaine évolution, un certain changement, qu'on décrit comme «nouvelle cuisine». C'est à partir de ce moment-là que mes parents ont pris leur retraite. Moi j'étais très jeune à l'époque, j'avais vingt-trois ou vingt-quatre ans et je venais juste de me marier. Ma femme travaillait avec moi et c'est là que la passion s'est vraiment amplifiée, et je dois vraiment dire que dans la vie, jusqu'ici, j'ai eu beaucoup de chance, parce que j'ai toujours fait un métier que j'aime beaucoup; et je crois que c'est une chose essentielle dans la vie, de pouvoir se passionner pour sa vie professionnelle. Ça apporte beaucoup. Donc la propriété était déjà dans la famille, mais c'étaient toujours les femmes qui étaient en cuisine. Je suis donc le premier cuisinier de la famille, et la tradition va continuer, je crois: j'ai deux garçons, et l'aîné qui a vingt ans, il est déjà cuisinier. Il travaille chez un de mes amis, chez Marc Meneau, à Vézelay.

Pourriez-vous expliquer le système d'étoiles du Guide Michelin? *Depuis quand avez-vous la troisième étoile? Quelle a été votre réaction quand vous l'avez gagnée?*

Alors la troisième étoile est arrivée en 1991, et on a eu beaucoup de chance parce qu'il n'y a eu qu'une seule promotion cette année-là, et après il n'y en a pas eu

allez voir

pendant trois ans. Ce qui fait que pendant trois ans on a été le dernier trois étoiles connu, très connu. Alors, disons que c'est le *Guide Michelin* qui édite chaque année une publication dans laquelle sont répertoriés tous les hôtels, et pour les meilleurs restaurants il délivre trois étoiles, ce qui vaut le voyage, ou deux étoiles qui mérite un détour, ou une étoile qui veut dire une bonne table, voilà. C'est un guide qui est édité en trois ou quatre langues. Ce sont des signes donc, qui correspondent à des normes de qualité. Voilà, les visites, ce sont des inspecteurs qui passent, on sait pas quand, anonymement.

Quelles sont les caractéristiques uniques de votre restaurant?

Alors, je crois qu'il y a d'abord la tradition familiale. C'est une maison qui a une histoire, un passé, ses vieux meubles, une famille qui continue. Tout ceci personnalise cette maison. Et puis, deuxième chose, c'est qu'on a réussi. J'ai compris très tôt quand j'ai pris la suite de mes parents qu'un restaurant, c'est un petit peu un endroit culturel où les gens viennent entre amis, en famille, partager un petit peu leurs émotions gourmandes, voyez, autour d'une table. On parle de ce qu'on mange, du mariage avec les vins, tout ça c'est très culturel. C'est bien dans l'esprit français. Mais je pense que ce mariage des mets° avec les   plats vins c'est une chose; mais qu'il fallait aussi développer tout un environnement agréable, c'est-à-dire confortable, beau au niveau du décor, les vieux meubles, les couleurs, l'environnement de verdure, toutes les fleurs; la possibilité pour les gens de dormir ici sur place, la possibilité de pouvoir se détendre au bord de la piscine quand il fait beau, de faire un tennis, parce que tout ça concourt° à   contribue renforcer l'esprit de fête. C'est-à-dire que les gens viennent l'après-midi, ils sont bien, ils se détendent, et donc ils sont mieux préparés, mieux réceptifs pour le moment de fête qu'ils vont passer à table. Ça, je crois que c'est une caractéristique de la maison. Que tout ça soit en harmonie, si vous voulez.

Voudriez-vous nous décrire une journée typique dans la vie d'un chef?

Bon. Je commence à huit heures trente. J'arrive. Je viens d'ouvrir le courrier. Je distribue le travail à tous les collaborateurs, les chefs de service. Après, j'ai tou-jours un, deux, trois rendez-vous dans la matinée avec des gens qui veulent me rencontrer. J'essaie de me protéger un petit peu: si c'est des choses qui peuvent être déléguées, je les fais discuter avec mes chefs de service. Et puis moi j'essaie toujours de dégager le plus de temps possible pour les idées, pour la création, parce que c'est la richesse de l'entreprise, c'est la capacité de renouvellement. C'est avoir les idées, contrôler la bonne application de ces idées, dans la cuisine et partout; et donner beaucoup de temps pour les clients, pour animer, pour inspirer, pour que les gens voient que cette maison a une âme° si vous voulez.

soul

Bon, en détail: un tout petit peu avant midi, je vais manger en dix minutes; après il y aura le service jusqu'à deux heures et demie. A deux heures et demie je vais aller faire un petit tour pour voir les clients dans la salle jusqu'à quatre heures et demie à peu près. Après, à quatre heures et demie, je vais arrêter pendant deux heures de travailler, pour aller dormir une heure, ou aller dans mes vignes,° ou aller faire un tour chez les antiquaires. Après, je mange à six heures et à sept heures moins le quart je suis de nouveau là, dans la cuisine. A huit heures moins le quart le service commence, et là je suis dans la cuisine jusqu'à dix heures et demie. Après, je vais voir les clients jusqu'à minuit, une heure.

champs où on cultive le raisin

Comment décririez-vous la cuisine de votre restaurant?

Moi, je suis, si vous voulez, un petit peu un homme de synthèse. Je ne pense pas qu'à priori une seule cuisine soit valable. Il faut, je crois, faire une synthèse de tout ce qu'il y a de bon. Souvent je fais un menu pure tradition: avec par exemple les écrevisses° à la nage que l'on mange avec les doigts, de très bonnes écrevisses, cuites simplement dans un court-bouillon au vin blanc; des grenouilles° que l'on mange aussi avec les doigts; et puis la fricassée de poulet de Bresse à la crème, comme faisait ma grand-mère.

crayfish

frogs

Qu'est-ce que vous aimez dans votre travail? et qu'est-ce que vous n'aimez pas du tout? Recommanderiez-vous ce genre de travail à un jeune?

Je crois, oui, que c'est un métier assez passionnant, mais qui comporte donc plusieurs parties. Il y a les gens qui travaillent dans la cuisine qui n'ont pas du tout le même travail que ceux qui sont au contact des visiteurs ici. Bon moi, j'ai l'avantage d'être aussi bien en cuisine qu'au contact des gens qui viennent ici. J'ai peut-être aussi l'avantage d'être le patron, donc je suis un petit peu maître de mon emploi du temps. Le matin quand je commence ma journée, ce qui est formidable c'est que je sais que je vais travailler beaucoup, mais que je vais un peu faire ce que j'ai envie de faire. Si aujourd'hui je veux m'occuper d'écrire pour mon livre, je vais écrire, parce que j'ai les idées, parce que ça me plaît de faire ça aujourd'hui. Je reconnais que c'est une chance.

Pour les jeunes, je crois que dans la cuisine il y a le côté création, l'impression de participer au travail d'une équipe qui est fière de gagner et d'être la meilleure si c'est possible; et c'est très enthousiasmant pour un jeune. Voilà, je crois que ceux qui travaillent au contact, dans le restaurant, avec les clients, c'est aussi une lourde responsabilité d'organiser la fête des gens, et il faut que les gens se sentent bien, qu'ils soient heureux, qu'ils soient à l'aise.

Avec tous les régimes d'aujourd'hui, est-ce que les clients qui viennent chez vous commandent moins?

Je crois que ce qui a changé dans la cuisine c'est qu'elle a évolué vers plus de légèreté.° Les gens préfèrent goûter à plusieurs choses avec plus de raffinement peut-être, et moins de grandes assiettes avec plein de choses. Ils préfèrent manger quatre plats plutôt que deux plats pleins.

comparez: léger

Quel est l'avenir que vous prévoyez pour la grande cuisine en France?

Je crois qu'il faut défendre la qualité avec beaucoup d'enthousiasme, et surtout encourager les gens qui font des produits de qualité. Dans la cuisine, la chose la plus importante, avant même le côté technique, c'est-à-dire la mise en œuvre des produits, c'est la qualité du marché. Alors, ça c'est essentiel, et il faut que les grands cuisiniers fassent cet effort de motivation chez les producteurs. D'ailleurs le livre que je fais pour les Etats-Unis est un livre qui est dédicacé aux jardiniers, les artisans qui font les bons produits de la terre.

AVEZ-VOUS COMPRIS?

A. Complétez.

1. Georges Blanc est la _____ génération de la famille Blanc en cuisine.

2. Les parents de Georges Blanc l'ont un peu _____ à faire le métier de chef.

3. La tradition va continuer avec _____.

4. Son restaurant a reçu la troisième étoile dans le *Guide Michelin* en _____.

5. Un aspect unique de son restaurant, selon lui, est _____.

6. Il croit qu'un restaurant qui réussit doit créer un _____ agréable.

7. Sa journée commence à _____.

8. Il prend son déjeuner à _____.

9. De 2 h 30 à 4 h 30, il _____.

10. Très souvent il _____ un peu après 4 h 30.

11. Il dîne à _____.

12. Sa journée se termine vers _____ ou _____.

B. Décrivez une journée typique de Georges Blanc.

C. Expliquez la théorie de Georges Blanc quant à l'harmonie nécessaire entre le restaurant, l'auberge et le milieu. Pourquoi est-ce tellement important?

Visionnez!

Le Chemin du retour

EPISODE IV: A la recherche du temps perdu
[scènes 66–79]

Fonctions et thème: narration et description au présent et au passé; stratégies de communication et d'élaboration—le goût du souvenir

AVANT DE VISIONNER

A. Les personnages. Dans cet épisode, nous allons faire la connaissance d'un nouveau personnage, Jeanne Leblanc, une dame qui a connu Antoine Leclair pendant la guerre.

B. Rappel. Avant de visionner le quatrième épisode, résumez au passé les événements principaux du troisième épisode, en vous servant des questions suivantes comme guide.

1. Qu'est-ce qui indiquait qu'Antoine Leclair avait peut-être été un «collaborateur»? (Qu'est-ce que David, l'historien, avait trouvé? Qu'est-ce que Mado avait cru toute sa vie? Pourquoi?)
2. Quelle piste Rachid avait-il trouvée à Saint-Jean de Causse? Qu'est-ce que Camille avait décidé de faire?

C. Anticipation. A votre avis, quelles prédictions vont se réaliser? Cochez celles que vous croyez probables et expliquez pourquoi.

_____ Camille va prolonger ses «vacances» et perdre son travail à Canal 7.

_____ Jeanne Leblanc va hésiter à parler.

_____ Elle va révéler qu'Antoine avait été un héros de la Résistance.

_____ Elle va confirmer qu'Antoine avait trahi (*betrayed*) son pays.

VISIONNONS!

Pour visionner chaque scène avec les yeux et les oreilles d'un voyageur éclairé et non d'un touriste pressé, lisez d'abord les questions qui se rapportent à la scène, puis visionnez en fonction de ces questions.

A. Des complications [scènes 66–69]

1. **Allô, Camille?** Vrai ou faux? Si c'est faux, corrigez.
   a. Bruno annonce que le studio a trouvé une remplaçante pour Camille.
   b. Bruno a des problèmes d'argent.
   c. Le président parle de licencier Camille.
   d. Camille «s'en fiche»: ce voyage est plus important que son travail.
   e. Bruno suggère qu'elle téléphone au président.
   f. Camille connaît bien «ce mec» (cet homme, ici: le président de Canal 7).
   g. Par amitié, Bruno n'insiste pas sur la question du travail.

2. **Au village.** Qu'est-ce que vous observez de typiquement français à Saint-Jean de Causse? Quel est le centre social du village? Comment apprenons-nous que les régions rurales se dépeuplent en France?

3. **La famille Leblanc.** Vrai ou faux? Si c'est faux, corrigez.
   a. Eric est le dernier de la famille.
   b. Les parents d'Eric sont toujours vivants.
   c. Son grand-père était dans la Résistance et a été tué par les Allemands en 1943.
   d. Sa grand-mère parlait souvent de la guerre.

B. La tragique histoire [scènes 70–77]

1. **La visite.** Complétez le paragraphe en vous basant sur la scène.

   Jeanne n'a accepté de parler à Camille que quand celle-ci lui a montré _____[1].
   Jeanne pensait qu'il n'est pas toujours bon de connaître _____[2], et que quand on
   se marie avec un homme, à 20 ans, on ne le connaît pas vraiment. Camille ne comprenait peut-
   être pas cela parce qu'elle était _____[3] et idéaliste!

2. **L'arrivée d'Antoine.** Complétez le paragraphe en vous basant sur la scène.

   Antoine est arrivé chez les Leblanc en septembre 1943 parce qu'il voulait faire _____[1].
   Il parlait souvent de _____[2] et de _____[3]. Avec quatre autres
   hommes, ils essayaient de retarder les troupes allemandes en faisant sauter des ponts (*bridges*) et
   des voies de _____[4].

3. **Un plan d'action.** Complétez le paragraphe en vous basant sur la scène.

   Soudain, Antoine a voulu «frapper plus _____[1]». Un copain d'Antoine, un certain
   Fergus, est arrivé de _____[2], disant que les _____[3] avaient
   entreposé des armes dans _____[4] qui ne serait gardé que par deux ou trois
   soldats. Il fallait donc saisir ces armes! C'était au mois de _____[5].

4. **La tragédie.** Complétez le paragraphe en vous basant sur la scène.

   Ce soir-là, Pierre est arrivé le premier, avec les autres _____[1]. Antoine devait les
   rejoindre avec _____[2] pour transporter les armes. Et puis soudain, tout s'est
   précipité. Pierre a été grièvement _____[3]. Il a réussi à rentrer chez lui, mais il est
   mort au matin, dans les bras de sa femme. Ses dernières paroles: « _____[4]!»

5. **La preuve?** Complétez le paragraphe en vous basant sur la scène.

   Pierre Leblanc avait vu Antoine avec _____[1], qui portait _____[2]. Après,
   tous les deux ont _____[3].

6. **Une nouvelle piste.** Complétez le paragraphe en vous basant sur la scène.

   Après le départ de Camille, Jeanne lui a fait dire qu'elle était _____[1] de l'avoir mise
   à la porte, et qu'elle s'était souvenue d'autre chose: Roland Fergus habitait _____[2]
   avant la guerre; il avait _____[3] près du Vieux-Port.

C. Problèmes au studio [scènes 78–79]

1. **Martine.** Choisissez la bonne réponse.
   Pourquoi Martine était-elle contrariée? a) Camille venait de lui téléphoner de Marseille. b) Les
   indices d'audience étaient tombés de presque trois points. c) Bruno menaçait de démissionner.

2. **Le président.** Choisissez la bonne réponse.
   Pourquoi le président de Canal 7 a-t-il dit: «Camille nous doit quelque chose»? a) C'est Canal 7 qui l'a fait sortir de l'obscurité. b) Canal 7 venait juste de lui donner une augmentation de salaire. c) Elle avait déjà pris ses cinq semaines de vacances pour l'année.

3. **La défense de Camille.** Comment Martine a-t-elle pris la défense de Camille? Quel ultimatum a-t-elle donné au président? Quelle décision le président a-t-il prise?

SYNTHESE COMMUNICATIVE

Si le temps le permet, revisionnez tout l'épisode, sans interruptions, en fonction des questions de synthèse.

♦ **La culture**
  Dans cet épisode, quelles observations avez-vous faites sur les aspects culturels suivants? Comparez avec votre propre culture.
  1. **L'amitié en France.** On dit que les Français ont moins d'amis que les Américains, mais que ce sont des amitiés plus profondes. Comme disait le Petit Prince de Saint-Exupéry, «on est responsable» de ceux qu'on aime, et ce sens de l'engagement et de la responsabilité est quelque chose de littéral dans la notion d'amitié en France. Comment le voyons-nous dans cet épisode? Pensez à Bruno (Qu'est-ce qu'il a fait, et qu'est-ce qu'il était prêt à faire pour aider Camille?) et à Martine (Qu'est-ce qu'elle était prête à faire pour Camille?). Est-ce qu'on verrait ce genre de chose aux Etats-Unis?
  2. **L'art de la conversation.** Ici encore, vous avez pu remarquer le ton de la plaisanterie dans certaines conversations. Identifiez des exemples dans cet épisode. (Pensez à la conversation téléphonique entre Camille et Bruno et à la scène entre Bruno et Martine.) Maintenant, avec un(e) partenaire, jouez une de ces deux scènes en paraphrasant de votre mieux, sans oublier le ton de la plaisanterie.

♦ **L'intrigue**
  Expliquez et racontez à votre façon, en donnant autant de détails que possible.
  1. Pourquoi parlait-on «d'un licenciement possible» au studio de Canal 7? Expliquez la position du président, de Martine, de Bruno et de Camille.
  2. Pourquoi Jeanne Leblanc attribuait-elle tout son malheur à Antoine? Dans quel sens Antoine avait-il été responsable de la mort de Pierre Leblanc? Résumez toute l'histoire, depuis l'arrivée d'Antoine à Saint-Jean de Causse jusqu'à cette soirée fatidique de décembre 1943.

THEME V

CHAPITRE **13**

Exercices oraux

A l'écoute de la vie

AVANT D'ECOUTER

A. Etude de mots. Associez par la logique chaque mot de la colonne de gauche avec un mot de la colonne de droite.

1. _____ HEC
2. _____ «histoire-géo»
3. _____ un concours
4. _____ «prépa»
5. _____ un dossier académique
6. _____ l'import-export

  a. examen compétitif
  b. une grande école
  c. matières académiques
  d. une classe préparatoire
  e. le commerce international
  f. collection de papiers administratifs et scolaires

B. Toujours par la logique, sachant que les mots de l'exercice précédent sont contenus dans la séquence sonore que vous allez écouter, pouvez-vous en déduire le sujet?

☐ la situation des ingénieurs en France

☐ les études supérieures de commerce

☐ la formation professionnelle des médecins

A L'ECOUTE

A. Ecoutez une première fois et numérotez les idées suivantes de 1 à 5 selon l'ordre dans lequel elles sont présentées dans l'extrait.

_____ préparation des concours

_____ description des prépas

_____ choix d'une école supérieure

_____ avantages d'avoir des diplômes supplémentaires

_____ objectifs professionnels de Florence

B. Ecoutez encore une ou deux fois et indiquez si les phrases sont vraies (V) ou fausses (F).

		V	F
1.	La sélection pour entrer en classe préparatoire est faite sur dossier.	☐	☐
2.	On passe un minimum de deux ans en classe préparatoire.	☐	☐
3.	Il n'y a que des matières scientifiques au programme d'études de la classe préparatoire décrite ici.	☐	☐
4.	L'Institut Supérieur de Gestion est une école privée.	☐	☐
5.	Les diplômés des écoles supérieures de commerce n'ont pas peur du chômage.	☐	☐
6.	Les «jeunes loups» (*wolves*) sont les jeunes diplômés agressifs.	☐	☐

C. Ecoutez encore une fois et résumez.

1. le programme d'études des prépas HEC (matières étudiées, heures de cours par semaine, etc.)

_____

_____

_____

_____

2. les écoles supérieures de commerce (durée des études, nature du diplôme, options supplémentaires)

_____

_____

_____

3. les avantages d'avoir des diplômes supplémentaires

_____

_____

4. les plans de Florence

_____

_____

_____

A vous la parole

PHONETIQUE

Mute *e*

The vowel **e** written without an accent in French is called a "mute **e**" (*e* **muet**, *e* **caduc**). This type of **e** differs from the sound [e] (written **é**) and the sound [ɛ] (usually written **è, ê**), in two ways. It is often not pronounced, but when it is pronounced, its sound is [ə], similar to the vowel in **deux.**

The **e caduc** is generally *not* pronounced* when it occurs between two consonants: **sam*e̸*di, facil*e̸*ment.** It *is* pronounced when its omission would cause three or more consonants to come together: **vendr*e*di, sacr*e*ment.** This is known as the "rule of three consonants": CC[ə]C.

In this lesson, you are learning a certain group of verbs that take the preposition **de** before an infinitive object. (**Je viens de partir.**) The phonetic context will determine how **de** will be pronounced. For example: **Je te dis d*e̸* partir** (not pronounced); **J'ai peur d*e* partir** (pronounced).

In this chapter, your work with the mute **e** will concentrate on the pronunciation of the preposition **de.** Now turn on the audio program.

A. Le *e* est-il vraiment muet? Lisez les phrases suivantes en écoutant le présentateur. Ensuite, répétez la phrase. Faites attention de prononcer le **e** muet s'il le faut. Soulignez le **e** muet si vous le prononcez.

1. Catherine vient de passer son bac C.
2. Elle a décidé de présenter un concours à l'Ecole Polytechnique.
3. Elle n'a pas peur de choisir une carrière d'ingénieur.
4. Elle aurait tort de ne pas essayer.
5. Et elle a l'intention de réussir.

B. Et vous? Répondez affirmativement aux questions suivantes en faisant attention à la prononciation de la préposition **de.**

1. ...   2. ...   3. ...   4. ...

PAROLES

A. Quelle spécialisation? En vue de leur choix de carrière, indiquez la spécialisation de ces étudiants. Réponses possibles: *en droit, en sciences économiques, en gestion, en lettres, en architecture, en sciences, en sciences humaines*

> MODELE: *Vous entendez:*   Gisèle veut devenir avocate.
> *Vous répondez:*   Alors, Gisèle se spécialise en droit.

1. ...   2. ...   3. ...   4. ...   5. ...   6. ...

B. Les professions de la santé. Toutes ces personnes travaillent dans le domaine de la santé. Devinez leur profession précise.

> MODELE: *Vous entendez:*   Cette femme travaille dans une pharmacie.
> *Vous répondez:*   C'est une pharmacienne.

1. ...   2. ...   3. ...   4. ...   5. ...

C. Le vocabulaire scolaire. Ecoutez les définitions et puis dites de quoi il s'agit. Réponses possibles: *centre hospitalier universitaire, grandes écoles, institut universitaire de technologie, brevet professionnel, baccalauréat, licence*

> MODELE: *Vous entendez:*   C'est un centre de recherches et d'études médicales.
> *Vous répondez:*   C'est un centre hospitalier universitaire.

1. ...   2. ...   3. ...   4. ...   5. ...

D. Et vous? Répondez par écrit aux questions suivantes sur vos aspirations professionnelles.

1. _____

2. _____

---

*The **e caduc** is susceptible to disappearing in spoken language.

3. _____

4. _____

STRUCTURES

A. De futurs médecins? Modifiez la phrase suivante selon le modèle.

> MODELE: *Vous entendez:* Elise veut devenir médecin.
> *Vous lisez:* Miriam a envie…
> *Vous répondez:* Miriam a envie de devenir médecin.

1. Michèle espère…
2. Angeline rêve…
3. Rebecca compte…

4. Colette hésite…
5. Aurélie a raison…
6. Paulette réussira…

B. Votre vie d'étudiant(e). Répondez affirmativement ou négativement aux questions suivantes. Ensuite vous entendrez la réponse la plus logique.

> MODELE: *Vous entendez:* passer des heures à la bibliothèque
> Adorez-vous?
> *Vous répondez:* Mais non, je n'adore pas passer des heures à la bibliothèque.

1. … 2. … 3. … 4. … 5. … 6. …

C. En quittant la bibliothèque… Regardez ces étudiants. Ils font leurs devoirs, oui, mais ils pensent déjà à ce qu'ils vont faire plus tard. Répondez aux questions en suivant le modèle.

> MODELE: *Vous entendez:* Qu'est-ce que Jacques va faire plus tard?
> *Vous répondez:* Jacques va faire de la natation.

1. … 2. … 3. … 4. … 5. …

D. Maintenant à vous! Savez-vous déjà ce que vous allez faire? Après avoir quitté le laboratoire, quels sont vos projets? Répondez par écrit aux questions (répétées deux fois).

1. _____

2. _____

3. _____

4. _____

Dictée

Vous entendrez la dictée deux fois. La première fois, écoutez. La deuxième fois, écrivez. Ensuite, réécoutez le premier enregistrement pour corriger.

POLYTECHNIQUE

_____

_____

_____

_____

_____

_____

_____

_____

_____

_____

_____

_____

PAROLES

A. Où prépare-t-on ces diplômes? Après chaque diplôme, indiquez le type d'établissement où on le prépare en France.

1. une licence de sciences politiques

   _____

2. un brevet de technicien supérieur (BTS)

   _____

3. un diplôme de médecine

   _____

4. une maîtrise de sciences économiques

   _____

5. un diplôme d'administration très prestigieux

   _____

6. un brevet professionnel

   _____

B. Masculin/féminin. A côté de la forme masculine des professions, écrivez la forme féminine, si elle existe.

1. avocat _____

2. médecin _____

3. infirmier _____

4. administrateur _____

5. chercheur _____

6. pharmacien _____

7. professeur _____

C. Qui travaille où? Pour chaque lieu de travail, indiquez deux personnes qui pourraient logiquement y travailler.

1. un laboratoire _____

2. un bureau _____

3. un hôpital _____

4. à la maison _____

5. une salle de justice _____

6. une grande entreprise _____

7. une université _____

D. Les débouchés et les carrières. Très souvent les Français, comme les Américains, choisissent leur spécialisation à l'université en vue d'une carrière particulière. Créez des phrases pour indiquer quelles études mènent aux professions suivantes. Essayez de varier les verbes et la structure de vos phrases.

> MODELE: (gestionnaire) →
> Si vous voulez devenir gestionnaire, vous pouvez vous spécialiser en sciences économiques ou en gestion à l'université.

1. (dentiste) _____

   _____

   _____

2. (professeur de français) _____

   _____

   _____

3. (fonctionnaire) _____

   _____

   _____

4. (psychologue) _____

   _____

   _____

5. (chimiste) _____

   _____

   _____

STRUCTURES

A. Rencontres du troisième type. Pierre Morier adore la science-fiction sous toutes ses formes. Complétez son commentaire en rajoutant la préposition **à** ou **de** si nécessaire.

Depuis trois ans, je m'amuse _____[1] lire des romans de science-fiction. Avec mon argent de poche,

je préfère _____[2] acheter des bouquins de science-fiction. Ma mère m'empêche _____[3] dépenser

plus de 20 € par semaine, mais parfois j'arrive _____[4] rapporter des bouquins en cachette et elle ne

peut pas _____[5] distinguer les nouveaux des autres!

Et puis, il y a le cinéma. J'adore _____[6] inviter mes copains _____[7] m'accompagner à des films

de science-fiction. Je suis déjà allé _____[8] voir *Signes* quatre fois! Mais le film que je préfère, c'est

E.T. J'espère _____[9] le revoir la semaine prochaine chez mon ami Carl qui a la vidéo. Je continue

_____[10] penser qu'un petit bonhomme comme E.T. existe quelque part et qu'il peut _____[11]

devenir mon ami et qu'après m'avoir rendu visite, il va _____[12] me demander _____[13] l'aider

_____[14] retourner chez lui.

B. J'adore… je déteste… . Nous sommes des personnes compliquées. En utilisant des verbes et des expressions des colonnes suivantes, composez un paragraphe qui vous décrit. N'oubliez pas d'ajouter, s'il le faut, une préposition devant l'infinitif. Utilisez des expressions comme *par contre, en revanche, d'autre part, malgré, cependant, pourtant*, etc.

MODELE: Je ne suis pas une personne facile à comprendre. Par exemple, j'ai envie de parler français; cependant, je refuse… .

espérer	étudier jour et nuit
apprendre	gagner ma vie
s'amuser	recevoir de bonnes notes
commencer	parler français
refuser	sortir avec mes copains
venir	écrire en français
avoir envie	être fatigué(e)
réussir	obtenir une promotion

_____

_____

_____

_____

_____

_____

_____

_____

C. Et après? Composez des phrases avec les éléments donnés selon le modèle. Utilisez un infinitif passé dans chaque phrase.

MODELE: regarder la télé / terminer les devoirs →
Je vais regarder la télé après avoir terminé les devoirs.

1. téléphoner à un copain / dîner

_____

_____

2. se reposer / aller au labo

_____

_____

3. se coucher / prendre une douche

_____

_____

4. avoir un beau sourire / se brosser les dents

_____

_____

5. prendre un grand repas / rentrer à la maison

_____

_____

6. faire la fête / passer tous les examens de fin d'année

_____

_____

D. Un mot pour le professeur. Combinez les deux phrases en une. Utilisez un infinitif présent ou passé selon le cas.

Cher Monsieur (Chère Madame),

1. Je m'excuse / je ne suis pas venu(e) en classe ce matin.

_____

2. Je ne vais pas / j'invente des excuses invraisemblables.

_____

3. J'ai l'intention / je vous dis la vérité.

_____

4. Mais j'ai honte / je vous la révèle.

_____

5. Je regrette / j'ai manqué le cours.

_____

Cordialement,

_____

E. Bonne année! La tradition veut que l'on prenne des résolutions à l'occasion du nouvel an. A vous d'en proposer cinq pour l'année prochaine. Utilisez le verbe indiqué pour chacune d'entre elles.

1. (avoir l'intention de) _____

_____

2. (compter) _____

_____

3. (tenir à) _____

_____

4. (vouloir) _____

_____

5. (espérer) _____

_____

Sont-elles sages ou capricieuses, vos résolutions?

Branchez-vous!

A. Les grandes écoles. Cherchez des renseignements sur deux grandes écoles en France. Donnez leur nom et indiquez où elles se trouvent. Qu'est-ce qu'il faut faire pour être accepté? Quels débouchés peut-on espérer après des études dans ces écoles?

Mots-clés: France, «grandes écoles», «système éducatif», etc.

B. Le stress. Il semble que le travail et le stress sont inséparables. Cherchez des sites que les Français peuvent consulter pour trouver des conseils en ce qui concerne le stress. Que suggère-t-on pour combattre ou éviter le stress?

Mots-clés: France, «santé travail», «stress travail», etc.

CHAPITRE **14**

Exercices oraux

A l'écoute de la vie

AVANT D'ECOUTER

Vous allez écouter une interview avec un monsieur qui croit que «L'avenir c'est maintenant.» Est-ce que cette phrase vous intrigue? Bien sûr, l'avenir représente des choses différentes selon votre perspective. Pour vous personnellement, est-ce que les choses suivantes représentent le passé, le présent ou l'avenir?

	LE PASSE	LE PRESENT	L'AVENIR
MODELE: une machine à écrire	✗		

1. une connexion Internet

2. un voyage dans l'espace

3. une communication à l'aide d'un satellite

4. un ordinateur personnel

5. un portable

6. une télévision

7. une voiture

8. la pauvreté

9. le chômage

10. un vaccin contre le cancer

A L'ECOUTE

A. Ecoutez une première fois, puis choisissez la meilleure réponse à cette question générale.

De quoi le monsieur parle-t-il?

    a. de choses fantastiques   b.   de choses réelles   c.   de choses inoubliables

B. Le monsieur qui parle donne des exemples de ce dont il parle. Ecoutez encore une ou deux fois pour trouver des réponses aux questions suivantes.

1. Comment est-ce qu'on maîtrise le temps et l'espace?

_____

2. Comment peut-on être à plusieurs endroits à la fois?

_____

3. Pourquoi la télévision n'est-elle pas «le passé»?

_____

4. A quels problèmes devons-nous faire face?

_____

C. La personne qui a fait l'interview voulait savoir si un certain problème était un mal nécessaire. Quelle a été la réponse de M. Petelo? Etes-vous d'accord avec son opinion sur les problèmes dont on parle? Expliquez votre réponse.

_____

_____

_____

A vous la parole

PHONETIQUE

Mute *e* (continued)

Another case where the pronunciation of mute **e** is important concerns the future forms of **-er** verbs. The **e** that precedes the future tense endings is often not pronounced; for example: **je dîn¢rai, vous pay¢rez.**

The "rule of three consonants" still holds for these verbs. If there are two consonant sounds before the **e**, the **e caduc** will be pronounced: **je parlerai, nous entrerons;** if there is only one consonant sound, the **e** will be mute: **tu téléphon¢ras, vous mang¢rez.**

In this chapter, your work with the mute **e** will deal with the simple future forms of **-er** verbs.

Now turn on the audio program.

A. Le *e* muet: l'est-il vraiment? Voici une liste de verbes en **-er** conjugués au futur simple. Prononcez ces verbes en faisant particulièrement attention à la prononciation du **e** muet. (Ensuite, répétez la bonne prononciation.)

1. je porterai
2. nous tomberons
3. ils feront
4. vous voyagerez

5. elle parlera
6. tu te dépêcheras
7. vous risquerez

B. L'avenir, c'est l'an 2020. Vous allez entendre des phrases à la forme négative qui décrivent votre vie actuelle. Changez les phrases à la forme affirmative en transformant le verbe au futur simple. Attention à la prononciation du **e** muet.

MODELE: *Vous entendez:* Aujourd'hui, vous ne voyagez pas en satellite.
Vous répondez: Mais en l'an 2020, je voyagerai peut-être en satellite.

1. … 2. … 3. … 4. … 5. … 6. …

PAROLES

A. Les problèmes de demain. Ecoutez le politicien qui parle des problèmes de l'avenir. Ensuite, répondez selon le modèle. Réponses possibles: *le développement des pays du tiers monde, la guerre des étoiles, l'énergie nucléaire, la pollution, le chômage, la pauvreté*

MODELE: *Vous entendez:* Il faut envoyer des ingénieurs dans les pays africains.
Vous répondez: Il parle du développement des pays du tiers monde.

1. … 2. … 3. … 4. … 5. …

B. Etes-vous «techno»? Connaissez-vous le langage de l'avenir? Ecoutez les définitions et puis devinez de qui ou de quoi il s'agit. Complétez la phrase **C'est…** ou **Ce sont…** .

1. … 2. … 3. … 4. … 5. … 6. …

C. Ce soir à la télé. Chaque membre de la famille Chartier a des goûts différents. Quelle sorte d'émission veut regarder chacun? Réponses possibles: *un feuilleton, un dessin animé, un jeu télévisé, un film, un journal télévisé, un documentaire*

1. … 2. … 3. … 4. … 5. … 6. …

D. Et vous? Quelles sont vos habitudes et vos opinions sur la télévision? Répondez aux questions par écrit.

1. _____

2. _____

3. _____

4. _____

5. _____

STRUCTURES

A. Plus ça change, plus c'est la même chose. A votre avis, la vie de la copine Martine ne changera pas beaucoup d'ici dix ans. Répondez-lui selon le modèle.

MODELE: *Vous entendez:* Je ne peux pas me lever tôt.
Vous répondez: Et dans dix ans, tu ne pourras toujours pas te lever tôt.

1. … 2. … 3. … 4. … 5. … 6. …

B. L'avenir de Pierre. Ecoutez Pierre qui décrit sa vie dans 25 ans. Ensuite répondez à ses questions. Mettez-vous d'accord avec lui!

MODELE: *Vous entendez:* Dans 25 ans, auras-tu plus de 40 ans?
Vous répondez: Oui, dans 25 ans, moi aussi j'aurai plus de 40 ans.

1. … 2. … 3. … 4. … 5. …

C. Des voyageurs du monde entier. Ecoutez ces voyageurs à l'aéroport Charles de Gaulle près de Paris. Répondez selon le modèle.

MODELE: *Vous entendez:* Je vais à Casablanca.
Vous répondez: Alors, vous allez au Maroc.

1. … 2. … 3. … 4. … 5. … 6. … 7. …

D. La réussite en face. Vous souvenez-vous de l'enquête «L'avenir en face»? Jugez de l'importance des possibilités proposées pour votre propre réussite future. Arrêtez la séquence sonore pour revoir le sondage, puis répondez par écrit aux questions.

L'avenir en face

Pour toi, réussir dans la vie, c'est...

Avoir un métier intéressant	64%
Aider les autres	44
Etre sûr(e) de ne jamais être au chômage	34
Faire ce qu'on a envie	31
Savoir se servir d'un ordinateur	27
Gagner beaucoup d'argent	27
Travailler dans les métiers d'avenir	27
Commander les autres	4

Dans une dizaine d'années, quand tu auras à peu près 20 ans, la vie sera...

Mieux que maintenant	49%
Pareille que maintenant	31
Moins bien que maintenant	20

Parmi ces mauvaises choses, quelles sont celles qui, à ton avis, arriveront quand tu auras à peu près 20 ans?

Il n'y aura pas de travail	34%
Il y aura la guerre	22
Il y aura beaucoup de maladies	20
Il n'y aura presque plus d'animaux	18
Il fera beaucoup plus froid	16
Il n'y aura presque plus à manger	6
Sans réponse	18

Et parmi ces bonnes choses?

L'ordinateur aura changé la vie	38%
Il y aura des robots partout	33
Il n'y aura plus d'enfants qui ont faim	33
Tu pourras voyager dans l'espace	31
On vivra beaucoup plus longtemps	27
On travaillera moins	26
Tous les pays vivront en paix	25
Il y aura du travail pour tout le monde	21

1. _____

_____

2. _____

_____

3. _____

_____

4. _____

_____

Dictée

Vous entendrez la dictée deux fois. La première fois, écoutez. La deuxième fois, écrivez. Ensuite, réécoutez le premier enregistrement pour corriger. A la fin, donnez votre réaction. (N.B.: «à la ligne» = *new paragraph*.)

_____

_____

_____

_____

_____

_____

_____

_____

_____

Quelle est votre réaction à ce texte?

_____

_____

Exercices écrits

PAROLES

A. La langue de l'an 2020. Complétez ce paragraphe avec le vocabulaire du chapitre 14. Rajoutez des articles, si nécessaire; conjuguez les verbes au futur simple. (Vous pouvez revoir la section *Paroles* dans votre livre avant de continuer.)

En l'an 2020, on _____[1] très souvent des navettes spatiales, et

_____[2] nous transmettront des émissions de télévision des quatre coins

du monde. _____[3] permettront d'accéder à toutes sortes d'informations

sans sortir de la maison. Nous enverrons _____[4] au lieu de lettres.

Nous serons déjà entrés dans l'âge nucléaire. Puisqu'il faudra utiliser beaucoup

d'_____[5], on aura construit des centrales nucléaires un peu partout.

Il existera toujours des problèmes entre les nations, mais il y aura moins d'armes nucléaires

et de missiles.

Les pays développés souffriront toujours de problèmes économiques et sociaux.

Il n'y aura pas de travail pour tout le monde et _____[6] sera donc

un des plus graves problèmes. Pour répondre au problème de _____[7],

de nouvelles lois protégeront l'environnement.

B. Les ordinateurs. Imaginez qu'un enfant d'un village sénégalais arrive chez vous et qu'il n'a aucune connaissance des ordinateurs. Aidez-le à comprendre comment ça marche.

L'ordinateur est un outil très important dans la vie des écoliers. C'est comme une machine à écrire,

mais beaucoup plus performant. Je vais te montrer ce que je fais pour composer et envoyer des

_____[1] à mes amis et à mes profs. Voici _____[2]

où on peut voir le message qu'on tape sur _____[3]. Regarde! Tu vois

cette faute? Je peux _____[4] la faute comme ça. Maintenant, je mets

le nom et l'adresse ici. Avec _____[5] (tu vois, elle a une queue comme

l'animal), je clique sur le bouton marqué «Envoyer» et c'est parti! Mais avant de

_____[6] mon message dans le _____[7]

de l'ordinateur, je vais l'_____[8] parce que je veux une copie sur papier.

Donc, je clique ici; j'attends un peu; et voilà, le message sort de _____[9].

Mais ce n'est pas tout, on peut utiliser l'ordinateur pour écrire des rédactions, pour s'informer et

pour faire du commerce. On peut même acheter des choses en ligne! Quand on est connecté au

_____[10] d'Internet, on peut faire énormément de choses! Veux-tu l'essayer?

C. A la télé. Regardez bien le programme suivant, puis trouvez le titre des films décrits dans le tableau à la page suivante, en vous basant sur les indices (*clues*) du tableau.

   tous les films
arte   6

Samedi

10.00 CANAL+
Le Vol du Phénix

T Film d'aventures de Robert Aldrich (USA, 1966). VF. 144 mn. Avec James Stewart, Richard Attenborough, Peter Finch. Dans le désert du Sahara, les rescapés d'un crash construisent un appareil avec les débris de leur avion.

0.00 CANAL+
Journal intime d'un vampire

Film d'horreur de Ted Nicolaou (USA, 1996). VF. 78 mn. Avec David Gunn, Kirsten Cerre, Starr Andreeff. Hanté par le souvenir d'un amour défunt, un jeune vampire mène une guerre sans pitié contre ses frères de sang et leur chef.

1.25 CANAL+
Tout va bien, on s'en va

Drame de Claude Mouriéras (France, 2000). 96 mn. Avec Sandrine Kiberlain, Miou-Miou, Natacha Régnier, Michel Piccoli. Quinze ans après les avoir abandonnées, un père, atteint d'un mal incurable, revient auprès de ses trois filles et bouleverse leur existence.

3.15 CANAL+
Deux Filles au tapis

TT Comédie dramatique de Robert Aldrich (USA, 1981). VF. 109 mn. Avec Peter Falk, Vicky Frederick, Laurene Landon. Aux Etats-Unis, le monde du catch féminin à travers l'histoire de deux combattantes professionnelles et de leur manager.

5.10 CANAL+
Princesses

Comédie dramatique de Sylvie Verheyde (France, 2000). 95 mn. Avec Emma de Caunes, Karole Rocher, Jeannick Gravelines. Dans l'adversité, deux demi-sœurs s'allient pour aider leur père, accusé de meurtre.

Dimanche

8.40 CANAL+
Ordinary Decent Criminal

T Comédie dramatique de Thaddeus O'Sullivan (Irlande, 1999). VF. 92 mn. Avec Kevin Spacey, Linda Fiorentino, Peter Mullan. Un sympathique truand irlandais entraîne ses complices dans une opération trop risquée pour eux.

10.25 CANAL+
Bone Collector

T Thriller de Phillip Noyce (USA, 1999). VF. 118 mn. Avec Denzel Washington, Angelina Jolie. Un criminologue paralysé et une femme policier traquent un maniaque qui sème la mort dans les rues de New York.

20.50 ARTE
Le Mari de la coiffeuse

T Comédie dramatique de Patrice Leconte (France, 1990). 79 mn. Avec Jean Rochefort, Anna Galiena, Roland Bertin. Un homme éprouve ses premiers émois amoureux dans les bras d'une coiffeuse et décide que sa future femme exercera le même métier.

20.50 TF1
Pretty Woman

T Comédie de Garry Marshall (USA, 1990). VF. Txt. 125 mn. Avec Richard Gere, Julia Roberts, Ralph Bellamy, Laura San Giacomo. La rencontre entre un homme d'affaires et une prostituée va changer le cours de leur vie.

23.05 TF1
Rapid Fire

Film d'action de Dwight H. Little (USA, 1992). VF. Txt. 95 mn. Avec Brandon Lee, Powers Boothe, Nick Mancuso. Témoin d'un meurtre commis par un mafioso qui contrôle également les agents du FBI, un surdoué des arts martiaux doit se défendre seul.

23.15 CANAL+
Razor Blade Smile

Film d'horreur de Jake West (Grande-Bretagne, 1998). VO. 98 mn. Avec Eileen Daly, Christopher Adamson, Grahame Wood, Mark Caven, Jonathan Coote. Un détective de Scotland Yard enquête sur une étrange meurtrière, liée à une société secrète de vampires.

0.00 FRANCE 3
L'Homme de Berlin

T Suspense de Carol Reed (Grande-Bretagne, 1953). VO. NB. 100 mn. Avec James Mason, Claire Bloom, Hildegarde Neff. A Berlin-Ouest, une jeune Anglaise se retrouve mêlée à une sombre affaire d'espionnage impliquant un séduisant agent communiste.

1.00 CANAL+
Le Sens des affaires

T Comédie de Guy-Philippe Bertin (France, 1999). 92 mn. Avec Feodor Atkine, Claire Keim, Albert Delpy. Un banquier se trouve malgré lui à la tête d'une maison de production cinématographique dans laquelle sa société a investi une forte somme.

Lundi

8.30 CANAL+
La Captive

TT Drame de Chantal Akerman (France-Belgique, 2000). 108 mn. Avec Stanislas Merhar, Sylvie Testud, Olivia Bonamy. La jalousie maladive d'un jeune homme à l'égard de sa compagne conduit au drame.

10.40 CANAL+
Following (le Suiveur)

T Policier de Christopher Nolan (Grande-Bretagne, 1998). VO. NB. 70 mn. Avec Jeremy Theobald, Alex Haw, Lucy Russell. A Londres, un jeune homme, qui a pour manie de suivre des inconnus, se lie avec une femme blonde et un cambrioleur qui l'entraînent dans une aventure dangereuse.

14.00 CANAL+
La Nuit américaine

TT Comédie dramatique de François Truffaut (France-Italie, 1973). VF. 115 mn. Avec François Truffaut, Jacqueline Bisset, Jean-Pierre Léaud, Nathalie Baye, Valentina Cortese. Les aventures sentimentales et les tourments psychologiques de l'équipe d'un film lors d'un tournage en pays niçois.

16.55 CANAL+
Tout va bien, on s'en va

Voir samedi 1.25.

20.45 CANAL+
Anna et le Roi

Comédie dramatique d'Andy Tennant (USA, 1999). VF. 148 mn. Avec Jodie Foster, Chow Yun-Fat, Bai Ling, Melissa Campbell. Préceptrice des enfants du roi de Siam, une jeune veuve britannique s'impose à la cour du souverain par son charme et son esprit.

20.45 ARTE
La Femme d'à côté

TT Drame de François Truffaut (France, 1981). 101 mn. Avec Gérard Depardieu, Fanny Ardant, Henri Garcin, Michèle Baumgartner. Quelques années après avoir vécu une violente passion amoureuse, deux anciens amants, mariés chacun de son côté, deviennent voisins.

20.55 M6
Blown away

Thriller de Stephen Hopkins (USA, 1994). VF. 116 mn. Avec Jeff Bridges, Tommy Lee Jones, Suzy Amis. Un terroriste, expert en explosifs, se venge d'un ancien complice, devenu démineur.

23.05 M6
Mortal Kombat 2

Science-fiction de John R. Leonetti (USA, 1997). VF. 90 mn. Avec Robin Shou, Talisa Soto, James Remar, Brian Thompson. L'empereur d'un monde extraterrestre envoie à nouveau ses plus redoutables créatures sur Terre pour combattre les guerriers humains.

23.05 CANAL+
Ordinary Decent Criminal

T VO. Voir dimanche 8.40.

0.45 ARTE
Le Dernier Métro

TT Drame de François Truffaut (France, 1980). 127 mn. Avec Catherine Deneuve, Gérard Depardieu, Jean Poiret. Sous l'Occupation, à Paris, une femme reprend la direction du théâtre de son mari, un Juif obligé de se cacher, et s'éprend d'un jeune comédien.

3.20 CANAL+
Le Vol du Phénix

T VO. Voir samedi 10.00.

Mardi

8.30 CANAL+
Aïe

T Comédie de Sophie Fillières (France, 2000). 103 mn. Avec André Dussollier, Hélène Fillières, Emmanuelle Devos, Olivier Cruveiller. Un séducteur rencontre une étrange jeune fille qui prétend venir de l'espace et le convainc d'entamer une relation amoureuse avec elle.

10.25 CANAL+
Man on the Moon

TTT Comédie dramatique de Milos Forman (USA-Allemagne-Grande-Bretagne-Japon, 1999). Vf. 117 mn. Avec Jim Carrey, Danny DeVito, Coutney Love, Paul Giamatti. La carrière d'un comédien aux multiples facettes, à la fois chanteur, humoriste et imposteur.

14.00 CANAL+
Bone Collector

T VF. Voir dimanche 10.25.

17.00 CANAL+
Le Sens des affaires

T Voir dimanche 1.00.

20.50 FRANCE 2
Docteur Dolittle

Comédie de Betty Thomas (USA, 1998). VF. 95 mn. Avec Eddie Murphy, Ossie Davis, Oliver Platt. Un chirurgien découvre qu'il est en mesure de dialoguer avec tous les animaux.

20.55 TF1
Le Fugitif

Policier d'Andrew Davis (USA, 1993). VF. 135 mn. Avec Harrison Ford, Tommy Lee Jones, Sela Ward. Un médecin, condamné à mort pour le meurtre de sa femme, s'évade pour tenter de prouver son innocence.

23.25 FRANCE 3
La Mort du Chinois

Comédie de Jean-Louis Benoît (France, 1998). 80 mn. Avec José Garcia, Isabelle Carré, Denis Podalydès. Un auteur de livres pour enfant, fou de jalousie et sous l'emprise de drogues, est obsédé par l'amant chinois de son épouse.

L'avis **Télérama**: **T** Nous aimons   **TT** Nous aimons beaucoup   **TTT** Chef-d'œuvre

TITRE DU FILM	EXPLICATION	AVIS	JOUR	HEURE	CHAÎNE
1.	Film de François Truffaut avec Catherine Deneuve	T T		0.45	
2.	Deux demi-sœurs aident leur père.	–	samedi		
3.	Film policier avec Harrison Ford	–			
4.	Film d'horreur tourné aux Etats-Unis en 1996	–		0.00	Canal+
5.	Un père bouleverse la vie de ses trois filles	–	samedi et lundi		
6.	Comédie dramatique de Patrice Leconte	T			Arte
7.	Film suspense des années 50 qu'on peut voir en anglais (VO—version originale)	T			France 3
8.	Comédie dramatique de François Truffaut avec Jacqueline Bisset	T T		14.00	
9.	Drame franco-belge dont le metteur en scène est Chantal Akerman	T T			Canal+
10.	Film avec Gérard Depardieu	T T		20.45	
11.	Film d'aventures américain avec James Stewart	T		10.00 3.20	
12.	Film de science-fiction qui dure 90 minutes	–			M6
13.	Comédie tournée en France en 2000	T		8.30	Canal+
14.	Film policier qu'on peut voir en version originale	T	lundi		
15.	Film avec Jim Carrey	T T T			

Maintenant, indiquez deux émissions qui vous intéressent et expliquez pourquoi.

_____

_____

_____

D. Vous pouvez changer de chaîne ou éteindre! La colonne A donne des descriptions d'émissions à la télévision française. Indiquez de quelle sorte d'émission il s'agit en choisissant un élément de la colonne B.

A

1. _____ **TD2A** (Déconseillé aux adultes) Les Incroyables Pouvoirs d'Alex.

2. _____ **Championnats du monde.** Demi-finales et finales de l'épée féminine et du sabre masculin. En direct de Nîmes.

3. _____ **Savoir plus santé.** Les petites chirurgies qui changent la vie.

B

a. actualités
b. dessin animé
c. documentaire
d. feuilleton
e. jeu télévisé
f. sports

4. _____ **Une histoire de corde.** Série française. Jamel décide de faire semblant de se pendre pour reconquérir Charlotte.

5. _____ **Qui veut gagner des millions?** Présentation: Jean-Pierre Foucault.

6. _____ **20 heures: Journal.**

STRUCTURES

A. Contrôle. Pouvez-vous survivre au «future shock»? A côté de chaque verbe au présent, écrivez le futur simple. Attention aux verbes irréguliers et aux changements d'orthographe.

MODELE: il parle → il parlera

je vais _____   ils achètent _____

tu es _____   Jean préfère _____

elle fait _____   vous rappelez-vous? _____

il faut _____   nous voyons _____

nous pouvons _____ je me lève _____

vous venez _____   ils se dépêchent _____

B. Au pays de la Grande Royale. Vous décidez de faire un voyage au Sénégal et de rendre visite au peuple Diallobé. Vous réfléchissez à votre arrivée chez eux. Complétez les paragraphes suivants en choisissant les verbes convenables et en les conjuguant au futur. N'utilisez chaque verbe qu'une seule fois.

J(e) _____¹ chez les Diallobé l'été prochain et je

_____² au Sénégal pendant deux mois. Mon ami Pierre

_____³ me rejoindre en juillet et nous _____⁴

de vivre parmi le peuple.

Au début, il _____⁵ sûrement difficile de m'habituer aux

coutumes mais après quelques semaines, je crois que je _____⁶

bien à cette nouvelle vie. Nous _____⁷ par terre, nous

_____⁸ au chant du coq et nous _____⁹ avec

nos mains.

Je pense que quand je _____¹⁰ aux Etats-Unis, les Diallobé

me _____¹¹ beaucoup.

dormir
manger
venir
essayer
aller
rester
être
s'habituer
se lever
manquer
retourner

C. Le voyage de Jean-Pierre. Complétez cet extrait de lettre avec les prépositions et articles nécessaires.

Je commencerai ma visite de l'Amérique _____¹ New York City et ensuite j'irai _____² Maine,

_____³ Kennebunkport. Après, je visiterai _____⁴ Québec, une province francophone, et là,

j'espère aller _____⁵ Montréal et _____⁶ la ville de Québec.

Je quitterai _____⁷ Canada, et je prendrai l'avion pour _____⁸ Californie. Après une semaine

_____⁹ San Francisco, j'irai _____¹⁰ San Diego. Ensuite, je descendrai _____¹¹ Mexique où j'ai

l'intention d'aller _____¹² Acapulco.

D. Un voyage en Europe. Composez des phrases selon le modèle.

    MODELE: Allemagne / Munich → Quand je serai en Allemagne, j'irai à Munich.

1. Italie / Rome

   _____

2. Danemark / Copenhague

   _____

3. Espagne / Madrid

   _____

4. les Pays-Bas / Amsterdam

   _____

5. Portugal / Lisbonne

   _____

6. France / Le Havre

   _____

E. Votre première journée au Sénégal. Après avoir bien dormi, vous et votre ami(e) serez prêt(e)s
à commencer votre visite chez les Diallobé. Pendant le petit déjeuner, vous anticipez cette première
découverte. Complétez les phrases suivantes en utilisant le futur simple et/ou le futur antérieur. Puis
dites pourquoi.

    MODELE: Lorsque →
              Lorsque nous aurons fini de déjeuner, nous partirons avec nos guides sénégalais parce
              que nous voudrons voir le paysage.

1. Dès que _____

   _____.

2. Aussitôt que _____

   _____.

3. Tant que _____

   _____.

4. Quand _____

   _____.

5. Après que _____

   _____.

6. Lorsque _____

   _____.

F. L'avenir—proche et lointain. Il y a plusieurs façons de définir l'avenir: demain, l'année prochaine, en l'an 2020, etc. Répondez aux questions suivantes en imaginant divers moments de votre avenir.

1. Qu'est-ce que vous allez faire demain que vous n'avez pas fait aujourd'hui? _____

   _____

2. Où habiterez-vous l'année prochaine? _____

   _____

3. Dans vingt ans, quel mode de transport est-ce que vous utiliserez le plus souvent? _____

   _____

4. En l'an 2020, où passerez-vous vos vacances? _____

   _____

5. A quel âge comptez-vous prendre votre retraite? _____

   _____

Branchez-vous!

A. Ordinateurs. En France, comme en Amérique du Nord, on peut acheter des ordinateurs et des accessoires en ligne. Cherchez des sites qui donnent la marque et le prix des ordinateurs et des accessoires. Après vos recherches, tirez des conclusions sur les marques et sur les prix. Sont-ils différents de ce qu'on trouve dans votre région?

Mots-clés: France, ordinateurs, «shopping informatique», FNAC, etc.

B. Programme de télévision. Renseignez-vous sur le programme de télévision de la semaine. Lisez les descriptions des émissions et faites la liste de celles que vous pourrez regarder entre 18 h et minuit, si vous avez le temps. Comment une soirée devant la télévision en France sera-t-elle différente d'une soirée en Amérique du Nord?

Mots-clés: France, Télérama, «émissions télévision», M6, Canal+, Arte, «France 2», «France 3», etc.

CHAPITRE **15**

Exercices oraux

A l'écoute de la vie

Etes-vous prêt(e) à écouter une conversation authentique «à froid»? Il n'y a pas de section préparatoire, **Avant d'écouter,** dans ce chapitre, mais la progression des tâches d'écoute devrait vous aider à comprendre l'interview.

A L'ECOUTE

A. Ecoutez une première fois et cochez les sujets traités dans la séquence sonore.

1. _____ la position de la France vis-à-vis de la Martinique

2. _____ les problèmes d'intégration des Noirs venus d'Afrique

3. _____ le concept d'être «différent»

4. _____ les immigrés arabes en France

5. _____ le rôle de la langue dans le racisme

6. _____ le racisme dans les écoles françaises

7. _____ l'attitude des Arabes vis-à-vis de Le Pen (homme politique d'extrême droite, à tendance xénophobe)

B. Ecoutez encore en vous concentrant sur tous les détails qui concernent Guilaine, la jeune fille interviewée. Prenez des notes, puis servez-vous de ces notes pour répondre à la question.

NOTES

1. âge de Guilaine _____

2. lieu de résidence _____

3. race _____

4. origines de sa famille _____

5. deux raisons pour lesquelles elle se sentait différente des autres _____

_____

6. incident raciste dans sa vie _____

_____

7. deux facteurs qui lui ont permis d'être acceptée et qui la distinguaient des immigrés _____

_____

QUESTION

Pourquoi Guilaine sentait-elle qu'elle avait «quelque chose à prouver»? Comment l'a-t-elle fait?

_____

_____

_____

_____

C. Concentrez-vous maintenant sur le problème des immigrés arabes. Ecoutez encore la deuxième moitié de l'interview en prenant des notes, puis répondez à la question.

NOTES

1. problème principal des enfants d'immigrés _____

_____

_____

2. «scandale» des années soixante-dix à Paris _____

_____

_____

3. facteur culturel important, autre que la langue _____

_____

_____

4. attitude des enfants français par rapport aux enfants d'immigrés dans les écoles _____

_____

_____

5. cause des préjugés chez les jeunes, selon Guilaine _____

_____

_____

QUESTION

D'après cette interview, comment expliquez-vous le racisme contre les immigrés arabes en France?

_____

_____

_____

_____

_____

A vous la parole

PHONETIQUE

Intonation in Declarative Sentences

In this lesson, you are going to learn an intonation pattern used in declarative sentences. It combines a rising intonation followed by a falling intonation.

In American English, there is a falling intonation to mark the end of each phrase of a declarative sentence. Listen to the intonation pattern as you say the following sentence.

At the end of the day, when I'm tired and hungry, I'm glad to have a microwave.

In French, however, each phrase of a statement is marked by a rising intonation, except the final phrase, where the intonation rises and then falls. The basic subjunctive structure provides a good opportunity to practice this common intonation pattern in French.

Now turn on the audio program and listen to the following sample sentence. Mark the rising and falling intonation.

Avant que les citoyens se révoltent, il faut que le gouvernement se décide, qu'il fasse quelque chose pour calmer la situation.

A. La France, terre d'accueil? Les phrases suivantes présentent des opinions sur les immigrés en France. Ecoutez-les et puis lisez-les à haute voix en faisant attention à l'intonation.

1. De nos jours, j'ai bien peur que les immigrés soient mal reçus.
2. Il faut absolument que les immigrés cherchent à s'intégrer.
3. Je ne pense pas que ces étrangers soient une menace sur le marché de l'emploi.
4. Je propose qu'on établisse des lois contre la discrimination professionnelle.
5. Nous croyons tous qu'il est temps que l'intolérance diminue.

B. Avez-vous des préjugés? Ecoutez les commentaires et puis donnez votre opinion en vous servant d'une des expressions entre parenthèses. Attention à l'intonation montante-descendante de vos phrases. Vous entendrez ensuite une réponse possible.

MODELE: (Je pense, Je ne pense pas) →
Vous entendez: On doit renvoyer tous les immigrés.
Vous lisez: Je pense, Je ne pense pas
Vous répondez: Je ne pense pas qu'on doive renvoyer tous les immigrés.

1. (Je crois, Je ne crois pas)
2. (Je propose, Je ne propose pas)
3. (Je doute, Je ne doute pas)
4. (Il faut, Il ne faut pas)
5. (Je regrette, Je ne regrette pas)

PAROLES

A. Vocabulaire social. Donnez le nom qui correspond à chaque définition. Mots utiles: *un immigré, un criminel, l'antisémitisme, un citoyen, un résident illégal, une émeute, une grève, les agents de police*

MODELE: Vous entendez: C'est quelqu'un qui se croit supérieur aux membres d'autres races.
Vous répondez: C'est un raciste.

1. ... 2. ... 3. ... 4. ... 5. ... 6. ... 7. ... 8. ...

B. A travers le monde francophone. Ecoutez ces personnes décrire leur état civil, puis identifiez-le à partir des catégories suivantes: *citoyen(ne), réfugié(e) politique, étranger/étrangère, résident illégal (résidente illégale), immigré(e)*

> MODELE: *Vous entendez:* Monique est née en France et elle y habite toujours.
> *Vous répondez:* Monique est citoyenne française.

1. ... 2. ... 3. ... 4. ... 5. ...

C. Etes-vous bon citoyen? Ecoutez les phrases suivantes, puis dites si vous êtes d'accord ou pas d'accord. Répondez comme un bon citoyen (une bonne citoyenne)!

1. ... 2. ... 3. ... 4. ... 5. ...

D. Etes-vous pour ou contre? Ecoutez les questions, puis répondez par écrit. Donnez aussi la raison de votre opinion.

1. _____

_____

_____

2. _____

_____

3. _____

_____

4. _____

_____

STRUCTURES

A. La forme d'abord! Pour chaque indicatif présent, donnez le subjonctif présent correspondant.

> MODELE: *Vous entendez:* vous dites
> *Vous répondez:* que vous disiez

1. ... 2. ... 3. ... 4. ... 5. ... 6. ... 7. ... 8. ... 9. ... 10. ...

B. «Tu veux ou tu ne veux pas?» Répondez aux questions en commençant avec «Je veux» ou «Je ne veux pas» selon les modèles.

> MODELES: a. *Vous entendez:* Veux-tu travailler?
> *Vous répondez:* Non, je ne veux pas travailler.
>
> b. *Vous entendez:* Et Monique?
> *Vous répondez:* Je veux qu'elle travaille pour moi!

1. ... 2. ... 3. ... 4. ... 5. ... 6. ... 7. ... 8. ...

C. Vous n'êtes pas d'accord! Commentez les opinions suivantes sur les travailleurs immigrés en mettant les phrases affirmatives au négatif et les phrases négatives à l'affirmatif.

> MODELE: *Vous entendez:* Je ne pense pas que ce soit une bonne idée.
> *Vous répondez:* Je pense que c'est une bonne idée.

1. ... 2. ... 3. ... 4. ... 5. ...

D. Maintenant à vous! Ecoutez les phrases suivantes, puis commentez-les en commençant par **Je pense que…** ou **Je ne pense pas que…** Mettez le verbe à l'indicatif ou au subjonctif selon le cas. (Vous entendrez ensuite une des réponses possibles.)

1. …   2. …   3. …   4. …   5. …

Dictée

Vous entendrez la dictée deux fois. La première fois, écoutez. La deuxième fois, écrivez. Puis réécoutez le premier enregistrement pour corriger.

_____

_____

_____

_____

_____

_____

_____

_____

Exercices écrits

PAROLES

A. Vive la différence! A côté de chaque expression, mettez son contraire. Utilisez le vocabulaire du chapitre.

1. un étranger _____

2. une résidente légale _____

3. l'acceptation de l'égalité des races _____

4. une manifestation paisible _____

5. obéir aux lois _____

6. être jugé(e) innocent(e) _____

7. déporter des immigrés _____

8. le respect _____

9. la paix _____

B. Pourquoi immigrer? Il y a beaucoup de motivations. Donnez-en une qui soit logique pour chacun des cas suivants.

    a. pour échapper à une situation politique opprimante
    b. pour poursuivre des rêves idéologiques
    c. pour vivre l'aventure
    d. pour trouver un meilleur travail
    e. pour sortir d'un milieu social trop fermé
    f. pour échapper à l'antisémitisme

1. _____ Mohammed vit sous la dictature depuis 10 ans.

2. _____ Sylvie veut découvrir d'autres cultures pendant qu'elle est encore jeune.

3. _____ Malgré son diplôme universitaire, Paulo ne peut trouver que du travail manuel.

4. _____ Vladimir a toujours voulu vivre dans un pays capitaliste.

5. _____ Nicolas et tous ses copains font du trafic de drogues depuis l'âge de 12 ans mais maintenant il veut changer de vie.

6. _____ Abraham est juif et a toujours été victime de préjugés.

C. La vie en société. Complétez le texte avec les mots appropriés. Rajoutez un article s'il le faut.

Ce sont _____[1] qui règlent la vie en société et qui donnent aux

citoyens certaines obligations et aussi certains _____[2].

    Pour montrer leur mécontentement, les gens peuvent participer (à)

_____[3], (à) _____[4] ou (à)

_____[5]. Cependant, pour rester en règle, il faut toujours respecter

les ordres (de) _____[6], ceux qu'on appelle familièrement

_____[7].

Les gens qui _____[8] des crimes sont _____[9]

en justice. S'ils sont jugés _____[10], ils seront condamnés à diverses

_____[11].

Bien des gens acceptent les différences ethniques et raciales. Grâce à eux,

_____[12] peut diminuer. Mais il y a aussi d'autres personnes qui ont toujours

_____[13] et qui perpétuent ainsi _____[14].

D. La vie en société (suite). Exprimez vos opinions sur la société américaine en complétant ces phrases. Ajoutez autant de détails que possible.

1. En principe, tous les Américains, y compris les étrangers qui habitent le pays, ont le droit de

_____

_____

2. Les étrangers n'ont pas droit à _____

_____

_____

3. Certains Américains craignent la concurrence des _____

_____ parce que _____

_____

4. A mon avis, la menace la plus importante aux Etats-Unis est _____

_____

_____

5. Les immigrés qui s'intègrent le mieux dans la société américaine sont ceux qui _____

_____

_____

STRUCTURES

A. La forme d'abord! (suite). Ecrivez la forme du subjonctif présent qui correspond à l'indicatif donné.

1. je fais: que _____

2. nous sommes: que _____

3. elles ont: qu' _____

4. tu ne peux pas: que _____

5. vous descendez: que _____

6. il prend: qu' _____

7. tu sais: que _____

8. je finis: que _____

9. elles vont: qu' _____

10. il s'intègre: qu' _____

B. De deux phrases une! Combinez les deux phrases en utilisant un verbe au subjonctif ou un infinitif selon le cas.

MODELES: a. Je propose / j'établis des contrôles →
            Je propose d'établir des contrôles.

          b. Je propose / le gouvernement établit des contrôles →
            Je propose que le gouvernement établisse des contrôles.

1. Je ne pense pas / il est nécessaire d'établir des contrôles plus stricts

_____

_____

2. Je doute / les immigrés veulent s'intégrer dans notre société

_____

_____

3. Je veux / j'aide des immigrés

_____

_____

4. Il est temps / le gouvernement fait quelque chose de décisif

_____

_____

5. Les immigrés ont peur / les immigrés trouvent partout de l'hostilité

_____

_____

6. Beaucoup de citoyens regrettent / les immigrés sont victimes de racisme

_____

_____

C. Une soirée entre copains. Complétez les phrases suivantes avec une conjonction ou une préposition selon le cas.

MODELES: Pierre attend Nicole *pour* faire des courses.

             Pierre attend Nicole *pour qu'*elle fasse le ménage.

1. Pierre attend Nicole pour 18 h. Il aura fini ses devoirs _____ elle n'arrive.

2. Pour sa part, Nicole prendra du pain et du vin _____ arriver chez Pierre.

3. Ensuite ils finiront les préparatifs _____ pouvoir recevoir leurs copains sans être stressés.

4. Ils attendront _____ tout le monde arrive _____ servir l'apéritif.

5. _____ il pleuve, ils ont l'intention de dîner sur la terrasse.

6. Après le repas, ils serviront le café dans le séjour _____ leurs invités n'aient pas trop froid la nuit venue.

7. _____ repartir et _____ elle ait cours demain à 8 h, Nicole aidera Pierre à faire la vaisselle.

D. A votre avis: quels droits pour les immigrés? Utilisez les expressions des colonnes suivantes pour faire un paragraphe où vous donnez votre opinion sur les droits des immigrés. Utilisez des expressions comme *alors, donc, ainsi, par conséquent,* etc.

MODELE: Je pense que les immigrés ont droit à un salaire égal pour un travail égal.

Il se peut que		avoir droit à
Le gouvernement propose que		avoir le droit de
On dit que	les immigrés	vivre aux dépens de
C'est dommage que	ils	s'intégrer
Je sais que		s'adapter à
Nous voulons tous que		abuser de

_____

_____

_____

_____

_____

_____

_____

_____

_____

_____

_____

_____

E. Une grève à l'université. Vous êtes le représentant (la représentante) des étudiants qui font grève dans votre université. Préparez-vous à exprimer vos idées auprès des professeurs et du recteur. Complétez donc les phrases de façon imaginative et judicieuse. Utilisez le subjonctif ou l'indicatif selon le cas.

1. Il est vrai que _____

_____

2. C'est dommage que _____

_____

3. Nous trouvons que _____

_____

4. Mais nous ne voulons pas que _____

_____

5. Il faut absolument que _____

_____

6. Enfin, nous pensons que _____

_____

F. *Le racisme expliqué à ma fille.* Vous avez lu les réponses de Tahar Ben Jelloun aux questions de sa fille sur le racisme. Voici une autre question de sa fille: «Comment combattre les racistes?» Préparez la réponse que M. Ben Jelloun donnerait, selon vous. Si vous le désirez, vous pouvez utiliser les expressions tirées de sa vraie réponse:

EXPRESSIONS POUR ORGANISER SES IDEES	NOMS	VERBES
D'abord	la considération	s'apprécier
D'ailleurs	la culture	se connaître
Au départ	la dignité	écouter
Mais	le jugement	généraliser
Autrement dit	la justice	raconter
D'autres exemples	le respect	
	le préjugé	

_____

_____

_____

_____

Branchez-vous!

A. L'immigration. L'immigration est un sujet de controverse en France. Faites des recherches sur les différents partis politiques et sur leur position face à l'immigration.

Mots-clés: France, politique, immigration, Front national, etc.

B. Le racisme. Trouvez parmi les archives des journaux un événement lié au racisme ou un article sur l'immigration. Faites un résumé de l'article pour vos camarades de classe.

Mots-clés: France, racisme, immigration, journal, «Le Monde», «Le Figaro», etc.

❧ *Pour le plaisir de lire*

Marie Galanti

Marie Galanti: Directrice de journal

Marie Galanti is director of the *Journal Français d'Amérique,* a French language newspaper published in San Francisco and New York.

In the following interview, Marie Galanti describes her experience as a French speaker growing up in English-speaking Canada. She also talks about the current political situation in Quebec, and compares French-Canadian and American culture.

♦

Tout d'abord, un peu d'histoire personnelle. Où êtes-vous née? Quelles études avez-vous suivies? Quel travail avez-vous fait avant d'arriver à votre poste actuel de directrice du Journal Français d'Amérique?

Je suis d'origine canadienne, née à Montréal. J'ai fait presque toutes mes études au Canada, avec l'intention de devenir professeur, ce que j'ai fait pendant plusieurs années. J'ai également fait des manuels scolaires,° ce sont eux qui m'ont conduite au journalisme. Cela fait presque douze ans que je suis au *Journal Français d'Amérique* et j'ai cessé d'enseigner il y a plus de huit ans.

manuels... livres de classe

Parlons un peu du bilinguisme au Canada où le français et l'anglais coexistent, non sans difficultés. Pourriez-vous nous parler un peu des deux langues, des tensions qu'elles ont produites dans votre enfance?

C'est une question importante. Je vais d'abord en parler à un niveau strictement personnel, ensuite nous pourrons aller plus loin. Je suis née dans une famille francophone, nous parlions français à la maison. Mes parents, quand nous étions très petits, ont voulu nous enseigner un peu d'anglais. Nous apprenions quelques mots, mais nous n'étions pas en fait de très bons élèves. Comme nous nous exprimions toujours en français, nous n'étions pas du tout conscients du fait qu'il serait utile de parler une autre langue.

Cela a changé quand j'avais neuf ans. Nous avons alors quitté un quartier totalement francophone pour emménager° dans un quartier bilingue, «La côte des neiges», à Montréal. Un an après notre installation dans ce quartier, mes parents ont décidé de m'envoyer à l'école anglaise. La transition a été alors très abrupte car c'est non seulement un changement de langue mais aussi un changement de mentalité. A l'époque, mes professeurs étaient des religieuses° alors que l'école anglophone était complètement laïque.° L'attitude et la discipline étaient très différentes. J'ai suivi des études en anglais jusqu'à l'université et à la maison nous continuions à parler français.

habiter

nuns

mot ap.

Et l'on comprend les frustrations que cela peut causer; on se dit: «Ce n'est pas juste, je suis francophone dans une province où 80% des gens sont francophones et moi, je dois parler anglais pour gagner ma vie, tandis que les autres, la minorité de 20%, n'a pas à faire d'efforts».

Cela situe le contexte des années 60, période marquée par le début de grandes tensions et revendications,° assez violentes parfois. On mettait des bombes dans les boîtes aux lettres, des groupes terroristes s'étaient formés. On peut

protestations

comprendre la colère des Canadiens français—à l'époque, ils se définissaient comme tels—et leur frustration face à une telle injustice.

De nos jours, quelle est la situation des francophones au Québec et dans les autres provinces du Canada? Parle-t-on toujours du Québec libre?

Non. Vous savez, il y a quelques années, il y a eu un référendum au Québec. Je vais revenir un peu en arrière. J'ai fait allusion à des manifestations violentes dans les années 60, mais il y a eu très peu de violence en fait. On a appelé la révolution du Québec «La révolution tranquille». Il n'y a pas eu de guerre civile. Les manifestations ont été relativement calmes dans le contexte d'une révolution. Mais ce qui s'est passé, et qui est beaucoup plus important, c'est la prise de conscience de la part des gens que quelque chose devait changer, que ce n'était pas juste. Et qu'il fallait, nous, Canadiens français, prendre notre avenir en main. Les mots d'ordre à l'époque étaient: «Etre maîtres chez nous.»

Il y a eu l'arrivée au pouvoir du Parti québécois qui avait promis pendant la campagne électorale l'indépendance du Québec. Ils ont travaillé à cela pendant plusieurs années. Mais quand le moment est venu de demander aux gens: «Voulez-vous que le Québec soit indépendant?», ils ont dit non. Cela a fermé la parenthèse, ce qui ne veut pas dire que les gens n'ont pas acquis° énormément   obtenu de choses.

Maintenant, les Canadiens français se définissent en tant que Québécois. Ce ne sont pas des Canadiens qui parlent français, ce sont des Québécois qui sont fiers de leur identité. Toutes ces transformations dans la vie sociale et éducative du Québec ont porté leurs fruits. Maintenant, on peut faire en français au Québec, les Anglais parlent français ou dans le cas contraire quittent le Québec.

Les nouveaux immigrants savent qu'ils vont faire leur vie en français au Québec. Mais au plaisir de parler la langue s'ajoute le plaisir de s'ouvrir sur l'Amérique et sur le monde. Prenez la situation du tiers monde: il est très souvent francophone, beaucoup de pays africains sont francophones. Ces gens ont besoin de l'expérience et de l'assistance technique nord-américaine. A qui vont-ils s'adresser? Aux Américains, qui ne parlent pas français? Non, ils vont se tourner vers les Québécois qui sont des Nord-Américains. Ils ont les traditions, les coutumes et l'esprit pragmatique des Américains, mais ils s'expriment en français. Il n'y a plus besoin de revendications, il n'y a plus besoin de dire: «Je refuse de parler anglais, car c'est la langue de l'ennemi.» Les jeunes parlent anglais mais cela ne change en rien leur identité francophone et je trouve que cela est une évolution merveilleuse de ces vingt dernières années.

Pouvez-vous comparer le degré d'américanisation en France et au Québec?

Disons qu'il n'y a pas de comparaison parce que le Québec est américain, il n'y a donc pas d'américanisation du Québec. Au Québec, nous sommes des Américains qui parlons le français. En fait, un Américain qui va à Montréal et au Québec ne voit aucune différence dans la façon de manger, de s'habiller, même dans les systèmes scolaires. Il n'y a pas de différences fondamentales dans les structures sociales, ni dans les habitudes. Au Québec, vous allez manger du «poulet frit à la Kentucky», on ne vous fera pas manger des escargots ou des cuisses de grenouilles.

Cela dit,° il reste des façons latines d'agir, de penser, ce que l'on appelle la   Cela... Après avoir joie de vivre et je pense que cela a un fondement. Gilles Vigneault dit: «Mon   dit cela peuple est un peuple de causerie.» C'est vrai. Les Québécois aiment se retrouver, aiment parler, discuter. Donc de ce côté-là ils sont plus français qu'américains.

La France est un phénomène plus complexe. Depuis quelques années, l'Amérique est à la mode en France. En France, vous allez rencontrer des gens qui vont se faire un point d'honneur° à vous dire: «Je pense à l'américaine, je fonctionne à l'américaine, je comprends les Américains et j'aime beaucoup leur façon de penser et je m'identifie à eux.» Qu'est-ce que cela veut dire pour eux? Je pense que c'est avoir une approche pragmatique de la vie, c'est-à-dire avoir les pieds sur terre, ne pas être rêveur. Cela veut dire être actif, dynamique. Créer, fonder. Ça, c'est la mode en France. De plus en plus de petites entreprises, de nouvelles publications s'adressent aux nouveaux patrons et cela va dans le sens du contexte américain.

se... to make it a point of honor

AVEZ-VOUS COMPRIS?

A. Complétez.

1. Marie Galanti est née à _____.

2. Jusqu'à l'âge de 9 ans, Marie Galanti a parlé surtout _____.

3. Au Québec, _____% des gens sont francophones.

4. Dans les années 60, il y a eu des _____.

5. Dans les années 60, ceux qui parlaient français au Québec se nommaient

   _____. Aujourd'hui, ils se nomment _____.

6. Pendant sa campagne électorale, le Parti québécois avait promis _____ du

   Québec. Mais au moment de l'élection, les Québécois ont voté _____.

7. Marie Galanti dit que les Québécois peuvent offrir de l'assistance technique aux pays

   _____ africains.

B. Décrivez le rôle de l'anglais et du français dans la vie de Marie Galanti. A quelle époque ne parlait-elle que le français? Quand a-t-elle appris l'anglais?

C. Expliquez le sentiment d'injustice que les Canadiens français ont ressenti pendant les années 60.

D. Quelles différences et similarités Marie Galanti mentionne-t-elle entre le Québec et la France?

Visionnez!

Le Chemin du retour

EPISODE V: La vérité
[scènes 80–fin]

Fonctions et thèmes: narration et description au présent, au passé et au futur; expression et défense d'une opinion; stratégies de communication et d'élaboration—les conquêtes et les problèmes du monde moderne

AVANT DE VISIONNER

A. Les personnages. Dans cet épisode, nous allons faire la connaissance d'un nouveau personnage, Roland Fergus, un homme qui a connu Antoine Leclair pendant la guerre et qui détient les clés de la vérité sur le grand-père de Camille.

B. Rappel. Avant de visionner le cinquième épisode, résumez *au passé* ce que vous savez déjà sur Antoine Leclair. Qu'est-ce que les épisodes précédents vous ont appris sur lui, depuis son mariage en 1938 jusqu'à la soirée de décembre 1943 dans les Cévennes?

C. Anticipation. Dans cet épisode, Camille va se rendre à Marseille, puis à Casablanca, au Maroc. A votre avis, quelles prédictions vont se réaliser? Cochez celles que vous croyez probables et expliquez pourquoi.

_____ Elle va retrouver Fergus à Marseille.

_____ Elle va apprendre qu'en fait, Antoine n'était pas mort en 1943, mais qu'il avait dû fuir au Maroc et se faire une nouvelle vie à Casablanca.

_____ Elle va apprendre qu'Antoine avait été tué par un résistant qui habite maintenant au Maroc.

_____ La vérité va «libérer» Camille.

_____ Camille et Bruno vont parler de mariage.

VISIONNONS!

Pour visionner chaque scène avec les yeux et les oreilles d'un voyageur éclairé et non d'un touriste pressé, lisez d'abord les questions qui se rapportent à la scène, puis visionnez en fonction de ces questions.

A. A Marseille. [scènes 80–85]

Note culturelle: Marseille, avec près d'un million d'habitants, est la deuxième ville de France. Fondée par les Grecs vers 600 avant J.C., Marseille est célèbre pour son grand port, son atmosphère méditerranéenne, sa diversité ethnique (plus d'un habitant sur cinq est originaire du Maghreb) et sa bouillabaisse (*fish stew*). Les Marseillais, qui parlent avec «l'accent du midi», ont aussi la réputation d'exagérer assez facilement les choses. D'ailleurs, dans le reste de la France, quand on entend quelqu'un qui exagère la vérité, on lui demande, avec l'accent du midi: «Tu viens de Marseille?»

1. **Un vrai Marseillais!**
   a. Ecoutez l'accent du patron du bar. En quoi cet accent est-il différent du français «normal»? Répétez la question «Alors, vous êtes de passage à Marseille?» avec l'accent du midi. (être de passage = faire une petite visite)
   b. Dans sa première conversation avec Camille, trouvez une exagération «à la marseillaise».

2. **La piste marseillaise.** Vrai ou faux? Si c'est faux, corrigez.
   a. Le patron du bar a connu Fergus personnellement.
   b. Le garage se trouvait boulevard de la Corderie.
   c. Les musiciens qui squattent le local font du «raï» (musique arabe moderne).
   d. C'est le patron du bar qui met Camille sur «la piste» du musée.
   e. Le musée possède des photos de collaborateurs aussi bien que de résistants.
   f. La photo de Fergus a une adresse au dos.

B. A Casablanca [scènes 86–89]

Note culturelle: Comme le Maroc a été un protectorat français de 1912 à 1956, l'influence française y est encore très présente. L'arabe est la langue officielle du Maroc, mais le français reste encore la langue de l'éducation secondaire et supérieure, et bien souvent, la langue des affaires. Casablanca (Dar el-Beida en arabe, c'est-à-dire «maison blanche») est une très grande ville où les quartiers modernes, qui rappellent l'Europe, côtoient l'architecture arabe de la médina. Casablanca est connue pour sa Mosquée Hassan II, une des plus grandes mosquées du monde.

1. **Dans la médina.** Complétez le paragraphe en vous basant sur la scène.

   Quand Camille se présente au magasin de Fergus, son employé l'informe que M. Fergus est

   _____¹ et a demandé qu'on ne le _____² pas, mais après un

   coup de fil, Camille apprend que Fergus veut bien la _____³ chez lui, à

   condition qu'elle s'habille «dignement» (avec dignité), c'est-à-dire les _____⁴

   cachés sous un foulard, pas de robe _____⁵ ni de décolleté (*low-cut clothing*).

2. **La vérité dévoilée.** Cette fameuse nuit, dans les Cévennes, que s'est-il passé? Vrai ou faux? Si c'est faux, corrigez.
   a. Quand Fergus et Antoine sont arrivés à la gare, les Allemands étaient déjà là.
   b. Fergus avait mis un uniforme de la Gestapo pour tromper (*deceive*) l'ennemi.
   c. Quand Antoine a vu que les Allemands étaient en train de tuer ses amis comme des lapins, il a voulu fuir (*flee*) pour échapper au massacre.
   d. Antoine est mort pour sauver la vie de Fergus.
   e. C'était le 3 décembre 1943.
   f. On ne sait pas qui a lancé la rumeur que Fergus et Antoine étaient des traîtres.
   g. Les Allemands ont profité de cette rumeur pour dire que c'était la Résistance qui avait tué Antoine et pour commencer une campagne de représailles (*retaliation*).
   h. Pour affaiblir la Résistance dans la région, les Allemands ont pris quinze hommes au hasard et les ont fusillés (*shot down*).
   i. A la libération, Fergus a tout essayé pour rétablir la vérité mais personne n'a voulu le croire.
   j. Antoine était un héros de la Résistance.
   k. Fergus a dû quitter la France pour échapper à la honte.
   l. Selon Thomas, le fils de Fergus, celui-ci a perdu la colère qu'il avait au cœur.
   m. La boîte que Fergus a donnée à Camille contenait des documents datant de la guerre qui pourraient aider Camille à établir l'innocence de son grand-père.

C. Le chemin du retour [scènes 90–97]

1. **Selon Mado.** Comment Camille était-elle, avant, avec sa mère?

2. **Une promesse.** Qu'est-ce que Camille promet à Mado? Est-ce que sa mère la croit?

3. **Selon Bruno.** Dans quel sens Camille a-t-elle changé pendant son voyage?

4. **Des excuses.** Pourquoi Bruno fait-il des excuses à Camille? Qu'a-t-il fait comme bêtise? Comment s'excuse-t-il? Pourquoi, à votre avis?

5. **Martine.** Après s'être «battue comme une tigresse» pour Camille, Martine vient encore à son aide quand Bruno accuse Camille de passer trop de temps au maquillage. Comment répond-elle à Bruno?

6. **L'historien.** Qu'est-ce que David, l'historien, annonce à Camille? Comment Camille va-t-elle le remercier?

7. **Mado.** Pourquoi Mado est-elle si fière de sa fille?

8. **Une bonne leçon.** Selon Camille, quelle est la «chose dont on n'a pas à avoir peur»? Est-ce une leçon que Camille avait besoin d'apprendre elle-même? Expliquez.

SYNTHESE COMMUNICATIVE

Si le temps le permet, revisionnez tout l'épisode, sans interruptions, en fonction des questions de synthèse.

♦ **La culture**

Dans cet épisode, quelles observations peut-on faire sur les aspects culturels suivants?

1. **Un musulman.** Fergus dit à Camille que son nom n'est plus Fergus, mais Ahmed el-Diah. Quels sont les autres indices de sa conversion à l'Islam?

2. **Images et imagination.** Le Maroc est un pays de contrastes, où la tradition et la modernité se côtoient. Quels aspects de chaque culture avez-vous remarqués?

   ♦ Faites d'abord deux listes (côté traditionnel/côté moderne). Vocabulaire utile: *une djellaba* (robe longue portée par les hommes aussi bien que les femmes); *le voile* (*veil*) ou *un foulard* (*scarf*).

   ♦ Puis faites un rapport sur vos observations, en liant vos idées.

   MODELE: Ce qui m'a frappé(e) à Casablanca, c'est d'abord… . Mais il y avait aussi… . Un autre contraste intéressant, c'était… .

♦ **L'intrigue**

Expliquez et racontez à votre façon, en donnant autant de détails que possible.

1. Avec votre partenaire, jouez les rôles de Camille et Bruno. Camille raconte son voyage à Marseille puis à Casablanca, expliquant tout ce qu'elle a appris et dans quelles circonstances. Bruno, avec sa curiosité et ses taquineries habituelles, va interrompre assez souvent pour solliciter plus de détails ou insérer quelques commentaires. N'oubliez pas les techniques du discours indirect pour résumer les dialogues avec le patron du bar, avec les musiciens, avec l'employé de Fergus, puis avec Fergus et son fils.

2. David, l'historien, semble s'intéresser à Camille… . Résumez à votre façon le dialogue entre Camille (qui veut que «la médaille de la Résistance soit décernée» à son grand-père et à Fergus) et David (qui connaît «un comité d'historiens et d'anciens résistants»).

3. Mado dit qu'elle a toujours eu peur. Peur de quoi? Comment cela s'est-il manifesté à travers sa vie? Expliquez.

4. Comment le médaillon est-il un miroir de Camille à travers le film? Retracez l'évolution de Camille depuis le médaillon incomplet du début du film jusqu'au médaillon complet de la dernière scène.

5. Camille et tous les personnages du *Chemin du retour* dans dix ans: quelles sont vos prédictions en ce qui concerne leur avenir?

THEME VI

CHAPITRE **16**

Exercices oraux

A l'écoute de la vie

AVANT D'ECOUTER

A. Le stress. Quelles sont les causes du stress dans la vie moderne? Ecrivez quelques idées, que vous allez ensuite pouvoir comparer avec celles que donne une Française dans la séquence sonore.

_____   _____

_____   _____

_____   _____

B. Etude de mots. Déduisez le sens de ces trois mots en les utilisant dans les contextes donnés.

un bilan   quotidien   un emprunt bancaire

1. Un journal _____ est un journal qui paraît tous les jours.

2. Quand on a besoin d'argent, on peut aller à la banque pour faire _____.

3. Faisons une évaluation, ou _____, de la situation.

A L'ECOUTE

A. Ecoutez la séquence sonore une ou deux fois et numérotez les idées suivantes de 1 à 10 selon l'ordre dans lequel elles sont présentées dans le passage.

_____ définition du stress   _____ stress du paysan

_____ cause principale du stress   _____ stress de la vie professionnelle

_____ stress du PDG   _____ stress dû aux obligations financières

_____ stress du Parisien   _____ stress dû à l'âge

_____ stress de l'étudiant   _____ stress de l'ingénieur

B. Ecoutez encore une fois en prenant des notes, pour pouvoir résumer ce qui est dit sur chacun des sujets mentionnés dans l'exercice A.

1. _____

2. _____

3. _____

4. _____

5. _____

6. _____

7. _____

8. _____

9. _____

10. _____

C. Ecoutez une nouvelle fois, vérifiez vos réponses dans l'exercice B et analysez les facteurs de stress qui peuvent être attribués spécifiquement à la vie moderne. Faites une liste de ces facteurs.

_____

_____

_____

_____

_____

_____

_____

_____

_____

_____

A vous la parole

PHONETIQUE

Two "Rival" Consonants: [l], [r]

The French [l] is called **une consonne dentale.** This is because the French [l] is pronounced with the tip of the tongue pushing against the upper front teeth. English speakers need to push the tongue farther forward than usual to pronounce the French [l]. The position of the tongue is especially important when the [l] is the final sound of a word or phrase. In this position, the [l] in English is almost always "swallowed." In French, it must be completely pronounced.

The French [r], on the other hand, is called **une consonne postérieure.** A sound similar to the French [r] is the English [h]. To form the French **r,** as in **rat,** say *ha.* Then say *ha* again, this time touching the *back* of the tongue against the upper part of the back of your mouth (the soft palate). You will create a kind of trilling effect.

Now turn on the audio program.

A. La physiologie de la phonétique. Ecoutez les mots suivants, puis prononcez-les.

1. l'épaule
2. le ligament
3. les cils
4. la gorge
5. le ventre
6. le cœur
7. les ongles
8. les lèvres
9. les bras

B. Vous avez mal partout! Vous entendrez les noms de plusieurs parties du corps. Répondez en disant que cette partie du corps vous fait mal. Attention aux consonnes [l] et [r].

> MODELE: *Vous entendez:* la tête
> *Vous répondez:* J'ai mal à la tête.

1. … 2. … 3. … 4. … 5. … 6. …

PAROLES

A. Le corps, c'est une machine! Toutes les parties du corps servent à quelque chose. En fait, le corps est une machine miraculeuse. Identifiez les parties du corps qui assurent les fonctions suivantes.

> MODELE: *Vous entendez:* Ces organes nous permettent de respirer.
> *Vous répondez:* Pour respirer, on a les poumons.

1. … 2. … 3. … 4. … 5. … 6. … 7. …

B. De quoi parle-t-on? Ecoutez cette jeune fille parler de certaines parties de son corps. Identifiez ces parties. Réponses possibles: *cheveux, cils, jambes, dents, lèvres, ongles*

> MODELE: *Vous entendez:* Les miens sont très bleus comme ceux de ma mère.
> *Vous répondez:* Elle parle des yeux.

1. … 2. … 3. … 4. … 5. …

C. La forme. Ecoutez les descriptions suivantes, puis répondez aux questions.

1. … 2. … 3. … 4. …

D. Connaissez-vous Rodin? Auguste Rodin était un sculpteur français du XIXe siècle. Regardez la photo d'une de ses sculptures, puis décrivez-la en répondant aux questions (répétées deux fois) par écrit.

1. _____

2. _____

3. _____

4. _____

STRUCTURES

A. Des faux jumeaux. Gabrielle et Robert sont jumeaux, mais ce ne sont pas des vrais jumeaux (*identical twins*). Comparez-les en répondant aux questions.

1. ... 2. ... 3. ... 4. ... 5. ...

B. La maudite Charlotte. Vous êtes un bon étudiant (une bonne étudiante), mais Charlotte vous dépasse en tout. Répondez selon le modèle.

MODELE: *Vous entendez:* Vous recevez de bonnes notes?
Vous répondez: Oui, je reçois de bonne notes, mais Charlotte reçoit de meilleures notes.

1. ... 2. ... 3. ... 4. ... 5. ...

C. Vive la différence! Regardez le tableau, puis répondez avec une phrase comparative ou superlative.

1. ... 2. ... 3. ... 4. ... 5. ...

D. Des conseils! Ecoutez ces personnes parler de leur régime. Donnez à chacune un conseil pour améliorer son état général.

CONSEILS

Prenez plus de temps pour vos repas.
Prenez des repas plus équilibrés.
Mangez moins de fromage et moins d'œufs.
Buvez moins d'alcool.
Préparez-vous un meilleur petit déjeuner.
Fumez moins.

MODELE: *Vous entendez:* J'aime bien mon travail, mais malheureusement je n'ai pas le temps de
manger un bon repas à midi.
Vous répondez: Prenez plus de temps pour vos repas.

1. … 2. … 3. … 4. … 5. …

Dictée

Vous entendrez la dictée deux fois. La première fois, écoutez. La deuxième fois, écrivez. Puis réécoutez le premier enregistrement pour corriger. A la fin, complétez la dernière phrase et répondez à la question.

—_____!

—_____.

—_____.

—_____.

—_____,

_____.

—Mais c'est pour _____!

De quelle histoire s'agit-il?

    1. *Le Petit Chaperon rouge*   2. *La Belle et la Bête*   3. *Les Trois Petits Cochons*

Exercices écrits

PAROLES

A. **Le corps humain.** Complétez ce texte avec les mots appropriés.

Le premier organe principal est _____[1]. Cet organe distribue _____[2]

à tout le corps: _____[3] coule dans _____[4] et _____[5].

Ensuite il y a _____[6] qui nous permettent de respirer. Il y a aussi

_____[7], un organe digestif.

Les gros buveurs peuvent souffrir d'une cirrhose du _____[8], mais les grosses

têtes se font admirer pour la capacité de leur _____[9].

Les étudiants trop stressés doivent faire attention; sinon, ils peuvent avoir _____[10]

à la tête ou finir avec une crise de _____[11]. Pour éviter le stress, il faut savoir

_____[12]. Quand on est fatigué et à bout de forces, il vaut mieux prendre le temps

de _____[13]. Enfin, il faut faire régulièrement _____[14].

B. **Casse-tête.** A vous de choisir et d'identifier dix parties de cette tête.

la tête

le nez

C. **Cours d'anatomie pour débutants.** Dressez un inventaire en citant toutes les composantes de ces quatre parties du corps.

1. Le bras est le membre supérieur du corps humain. Il est composé de _____

   _____ .

2. Au bout du bras se trouve la main qui comprend la paume, _____

   _____ .

3. La jambe est le membre inférieur du corps humain. Du haut en bas, il y a la cuisse, _____

   _____ .

4. Au bout de la jambe se trouve le pied qui est composé de _____

   _____ .

5. Entre le cou et la taille, on trouve _____

   _____ .

D. Une belle personne. Vous devez connaître quelqu'un que vous trouvez très beau (belle). Décrivez le visage et le corps de cette personne avec autant de détails que possible.

_____

_____

_____

_____

_____

_____

_____

_____

_____

_____

STRUCTURES

A. La vie «tout court». Complétez ce texte de façon logique avec *assez, beaucoup, mieux, pire, plus, moins, de plus en plus, de moins en moins.*

Colette n'en peut plus! Plus elle continue, _____[1] elle comprend la vie. Avec les

semestres qui passent, elle a _____[2] de devoirs et _____[3] de

temps libre. Pour ses camarades, cela semble différent: pour eux les choses semblent aller

_____[4], mais pour Colette, hélas, l'état des choses est _____[5].

Mais elle persiste! Pourquoi? Parce qu'avec son diplôme, elle va gagner _____[6]

d'argent; en fait, elle est déjà sûre de gagner _____[7] d'argent! Et à ce moment-là,

elle sera _____[8] stressée et _____[9] _____[10]

heureuse!

B. La vie de tous les jours. Complétez ces phrases en y rajoutant une phrase comparative et une phrase superlative.

> MODELE: Je suis fatigué(e) le lundi. →
> Je suis moins (aussi, plus) fatigué(e) aujourd'hui qu'hier.
> Je suis plus fatigué (la plus fatiguée) le vendredi.

1. Je suis stressé(e) quand j'ai un devoir à rendre.

   _____ pendant les vacances.

   _____ pendant les examens de fin d'année.

2. Je (ne) fais (pas) beaucoup de sport.

   _____ en hiver qu'en été.

   _____ pendant les vacances.

3. Je me sens bien quand je termine mes devoirs.

   _____ quand je reçois une bonne note.

   _____ quand je rate un examen.

4. A mon avis, la natation est bonne pour la santé.

   A mon avis, le jogging _____ .

   A mon avis, regarder le golf _____ .

5. Le sucre est mauvais pour la santé.

   Le cholestérol _____ .

   Les légumes et les fruits _____ .

C. Comptons les calories. Pour ceux qui font attention à leur ligne, il faut compter les calories. Savez-vous le faire? Composez des phrases avec des éléments des trois colonnes.

un gâteau au chocolat				une salade de crabe
une banane	avoir	autant	de calories que	la bière
le jus de carottes		plus		un avocat
un steak		moins		un blanc de poulet
une salade de thon				une mousse au chocolat

1. _____

2. _____

3. _____

4. _____

5. _____

D. Conseils. Que faut-il faire dans les situations suivantes? Répondez aux questions avec une de ces expressions.

plus de légumes et moins de desserts   au régime et au cholestérol
moins de natation   autant de café
plus d'exercice physique   plus de calories
de plus en plus de jogging

1. Vous voulez prendre du poids. Que devriez-vous prendre?

    _____

2. Vous avez besoin de plus d'exercice. Que pourriez-vous faire?

    _____

3. Vous passez tout le week-end devant la télé et cela ne peut pas continuer. Que faut-il faire?

    _____

4. Votre oncle vient d'avoir une crise cardiaque. Il doit changer ses habitudes. A quoi doit-il faire plus attention?

    _____

E.   La vie «tout court» (suite). Choisissez quatre des éléments donnés pour faire un paragraphe à propos de différents aspects de votre vie. Dans votre paragraphe, utilisez des expressions comme *cependant, pourtant, donc, par conséquent, en fait,* etc.

> MODELE: Plus je fais de sport, mieux c'est pour ma santé. Cependant, je ne fais pas assez de sport. Plus le semestre progresse, moins j'ai le temps d'en faire! Par conséquent… .

Plus…, plus… .   Plus…, mieux c'est… .

Plus…, moins… .   Moins…, mieux c'est… .

Moins…, plus… .

_____

_____

_____

_____

_____

Branchez-vous!

A.   La vie moderne. Les Français sont connus pour leur grande consommation de médicaments et leurs nombreuses visites chez le docteur. Pouvez-vous trouver des statistiques qui confirment cette tendance?

Mots-clés: France, santé, docteur, médicaments, etc.

B.   Hommage à Pasteur. La recherche médicale et le traitement des maladies ont toujours tenu une place importante en France. Vous avez certainement entendu parler de Louis Pasteur et de l'importance de ses découvertes dans la médecine. Faites un petit exposé biographique sur ce chercheur du XIXe siècle. A quoi sert l'Institut Pasteur aujourd'hui?

Mots-clés: Louis Pasteur, Institut Pasteur, etc.

CHAPITRE 17

Exercices oraux

A l'écoute de la vie

AVANT D'ECOUTER

Quelles circonstances ou quels facteurs éveillent en vous les émotions suivantes?

1. la colère

_____

_____

2. le cafard

_____

_____

3. la peur

_____

_____

4. la joie

_____

_____

Ces mêmes questions ont été posées à une Française de 79 ans. Ecoutez ses réponses.

A L'ECOUTE

A. Ecoutez une première fois pour voir si vous avez certaines réponses en commun avec la dame interviewée. Si oui, cochez les réponses que vous avez notées ci-dessus.

B. Ecoutez encore une fois et indiquez le nombre de facteurs mentionnés pour chaque émotion, puis nommez ces facteurs.

COLERE	CAFARD	PEUR	JOIE
_____	_____	_____	_____
_____	_____	_____	_____
_____	_____	_____	_____

COLERE	CAFARD	PEUR	JOIE
_____	_____	_____	_____
_____	_____	_____	_____
_____	_____	_____	_____

C. Ecoutez une autre fois et déduisez par le contexte le sens des expressions suivantes.

    1. «une remarque qui ne convient pas»
       a. une parole méchante
       b. une phrase hors contexte (*out of context*)
       c. l'emploi accidentel d'un mauvais mot

    2. «un comportement assez louche»
       a. un regard bête
       b. une attitude suspecte
       c. une façon d'agir qui dénote un manque d'éducation

D. Ecoutez encore les passages nécessaires et expliquez…

    1. ce que certains jeunes font pour causer de la peine à une personne âgée

    _____

    _____

    2. ce qu'il y a de particulièrement effrayant dans les maladies circulatoires

    _____

    _____

E. Qu'est-ce qui vous surprend dans les réponses de Mme Bourhis? Expliquez votre réaction.

_____

_____

_____

_____

A vous la parole

PHONETIQUE

Imparfait or *conditionnel présent*?

In the last chapter, you practiced distinguishing the French and English [r] sounds. In this chapter, you are going to continue to practice the French [r].

    Often this sound alone can distinguish a verb conjugated in the **imparfait** from the same verb conjugated in the **conditionnel présent**. Remember that the endings for the two tenses are the same and that the only difference is in the stem. If the stem ends with an [r] sound, the verb will be **conditionnel présent.** Compare:

IMPARFAIT	CONDITIONNEL PRESENT
j'attrapais	j'attraperais
elle gardait rancune	elle garderait rancune
vous vous mettiez en colère	vous vous mettriez en colère

Now turn on the audio program.

A. Gymnastique verbale. Transformez chacune des phrases suivantes, d'abord à l'imparfait, puis au conditionnel présent. (Répétez la réponse modèle.)

> MODELE: *Vous entendez:* Je parle peu.
> *Vour répondez:* Je parlais peu. Je parlerais peu.

1. … 2. … 3. … 4. … 5. …

B. Formulez des hypothèses! Vous entendrez deux expressions verbales à l'infinitif. Conjuguez le premier verbe à l'imparfait et le second verbe au conditionnel présent. Utilisez la conjonction selon le modèle.

> MODELE: *Vous entendez:* être fatigué(e), se coucher
> *Vous répondez:* Si j'étais fatigué(e), je me coucherais.

1. être malade, avoir de la fièvre
2. avoir un rhume, éternuer
3. éternuer, avoir le nez qui coule
4. avoir le nez qui coule, se moucher

PAROLES

A. Quelles émotions? Ecoutez les descriptions et répondez selon le modèle.

> MODELE: *Vous entendez:* Brigitte est très heureuse.
> *Vous répondez:* Alors, elle éprouve du bonheur.

1. … 2. … 3. … 4. … 5. …

B. Des sentiments et des émotions. Ecoutez les descriptions, puis donnez l'émotion ou le sentiment dont il s'agit. Réponses possibles: *la jalousie, la colère, le cafard, la rancune, l'angoisse*

> MODELE: *Vous entendez:* Jacques manque de confiance en lui-même.
> *Vous répondez:* Il s'agit d'un complexe d'infériorité.

1. … 2. … 3. … 4. … 5. …

C. Frère et sœur. Sabine et son frère Bernard ne se ressemblent pas du tout. Répondez selon le modèle.

> MODELE: *Vous entendez:* Sabine est heureuse.
> *Vous répondez:* Mais son frère Bernard est malheureux.

1. … 2. … 3. … 4. … 5. …

D. Maintenant à vous! Comment est votre état mental? Répondez aux questions de façon originale. Ecrivez votre réponse.

> MODELE: *Vous entendez:* Quand avez-vous peur?
> *Vous écrivez:* J'ai peur quand j'ai très mal au dos sans raison.

1. _____

2. _____

3. _____

4. _____

STRUCTURES

A. Demain... ou un jour. Répondez logiquement aux questions en utilisant le futur ou le conditionnel.

> MODELE: *Vous entendez:* Si vous avez mal à la tête demain, prendrez-vous de l'aspirine ou du whisky?
>
> *Vous répondez:* Je prendrai de l'aspirine.

1. ... 2. ... 3. ... 4. ... 5. ... 6. ...

B. Que feriez-vous si... ? Choisissez une réponse logique pour chaque situation. Réponses possibles: *leur demander une nouvelle voiture, essayer de le réconforter, proposer de voir un film très drôle, demander une explication et chercher une solution, éprouver de la jalousie, lui pardonner*

> MODELE: *Vous entendez:* Que feriez-vous si votre amie était déprimée?
>
> *Vous répondez:* Je proposerais de voir un film très drôle.

1. ... 2. ... 3. ... 4. ... 5. ...

C. Au passé. Répétez les phrases suivantes en mettant le second verbe au passé du subjonctif.

> MODELE: *Vous entendez:* Jean regrette que j'arrive.
>
> *Vous répondez:* Jean regrette que je sois arrivé(e).

1. ... 2. ... 3. ... 4. ... 5. ...

D. Maintenant à vous! Si la possibilité d'un voyage en France se présentait, que feriez-vous? Pour décider, répondez par écrit aux questions.

1. _____

2. _____

3. _____

4. _____

Dictée

Vous entendrez la dictée deux fois. La première fois, écoutez. La deuxième fois, écrivez. Puis réécoutez le premier enregistrement pour corriger. Ensuite, répondez à la question.

_____

_____

_____

_____

_____

_____

_____

_____

Qui est la personne qui pense à haute voix de cette façon?

_____

Exercices écrits

PAROLES

A. Toutes sortes de sentiments. Complétez les phrases suivantes selon le modèle.

MODELE: Une personne qui hait éprouve de la haine.

1. Une personne qui aime éprouve _____.

2. Une personne amère n'est pas _____ aux douleurs des autres.

3. Une personne déprimée a _____.

4. Une personne qui manque _____ peut avoir un complexe d'infériorité.

5. Une personne inquiète éprouve _____.

6. Une personne jalouse connaît_____.

7. Une personne malheureuse éprouve _____.

8. Une personne qui ne garde pas rancune est capable de _____.

B. Des degrés d'émotion. Pour chaque émotion, donnez-en une autre, semblable mais plus forte.

1. l'amitié _____

2. l'inquiétude _____

3. le manque de confiance en soi _____

4. l'hostilité _____

5. la dépression _____

Et maintenant, pouvez-vous nommer une émotion plus ou moins contraire à ces émotions?

6. _____

7. _____

8. *la confiance en soi* _____

9. _____

10. _____

C. Vos émotions. Choisissez parmi les éléments des colonnes qui suivent pour faire un paragraphe qui décrit vos émotions dans les circonstances données. Utilisez des expressions comme *donc, alors, ainsi,* etc.

MODELE: Nous avons une famille très proche. Alors, si je perdais un frère ou une sœur à cause d'un cancer j'éprouverais un chagrin énorme. Donc, nous faisons tout pour être en bonne santé.

gagner un million de dollars à la loterie
perdre un frère ou une sœur à cause d'un cancer
être victime d'une agression
être accusé(e) à tort d'avoir triché à un examen
recevoir des coups de téléphone anonymes
voir une rivale devenir célèbre

être très surpris(e)
éprouver du chagrin
me mettre en colère
être soucieux/soucieuse
devenir jaloux/jalouse
avoir peur de sortir seul(e)

_____

_____

_____

_____

D. Vos émotions (suite). Complétez les phrases suivantes de façon personnelle.

1. Je deviens inquiet/inquiète quand _____

    _____

2. Je me mets en colère chaque fois que _____

    _____

3. J'ai découvert la jalousie quand _____

    _____

4. La dernière fois que j'ai eu le cafard, _____

    _____

5. Pour moi, le bonheur dépend de _____

    _____

STRUCTURES

A. C'est bien d'être différent, non? Ressemblez-vous à Janine? Précisez les raisons de votre ressemblance avec elle ou de vos différences en suivant le modèle. Utilisez le conditionnel.

> MODELE: Si Janine arrête l'école, elle sera heureuse. →
> Mais moi, si j'arrêtais l'école, je serais plutôt malheureux/malheureuse.
> _ou bien_ Moi aussi, si j'arrêtais l'école, je serais heureux/heureuse.

1. Si toutes ses notes ne sont pas des A, Janine aura un complexe d'infériorité.

    _____

    _____

2. Si Janine ne trouve pas de travail cet été, elle sera angoissée.

    _____

    _____

3. Si Janine est obligée de rester à la maison tout l'été, elle ira à la montagne le week-end.

    _____

    _____

4. Mais si on invite Janine à aller en France, elle n'aura pas assez d'argent.

_____

_____

5. Si Janine va en France, elle se laissera intimider.

_____

_____

B. Et si… ? Formez des questions selon le modèle.

MODELE: Jean / avoir le cafard / que faire? → Si Jean avait le cafard, que ferait-il?

1. je / être malade à Paris / où aller?

_____

2. ma mère / se fâcher / que dire?

_____

3. Monique / ne pas suivre ce régime / que manger?

_____

4. vous / avoir un complexe d'infériorité / comment vous sentir?

_____

5. tu / avoir des regrets / demander pardon?

_____

C. Les regrets de Marie-Louise. Voici une série d'événements qui provoquent (ou ont provoqué) du regret chez Marie-Louise. Composez des phrases avec un verbe au présent ou au passé du subjonctif selon le cas.

MODELES: a. Sa sœur est arrivée hier. → Marie-Louise regrette que sa sœur soit arrivée hier.

b. Sa sœur arrive demain. → Marie-Louise regrette que sa sœur arrive demain.

1. Son poste de télé est tombé en panne hier.

Marie-Louise regrette que _____.

2. Sa voiture a besoin de réparations.

Marie-Louise regrette que _____.

3. Ses cours sont très difficiles ce trimestre.

Marie-Louise regrette que _____.

4. Son amie Christine réagit avant de penser.

Marie-Louise regrette que _____.

5. Ses parents n'ont jamais connu le bonheur.

Marie-Louise regrette que _____.

D. Encore au passé. Composez des phrases avec les éléments donnés. Mettez le verbe au passé du subjonctif.

> MODELE: je doute / Pierre / réussir à son examen →
> Je doute que Pierre ait réussi à son examen.

1. je suis content(e) / l'examen / ne pas être difficile

   _____

2. mes copains sont tristes / l'année scolaire / durer si longtemps

   _____

3. mon ami(e) ne croit pas / je / gagner un prix en français

   _____

4. c'est dommage / les étudiants / devoir aller au labo

   _____

5. je ne pense pas / le cours de français / être inutile

   _____

E. Que feriez-vous si… ? Comment réagiriez-vous face aux situations suivantes? Pour répondre, écrivez une ou deux phrases au conditionnel.

1. Au cours d'un examen, si vous remarquiez que votre camarade Rachel trichait en copiant les réponses de sa voisine, que feriez-vous?

   _____

   _____

   _____

2. Si vous appreniez que votre camarade de chambre se droguait à la cocaïne, que feriez-vous?

   _____

   _____

   _____

3. Si un de vos copains buvait de plus en plus d'alcool, que feriez-vous?

   _____

   _____

   _____

4. Si un bon copain vous offrait 50 $ pour une copie d'un travail écrit que vous aviez fait l'an dernier, que feriez-vous?

   _____

   _____

   _____

5. Si votre meilleure amie vous annonçait qu'elle était enceinte (*pregnant*), que feriez-vous?

_____

_____

_____

Branchez-vous!

A. Mieux connaître le Québec! Connaissez-vous le Québec? Présentez trois lieux touristiques de votre choix.

Mots-clés: Québec, tourisme, etc.

B. Gabrielle Roy. Trouvez un site en français consacré à Gabrielle Roy. Faites sa biographie, puis lisez un article écrit sur elle en français et faites-en un résumé.

Mots-clés: «Gabrielle Roy», etc.

CHAPITRE **18**

Exercices oraux

A l'écoute de la vie

AVANT D'ECOUTER

Etude de mots. Utilisez le contexte des phrases suivantes pour déduire le sens des mots en italique, et écrivez l'équivalent en anglais.

1. Les trains roulent non pas sur des routes mais sur des *voies ferrées.* _____

2. J'ai un gros bleu sur le bras; mon bras est tout *meurtri.* _____

3. Ma main a commencé à *enfler,* c'est-à-dire à devenir plus grosse. _____

4. Si le nerf d'une dent cassée est exposé, ou *à vif,* il faut *dévitaliser* la dent. _____

5. Une articulation qui est privée de mouvement devient *ankylosée* ou *raide.* _____

6. Après une visite chez le docteur, il faut payer la note, ou *la facture.* _____

A L'ECOUTE

A. Ecoutez une première fois et indiquez si ces phrases sont vraies (V) ou fausses (F).

	V	F
1. L'accident a été causé par un train.	☐	☐
2. Franciska avait la figure en sang.	☐	☐
3. Elle était seule au moment de l'accident.	☐	☐
4. Elle a appelé son professeur qui est venu la chercher.	☐	☐
5. Elle est allée à l'hôpital avant d'aller chez le dentiste.	☐	☐
6. Plus tard, elle est allée voir un spécialiste des os.	☐	☐
7. Un plâtre n'était pas conseillé dans son état.	☐	☐
8. Deux dentistes se sont occupés de Franciska.	☐	☐
9. Selon Franciska, les conséquences financières de l'accident sont plus graves que les blessures.	☐	☐

B. Ecoutez encore en prenant des notes, puis résumez ce qui s'est passé.

1. lieu et circonstances de l'accident

_____

2. personnes présentes

_____

3. blessures

PARTIE DU CORPS	PROBLEME
_____	_____
_____	_____
_____	_____

4. ordre chronologique et nature des soins reçus, avec tous les détails possibles

_____

_____

_____

_____

_____

5. recommandations de l'orthopédiste

_____

_____

6. deux choses que Franciska ne peut plus faire pour le moment

_____

A vous la parole

PHONETIQUE

Unaspirated Consonants

The three consonant sounds [p], [t], and [k] are articulated differently in English and in French. In English, these sounds are called plosives (or explosives) because when they are pronounced, there is often a sudden release of breath, causing a little "explosion" of air.

In French, the sounds are articulated without this release of air. Hold your hand in front of your mouth as you pronounce these consonants.

To help you pronounce [p], [t], and [k] with no aspiration, keep the following fact in mind: In English, when any one of these sounds is preceded by an [s], there will be no aspiration. This will show you what it feels like to produce an unaspirated consonant.

Now turn on the audio program.

A. Non à l'aspiration! Ecoutez, puis prononcez les paires de mots suivantes. Attention aux consonnes non-aspirées, surtout dans le second mot de chaque paire.

1. sport / port
2. spécial / partial
3. spectacle / réceptacle
4. stable / table
5. station / tartine
6. statue / étape

B. Un médecin peu compétent. Ecoutez les phrases suivantes, puis transformez-les en utilisant le conditionnel passé du verbe **devoir**. Attention aux consonnes non-aspirées.

> MODELE: *Vous entendez:* Le médecin n'a pas examiné le patient.
> *Vous répondez:* Pourtant, il aurait dû examiner le patient.

1. … 2. … 3. … 4. …

PAROLES

A. Ils sont tous enrhumés. Regardez le dessin de la salle d'attente d'un médecin généraliste, puis répondez aux questions. (Vous entendrez ensuite une des réponses possibles.)

1. … 2. … 3. … 4. …

B. Si vous étiez malade… Répondez aux questions suivantes de façon logique, selon le modèle. (Vous entendrez ensuite une des réponses possibles.)

> MODELE: *Vous entendez:* Si vous aviez de la fièvre, où auriez-vous mal?
> *Vous répondez:* Si j'avais de la fièvre, j'aurais mal à la tête.

1. … 2. … 3. … 4. … 5. … 6. …

C. Vocabulaire de l'hôpital. Ecoutez les définitions suivantes, puis identifiez ce dont on parle. Commencez votre réponse par **Il s'agit d'un(e)… .**

1. … 2. … 3. … 4. … 5. … 6. … 7. …

D. Avez-vous un beau sourire? Ecoutez les questions suivantes, puis répondez par écrit de façon personnelle.

1. _____

2. _____

3. _____

4. _____

5. _____

STRUCTURES

A. Toutes sortes d'accidents! Vous allez entendre parler cinq personnes accidentées. Pour chaque cas, composez une petite phrase qui explique comment cette personne s'est blessée. Utilisez le verbe **devoir**

au passé composé suivi d'un des infinitifs proposés. Infinitifs: *vous fouler la cheville, vous casser la jambe, vous casser le bras, saigner, vous couper*

> MODELE: *Vous entendez:* C'était un accident de cuisine. Je me suis coupé un doigt.
> *Vous répondez:* Vous avez dû saigner.

1. ... 2. ... 3. ... 4. ...

B. Vous l'avez échappé belle! Vous auriez facilement pu avoir un accident de ski pendant vos vacances à la neige. Vous allez entendre des phrases au conditionnel présent. Mettez chacune au conditionnel passé. (Répétez la réponse modèle.)

> MODELE: *Vous entendez:* Je saignerais beaucoup.
> *Vous répondez:* J'aurais beaucoup saigné.

1. ... 2. ... 3. ... 4. ... 5. ...

C. Qu'est-ce que vous auriez fait si… ? Ecoutez les questions suivantes au sujet d'une mésaventure que, heureusement, vous n'avez pas vécue. Répondez logiquement en utilisant un verbe au conditionnel passé. Réponses possibles: *chez mes parents, chez le médecin, dans une salle d'opération, un chirurgien, des infirmiers et des infirmières*

1. ... 2. ... 3. ... 4. ... 5. ...

D. Maintenant à vous! Ecoutez les questions suivantes. Faites attention au sens des verbes utilisés— **pouvoir, vouloir, devoir**—et au temps des verbes. Ecrivez vos réponses.

1. _____

2. _____

3. _____

4. _____

Dictée

Vous entendrez la dictée deux fois. La première fois, écoutez. La deuxième fois, écrivez. Puis réécoutez le premier enregistrement pour corriger. (**points de suture** = *stitches*)

_____

_____

_____

_____

_____

_____

_____

_____

Exercices écrits

PAROLES

A. Des conséquences. Pour chaque problème, indiquez une conséquence logique. Voici des mots à utiliser dans vos réponses: *de l'aspirine, des béquilles, un plombage ou une couronne, un bleu, saigner, tousser, se moucher*

> MODELE: Quand on a mal à la tête, on prend de l'aspirine.

1. Quand on a le nez qui coule, _____.

2. Quand on a une bronchite, _____.

3. Quand on se cogne, _____.

4. Quand on se coupe, _____.

5. Quand on a la jambe dans le plâtre, _____.

6. Quand le dentiste trouve une carie, _____.

B. Des remèdes. Savez-vous prescrire des remèdes efficaces? Pour chaque état de santé, proposez un remède logique.

1. ____ un gros rhume persistant

2. ____ une bronchite

3. ____ un petit mal de tête

4. ____ une allergie qui fait couler le nez

5. ____ une nausée et une diarrhée

a. de l'aspirine
b. un sirop contre la toux
c. un antibiotique pour états grippaux
d. une boîte de Kleenex
e. une piqûre de pénicilline

C. Guillaume le Conquérant (*William the Conqueror*). Regardez Guillaume: il a bien l'air conquis cette fois! Mais malgré toutes ses maladies, il n'a pas perdu son sens de l'humour et il sait qu'il va guérir peu à peu. A vous de faire un diagnostic global et de proposer des traitements en remplissant la grille suivante.

SYMPTOMES	MALADIE	REMEDE

D. Que faire? Utilisez un élément de chaque colonne pour composer une phrase selon le modèle.

MODELE: Si j'avais un rhume, je boirais du jus d'orange.

avoir le nez qui coule	chercher	beaucoup de Kleenex
attraper un rhume	avoir besoin de	des antibiotiques
avoir la grippe	prendre	un médecin
éternuer et tousser	consulter	de l'aspirine
?	?	?

1. _____

_____

2. _____

_____

3. _____

_____

4. _____

_____

5. _____

_____

STRUCTURES

A. Subir les conséquences. Choisissez une des expressions et conjuguez-la au conditionnel passé pour compléter les phrases suivantes. Réponses possibles: *avoir un gros mal de tête, voir couler mon sang, ne plus boire de café trop chaud, ne plus pouvoir marcher droit, marcher avec des béquilles*

1.   Si je m'étais brûlé le bout de la langue, _____

_____

2. Si j'avais eu la jambe dans le plâtre, _____

_____

3. Si je m'étais coupé le doigt, _____

_____

4. Si je m'étais cogné la tête contre le mur, _____

_____

5. Si j'avais bu quatre litres de bière, _____

_____

B. Si vous aviez été la dame en violet… . Vous souvenez-vous de la pauvre dame en violet dont le Dr Knock s'était bien moqué? Si vous aviez été à sa place, auriez-vous été plus «sage»? Complétez les phrases suivantes de manière originale. Réponses possibles: *consulter un autre médecin, rire, me moquer de lui, refuser de les prendre, dire «non», accepter volontiers de le faire, le croire*

1. Si le Dr Knock m'avait dit que j'avais les artères du cerveau en tuyau de pipe, _____

_____

2. Si le Dr Knock m'avait fait le diagnostic de l'araignée, _____

_____

3. Si le Dr Knock m'avait proposé un traitement de deux ou trois ans, _____

_____

4. Si le Dr Knock m'avait prescrit des somnifères, _____

_____

5. Si le Dr Knock m'avait demandé de revenir le lendemain, _____

_____

C. Toutes sortes de suppositions et d'hypothèses. Utilisez les éléments suivants pour construire trois phrases: (a) une supposition à compléter; (b) une hypothèse au présent; (c) une hypothèse au passé. Respectez la concordance des temps.

MODELE: (je) prendre une douche chaude / se sentir plus calme →
    a. Si je prends une douche chaude, je me sentirai plus calme.
    b. Si je prenais une douche chaude, je me sentirais plus calme.
    c. Si j'avais pris une douche chaude, je me serais senti(e) plus calme.

1. (elle) manger un kilo de chocolats / avoir très mal au ventre

a. _____

b. _____

c. _____

2. (tu) avoir un gros bouton sur le nez / ne pas vouloir sortir

a. _____

b. _____

c. _____

3. (je) me casser le petit doigt / avoir du mal à jouer du piano

   a. _____

   b. _____

   c. _____

4. (le médecin) prescrire une cure de jus de carottes / ne pas recevoir ses honoraires

   a. _____

   b. _____

   c. _____

D. Chassé-croisé. Donnez une expression synonyme en utilisant une forme de **vouloir, pouvoir** ou **devoir.** (Voir pages 315–317 de votre livre.) Ensuite, composez une phrase avec votre expression.

   MODELE: J'ai essayé de = J'ai voulu
             J'ai voulu partir, mais mes amis m'ont retenu(e).

1. Pierre a refusé de = _____

   _____

2. Nous sommes obligés de = _____

   _____

3. Je n'ai pas réussi à = _____

   _____

4. Enfin je suis arrivé(e) à = _____

   _____

5. Le professeur avait envie de = _____

   _____

6. Nicole était probablement fatiguée = _____

   _____

7. Les étudiants feraient mieux de = _____

   _____

8. J'aurais mieux fait de = _____

   _____

E. Comme vous voulez. Choisissez parmi les expressions qui suivent pour faire un paragraphe qui décrit vos désirs personnels. Utilisez aussi des expressions comme *par exemple, c'est-à-dire, d'ailleurs, en revanche,* etc.

Je n'ai jamais pu	Si j'avais pu
Quand j'étais petit(e), je voulais	Si j'avais voulu
L'autre jour, j'ai voulu… , mais… .	Un jour, je voudrais bien

_____

_____

_____

_____

_____

_____

_____

_____

Branchez-vous!

A. La Sécu des Français. Faites des recherches sur le système médical en France. Comment fonctionne la Sécurité sociale? Quels sont les avantages et les inconvénients d'un tel système?

Mots-clés: France, «Sécurité sociale», «couverture sociale», «système médical», etc.

B. Des abus du système? On accuse souvent les médecins de contribuer au déficit de la Sécurité sociale. Pouvez-vous trouver des exemples qui permettraient de confirmer cette perception? Cherchez dans les archives des journaux, parmi les interviews ou diverses enquêtes.

Mots-clés: France, médecin, déficit, «Sécurité sociale», «Le Monde», «Le Figaro», etc.

✎ *Pour le plaisir de lire*

Le docteur Jacques Préaux

Jacques Préaux: Médecin

Jacques Préaux is a plastic surgeon who practices in Neuilly, a suburb of Paris. He is married, with two teenaged children. In the following excerpts from an interview, he describes the French medical system, highlighting in particular how nationalized health care works in France. He then reflects generally on several ethical dilemmas that physicians everywhere must confront. Finally, he gives his own opinion of the future of the medical profession in France.

◆

Je crois qu'en France, vous avez un système de médecine «socialisée». Aux Etats-Unis, quand on parle de la médecine socialisée ou nationalisée, il y a beaucoup de gens, surtout des médecins, qui frémissent.° J'aimerais discuter cela en détail avec vous. Quand quelqu'un consulte un médecin, qui paie la visite? Quel pourcentage l'Etat prend-il en charge?

    tremblent

Il existe en France une Sécurité sociale qui est très efficace. Mais pour l'essentiel, les médecins sont rémunérés à l'acte;° les patients paient les médecins. La majorité des patients avance la somme nécessaire qui est remboursée plus ou moins intégralement.° Les malades qui bénéficient de l'assistance médicale gratuite ne paient pas les médecins. Ceux-là n'avancent pas les frais. Presque tous les médecins ont passé des accords de convention° avec la Sécurité sociale—on n'est pas obligé de le faire. Donc, la plupart des médecins sont conventionnés auprès de la Sécurité sociale. Chaque spécialisation a ses tarifs.

    à... immédiatement

    totalement

    accords... arrangements pour des tarifs

Quel est le pourcentage pris en charge par l'Etat?

Je ne connais pas très bien le prix de la consultation. Je crois que c'est proche de 30 euros. La consultation spécialisée doit coûter dans les° 40 euros. Les malades doivent être remboursés à 70 ou 80% de la consultation. Il y a souvent des malades qui ont une mutuelle° complémentaire. Il y a des mutuelles qui remboursent considérablement, même les consultations chères, et d'autres qui sont beaucoup plus limitées.

    dans... approximativement

    insurance policy

Les patients peuvent-ils choisir leur médecin en France?

Absolument. On peut habiter Lille, dans le Nord de la France, et se faire opérer à Marseille. Mais il y a quelques différences de tarif entre les caisses de la Sécurité sociale de Paris et celles de province. Ce qui fait que l'on peut parfois y être un petit peu de sa poche,° selon le lieu que l'on choisit. On peut en tout cas choisir tout à fait librement son médecin. Et en général, on n'attend pas beaucoup pour obtenir un rendez-vous chez le médecin, sauf chez certains grands patrons.

    y... devoir payer un peu

Que pensez-vous de ce système? Quels en sont les avantages et les inconvénients? Que pensez-vous de la prestation médicale° et de l'attention que l'on porte au patient moyen?

    prestation... medical welfare provisions

J'ai une bonne opinion de la médecine française, mais elle se détériore pour plusieurs raisons. D'une part, la Sécurité sociale coûte extrêmement cher; elle est perpétuellement en dette. Les moyens d'investigation, par exemple dans le domaine radiologique, ont fait des progrès tels que l'on s'en passe difficilement, mais cela coûte très cher. Le scanner ou l'appareil de résonnance magnétique sont encore plus coûteux. Seulement, cela apporte une telle source de renseignements, que l'on a du mal à s'en passer. Donc, la médecine est très chère. Les programmes de recherche dans les hôpitaux sont également imputés sur° le budget de la Sécurité sociale. Alors, je crois que, ou bien les cotisations vont augmenter, ou bien alors on ne va plus rembourser certains risques, parce que les divers gouvernements et partis manquent de solutions pour résoudre ce problème.

imputés... *charged to*

De nos jours, on lit de nombreux articles sur le problème de l'euthanasie. Quelles sortes de problèmes cela cause-t-il aux médecins en France?

Mon opinion est qu'il ne faut pas légiférer° dans ce domaine. Il ne faut pas demander à la loi de vous autoriser ou de vous défendre.° Je crois qu'il faut agir en conscience et que si l'on éprouve le sentiment qu'il est nécessaire de mettre fin aux jours d'un patient, s'il n'y a pas d'autre issue et si l'on croit bien faire, je pense que l'on doit pouvoir alors prendre la décision seul. Sans tapage° et sans le faire savoir. Il y a des choses qui se sont dites et qui n'auraient pas dû être dites. Avant que l'on évoque ce problème, on a dû faire face à un autre cas de conscience, celui de l'avortement° thérapeutique.

faire des lois
forbid

bruit

abortion

Il est vrai que le médecin n'est pas là pour aider les gens à mourir ou pour les faire mourir. Mais dans l'avortement thérapeutique, quand il y avait une vie en jeu, le choix se faisait en conscience. Il fallait être trois pour prendre la décision, mais quelles que soient nos convictions religieuses, on arrivait à prendre la décision—seul ou avec quelqu'un d'autre—sans qu'il y ait beaucoup de bruit autour de cela.

Je crois que l'euthanasie a toujours été pratiquée. On en parle plus maintenant car certains tabous sont tombés. Il y a des problèmes que l'on met sur la place publique aujourd'hui alors qu'autrefois on était beaucoup plus discret. Je suis contre le fait de s'acharner à° faire survivre un malade à tout prix. On le fait «durer» plus longtemps et je crois que cela ne profite à personne.

s'acharner... persister
à

Je suis au fond, pour des cas très rares tout de même, relativement favorable à l'euthanasie discrète. Je vais vous donner un exemple. J'ai un ami, mort maintenant, qui a opéré beaucoup de cancers. Donc il a été souvent confronté à ce problème du malade qui dit au médecin: «Docteur, je vous en prie, faites-moi mourir». Plus d'une fois il a expliqué à ses malades: «Voilà, si vous avez trop mal, prenez ce médicament. Mais faites attention, car si vous en abusez, vous risquez de mourir». Aucun patient n'est mort des suites de l'absorption de ce médicament. Bien des malades voudraient qu'on les aide à mourir, mais ils ne sont pas prêts à franchir le pas° eux-mêmes. J'ai beaucoup admiré la façon d'agir de ce médecin.

franchir... agir

Pourriez-vous nous parler un peu de l'avenir de la médecine en France?

J'aime mon métier, mais je ne pousserai pas mes enfants à faire médecine. J'ai un fils qui souhaiterait faire ses études de médecine. Il y a certaines familles qui dissuadent leurs enfants de faire médecine. J'ai hésité longtemps, mais maintenant je crois que je ferai comme eux. Il y a beaucoup trop de monde en médecine. Là où il y a du monde, la compétition se fait plus rude° et pas toujours de façon très correcte. Je crois qu'il est difficile, sauf pour ceux qui travaillent beaucoup ou qui sont brillants, de savoir où l'on va finir. Pour ceux qui choisissent une carrière hospitalière, les places sont chères et rares, par conséquent, bien malin° celui qui peut dire qu'il va arriver au sommet de la pyramide. Et ceux qui restent à un niveau inférieur sont déçus parce que leurs opportunités de travail et leur rémunération ne correspondent pas toujours aux études qu'ils ont suivies.

difficile

intelligent

AVEZ-VOUS COMPRIS?

A. Complétez.

1. Le docteur Préaux est un médecin _____.

2. La France a un système de médecine _____.

3. Pour l'essentiel, les _____ paient les médecins à l'acte.

4. Les patients sont remboursés à _____ pour cent de la consultation.

5. On a le droit de choisir un médecin _____.

6. Selon le docteur Préaux, la médecine française se détériore parce que _____.

7. Deux questions de conscience que discute le docteur Préaux sont _____ et

   _____.

B. Décrivez le système de Sécurité sociale en France: spécifiquement, la rémunération du médecin et le remboursement du malade.

C. Comment l'ami du docteur Préaux a-t-il traité les patients qui voulaient mourir?

D. Quelles sont, d'après le docteur Préaux, quelques-unes des raisons pour ne pas devenir médecin?

REVISION ▮

I. FONCTION: La description au présent

A. Jacques et ses copains. Complétez le texte suivant avec la forme correcte de l'adjectif, placé devant ou après le nom.

1. jeune	5. sympathique	9. beau
2. bleu	6. idéal	10. régional
3. blond	7. très paresseux	11. nouveau
4. sportif	8. même	

Jacques est un (1) _____ homme _____ qui a les (2) _____ yeux

_____ et les (3) _____ cheveux _____. Il aime beaucoup les

(4) _____ activités _____. A l'université, il a beaucoup de (5) _____

copains _____, mais ce ne sont pas des (6) _____ étudiants _____.

En fait, ce sont des (7) _____ étudiants _____.

Mais Jacques et ses copains ont tous la (8) _____ passion _____: ils adorent

le jazz. Ils ont chacun une (9) _____ chaîne stéréo

_____. Le week-end, ils assistent toujours aux (10) _____

concerts _____ que présentent les (11) _____ artistes de jazz _____.

B. Jacqueline et ses copines. Complétez le texte avec le présent du verbe entre parenthèses.

Jacqueline _____ [1] (*adorer*) les vêtements. Elle en _____ [2] (*acheter*)

des quantités! Elle _____ [3] (*préférer*) les couleurs neutres et elle

_____ [4] (*choisir*) le plus souvent des vêtements de style classique.

Jacqueline et ses copines _____ [5] (*aller*) souvent à Paris pour faire des achats.

Elles _____ [6] (*être*) persuadées que Paris _____ [7] (*avoir*) le

monopole de la mode féminine en Europe. Elles _____ [8] (*mourir*) d'envie d'acheter

chez les grands couturiers, mais elles _____ [9] (*se contenter*) du prêt-à-porter.

Si ces jeunes filles _____ [10] (*se passionner*) pour la mode, elles

_____ [11] (*tenir*) aussi à terminer leurs études universitaires à Poitiers. Deux

d'entre elles _____ [12] (*vouloir*) devenir avocates: Jacqueline et sa copine Mireille

_____ [13] (*faire*) des études de commerce et elles _____ [14] (*avoir*)

l'intention de poursuivre une carrière internationale.

C'est ainsi qu'elles _____15 (savoir) mettre en perspective les regards

admiratifs qu'elles _____16 (recevoir) dans la rue et à l'université. C'est qu'elles

_____17 (comprendre) le sens du proverbe: «L'habit ne fait pas le moine.»

C. Les choses de Jacques et Jacqueline. Nous savons que Jacques est sportif et qu'il aime le jazz. A vous d'imaginer ce qu'il y a le plus probablement dans sa chambre.

MEUBLES	APPAREILS	VETEMENTS
1. un grand fauteuil confortable	une chaîne stéréo ultramoderne	des baskets haut de gamme
2. _____	_____	_____
3. _____	_____	_____
4. _____	_____	_____

Et Jacqueline? C'est une étudiante sérieuse qui aime les styles classiques, non seulement en vêtements mais aussi en ameublement.

MEUBLES	APPAREILS	VETEMENTS
1. un bureau ancien	une petite radio portative	un tailleur bleu marine
2. _____	_____	_____
3. _____	_____	_____
4. _____	_____	_____

II. FONCTIONS: La négation et l'interrogation

A. Non, non et non! Récrivez le texte en mettant tout au négatif: verbes, articles et adverbes.

Sébastien est toujours gai. C'est un garçon très sociable: il a des copains partout dans le monde. Tout le monde le trouve sympathique et intéressant. En effet, presque tout intéresse Sébastien.

Sébastien aime le cinéma et la musique classique. Dans sa chambre, il y a des posters sur les murs: il aime beaucoup les affiches publicitaires de films. Sébastien a aussi une chaîne stéréo. Il possède quelques bons CD de musique classique.

Sébastien est déjà sûr de son avenir, mais sera-t-il toujours heureux?

_____

_____

_____

_____

_____

_____

_____

_____

_____

_____

_____

_____

_____

B. La charrue avant les bœufs (*The cart before the horse*)? Posez des questions sur les parties soulignées. (1) C'est le 1er février et (2) il neige à Grenoble. (3) Jean-Luc a une petite chambre dans un chalet d'une station de ski. (4) Il n'en est pas du tout satisfait parce qu'elle est très mal chauffée. (5) En plus, la salle de bains est sale. (6) Jean-Luc est à Grenoble depuis hier et déjà il veut partir. (7) En fait, il va partir aujourd'hui à midi. Tant pis pour ses vacances de rêve!

1. _____

2. _____

3. _____

4. _____

5. _____

6. _____

7. _____

C. Préparatifs pour une interview. Sabine est une étudiante belge qui vient d'arriver à votre université. Vous allez l'interviewer pour le journal universitaire. Voici les renseignements que vous voulez vous procurer. Quelle question faut-il poser pour recevoir chaque renseignement?

QUESTIONS AVEC **QUEL(LE)(S)**

1. son âge

_____

2. sa ville natale en Belgique

_____

3. ses passe-temps préférés

_____

QUESTIONS OUI/NON

4. si elle a des frères et des sœurs

_____

5. si elle connaît déjà les Etats-Unis

_____

6. si elle n'a pas envie de visiter le Québec

_____

7. le nombre de cours qu'elle va suivre ce trimestre

   _____

8. son lieu de résidence

   _____

9. son opinion sur le restau-U

   _____

10. la raison de cette opinion

    _____

R E V I S I O N **II**

I. FONCTION: Le passé: narration, description, interrogation

A. Des vacances trop ensoleillées. Complétez le texte suivant en choisissant un verbe de la liste à droite et en le conjuguant au passé composé, à l'imparfait ou au plus-que-parfait.

Il _____¹ à Dijon quand Annick et Martine

_____² pour la Côte d'Azur. Elles _____³

leurs places dans le train dix jours plus tôt car c'_____⁴ la

haute saison touristique et il y _____⁵ toujours la foule

dans les trains à destination de Nice.

réserver
être
avoir
pleuvoir
partir

  Le voyage _____⁶ huit heures et elles

_____⁷ changer de train une seule fois, à Lyon.

Le TGV _____⁸ rapidement et les voyageuses

_____⁹ leur temps à lire et à bavarder. Quand elles

_____¹⁰ à Nice, il _____¹¹ très chaud

et le soleil _____¹². Les vacances de leurs rêves

_____ déjà _____¹³!

devoir
arriver
faire
briller
durer
passer
commencer
rouler

  Annick et Martine _____¹⁴ leurs bagages à l'hôtel et

_____¹⁵ à la plage. Puisque beaucoup d'autres vacanciers y

_____¹⁶ avant elles, elles _____¹⁷ trouver

de place à l'ombre. Par conséquent, elles _____¹⁸ sous le

soleil «pleins feux».

s'installer
arriver
courir
laisser
ne pas pouvoir

  Deux heures plus tard, les deux filles _____¹⁹ à des

homards!—elles _____²⁰ la peau rouge et, malgré la

chaleur, elles _____²¹ froid.

  Pourquoi ces deux amoureuses du soleil _____²² un

coup de soleil? Simplement parce que c'_____²³ la première

fois qu'elles _____²⁴ un bain de soleil cet été-là.

avoir
avoir
être
prendre
ressembler
attraper

B. Le premier job. Première partie. Complétez le texte avec les mots et expressions convenables.

Jean-Paul cherche du travail depuis six semaines. Vendredi matin, comme d'habitude,

il ouvre le journal à la page des _____¹ où se trouvent les

_____². Jean-Paul trouve un poste qui l'intéresse: il s'agit d'un

travail dans une agence de voyages.

Jean-Paul n'hésite pas à _____³: il écrit une lettre à l'agence et y

joint son _____⁴ avec une liste de ses aptitudes. L'agence lui envoie un

_____⁵ à remplir. Ensuite la directrice du personnel lui téléphone pour

fixer rendez-vous.

Jean-Paul arrive à 9 h mercredi matin et fait tout de suite la connaissance de la directrice. C'est

une dame charmante et compétente et qui parle quatre langues! L'interview dure trente minutes. A la

fin, la directrice lui offre _____⁶. Quand il quitte le bureau, il a le sourire

aux lèvres—il a enfin trouvé son premier job.

Le premier job. Deuxième partie. Sur une autre feuille de papier, récrivez le texte au passé en utilisant le passé composé, l'imparfait ou le plus-que-parfait.

C. Un accident de la route. Imaginez que vous êtes le gendarme qui a été appelé à faire le rapport d'un accident sur l'autoroute A7 à l'entrée du tunnel de Lyon. Complétez les questions suivantes de façon réaliste pour recevoir les renseignements nécessaires. Mettez les verbes au passé.

MODELE: (le nombre de voitures)
Combien de voitures ont été en cause?

1. (le premier témoin)

Qui _____

2. (la cause de l'accident)

Qu'est-ce qui _____

3. (la conversation entre les deux automobilistes)

Qu'est-ce que _____

4. (le conducteur coupable)

Lequel _____

5. (les besoins des blessés)

De quoi _____

6. (les personnes déjà interrogées)

A qui _____

7. (l'heure de l'accident)

A quelle _____

II. FONCTION: le futur: narration, description, comparaison

A. Deux futurs. Changez les phrases suivantes deux fois: d'abord avec un verbe au présent + infinitif (voir la liste à la page 222 de votre livre) et ensuite avec le verbe conjugué au futur simple.

MODELE: Michèle passe un bac scientifique. →
Michèle a l'intention de passer un bac scientifique.
Michèle passera un bac scientifique.

1. Hélène se spécialise en gestion.

_____

_____

2. Bernard entre dans une grande école.

_____

_____

3. Brigitte poursuit des études de médecine.

_____

_____

4. Luc obtient un diplôme de technicien supérieur.

_____

_____

5. Marie-Aline a son doctorat.

_____

_____

B. Une soirée devant le petit écran. Complétez le texte en choisissant un verbe et en le conjuguant au futur simple ou au futur antérieur.

En l'an 2017 Richard _____[1] toujours ses soirées devant

le petit écran. Quand il _____[2] le poste, il

_____[3] dans son grand fauteuil. S'il en a besoin, il

_____[4] le son et l'image avec sa télécommande.

allumer
s'asseoir
passer
régler

Dès qu'il _____[5] le journal télévisé, il

_____[6] un feuilleton ou un jeu pour accompagner son

dîner. Quand il _____[7] de manger, il

_____[8] une pause publicitaire pour débarrasser la table.

choisir
regarder
attendre
finir

Il _____[9] la soirée avec un film. Il

_____[10] peut-être pendant le film, mais

n'_____[11] pas le poste avant minuit passé quand il

_____[12] se coucher.

aller
éteindre
s'endormir
terminer

C. Les études universitaires. Ces lycéens passeront leur bac cette année et s'inscriront dans le supérieur pour l'automne. Comparez leurs parcours universitaires en complétant les phrases.

PRENOM	ETUDES / DIPLOME
Annick	maîtrise en gestion
Hervé	licence en histoire médiévale
Marie	médecine
Jacques	études dentaires
Stéphanie	doctorat en linguistique
Richard	technicien supérieur

MODELE: les études de Jacques / être / ? / longues / ? / celles de Marie →
Les études de Jacques seront moins longues que celles de Marie.

1. Annick / passer / ? / temps à l'université / ? / Jacques

_____

2. / ? / passer le moins / ? / temps à préparer son diplôme

_____

3. Stéphanie / consacrer / ? / années à ses études / ? / Marie

_____

4. Richard / terminer son diplôme / ? / rapidement / ? / Hervé

_____

5. / ? et ? / passer le plus / ? / temps à faire leurs études

_____

REVISION **III**

I. FONCTION: Les opinions

A. Le Front national ou S.O.S. Racisme? Complétez les phrases suivantes avec un verbe à l'indicatif, au subjonctif ou à l'infinitif.

1. je sais / il y a beaucoup d'immigrés en France

_____

2. on dit / les immigrés sont responsables du chômage des Français

_____

3. je ne pense pas / la plupart des immigrés ont des qualifications professionnelles

_____

4. je doute / ils peuvent contribuer à l'économie

_____

5. je ne crois pas / je suis raciste

_____

6. cependant, il faut / le gouvernement fait quelque chose

_____

7. je propose / la France prend des mesures pour que / le nombre d'immigrés peut diminuer immédiatement

_____

_____

8. il est vrai / le problème des immigrés est grave

_____

9. il est temps / tous les immigrés s'en vont

_____

10. je suis sûr(e) / j'ai raison!

_____

B. Un jeune homme stressé. Combinez les éléments suivants pour former des phrases. Mettez le verbe souligné au subjonctif si nécessaire.

1. Je ne me sens pas bien / parce que / mon travail <u>est</u> trop stressant.

_____

_____

2. Bien que / j'<u>ai</u> le temps / je ne fais pas beaucoup d'exercice physique.

_____

_____

3. Mes copains font leur gym / avant que / je <u>suis sorti</u> du lit.

_____

_____

4. Puisque / ils <u>font</u> aussi attention aux calories / dîner avec eux est pénible.

_____

_____

5. Nous mangeons sobrement / quand / nous <u>sommes</u> à table.

_____

_____

6. Ils ne parlent que de leur entraînement / jusqu'à ce que / nous <u>nous quittons</u>.

_____

_____

7. Si / ils <u>continuent</u> à sacrifier le plaisir à la forme / ils le regretteront plus tard.

_____

_____

8. Mais moi, pour que / c'<u>est</u> une joie de vivre / je continuerai à choisir le plaisir.

_____

_____

C. **Et vous?** Exprimez votre opinion sur chacune des idées suivantes selon le modèle.

MODELE: Le stress est un mal moderne. →
Je trouve que le stress est un mal moderne.
_ou_ Je ne crois pas que le stress soit un mal moderne.

1. La plupart des étudiants de cette université sont en bonne forme.

_____

2. L'exercice physique peut éliminer le stress.

_____

3. Mes camarades savent se détendre.

_____

4. Nous prenons toujours le temps de respirer.

_____

5. Les aliments naturels nous font beaucoup de bien.

_____

Maintenant, exprimez cinq autres opinions sur le stress et la santé en complétant les phrases.

6. C'est dommage que _____.

7. Il faut que _____.

8. Je ne crois pas que _____.

9. Je propose que _____.

10. Je pense que _____.

II. FONCTION: Les hypothèses

A. Des situations à éviter? Changez les phrases suivantes pour les rendre moins probables.

MODELE: Si Jean est complexé, il se laissera intimider. →
Si Jean était complexé, il se laisserait intimider.

1. Si Paul manque de confiance, il répondra timidement.

_____

2. Si nous ne pardonnons pas aux autres, notre vie sera pleine de rancune.

_____

3. Les professeurs se mettront en colère si les étudiants ne viennent pas aux cours.

_____

4. Si nous sommes inquiets, nous aurons du mal à dormir.

_____

5. Pendant la période des examens de fin d'année, s'ils le peuvent, les étudiants ne passeront pas de nuits blanches.

_____

_____

B. Des situations à éviter? (suite). C'est trop tard maintenant et, pour le meilleur et pour le pire, il faut mettre les phrases de l'exercice A au passé.

MODELE: Si Jean avait été complexé, il se serait laissé intimider.

1. _____

2. _____

3. _____

4. _____

5. _____

C. Toutes sortes de maladies. Complétez les phrases suivantes avec l'expression donnée. Faites attention à la concordance des temps des verbes.

1. si on avait la grippe / avoir aussi de la fièvre

    _____

2. si Jacqueline avait le nez qui coulait / se moucher souvent

    _____

3. si nous avions eu une grippe intestinale / souffrir davantage

    _____

4. si vous avez mal à la tête / faire bien de prendre de l'aspirine

    _____

5. si elles avaient eu une bronchite / tousser beaucoup

    _____

6. si je me coupais le bout du doigt / avoir une cicatrice

    _____

7. si tu t'étais cassé la jambe / devoir marcher avec des béquilles

    _____

8. si on se cogne / avoir un bleu

    _____

9. si nous étions malades / fixer rendez-vous chez le médecin

    _____

Réponses aux exercices

A noter: *Réponse modèle:* indique que d'autres réponses sont aussi possibles.

CHAPITRE 1

EXERCICES ORAUX

A l'écoute

A. droit, psychologie / sociologie, économie

C. 1. b **2.** c **3.** g **4.** e **5.** d **6.** f **7.** a

D. Cat. 1: les étudiants en droit: un blazer, un pantalon beige, des mocassins, attaché-case en cuir; des jupes grises, des tailleurs

Cat. 2: les étudiants en psychologie / sociologie: des trucs violets, des vestes en laine avec des boutons en bois

Cat. 3: les étudiants en économie: costumes très habillés, attaché-case en cuir

Les étudiants ordinaires: un jean, des pulls Benetton, des mocassins, des blousons noirs en cuir, des trucs pratiques

On ne porte jamais de baskets.

Dictée: nom de la princesse: Blanche neige

EXERCICES ECRITS

Paroles

A. 1. …Paul est petit. **2.** …Michel est mince. **3.** …cheveux châtains frisés, mais Paul a les cheveux blonds et raides. **4.** …Paul est gros et maladroit. **5.** …Paul porte des lunettes.

B. 1. désagréable et antipathique **2.** agressive et bavarde **3.** facile à vivre **4.** ennuyeuse **5.** travailleuse

C. 1. un pull ou un blouson **2.** imprimée **3.** de chaussettes **4.** un tailleur **5.** un chemisier blanc **6.** son imperméable **7.** un parapluie **8.** une cravate **9.** son manteau et des gants **10.** un jogging et un polo **11.** de grosses chaussettes blanches

D. *Réponse modèle:* **1.** une jeune fille sportive: un short blanc (un tee-shirt jaune)

E. *Réponse modèle:* Je n'aime pas porter mes baskets en classe.

Structures

A. Catherine est grande et belle. Elle est aussi dynamique et toujours active. En général, elle n'est pas trop travailleuse, mais au moment des examens, elle devient très studieuse. Parfois elle est frivole et légère, surtout quand elle sort avec ses amis.

B. Bertrand et Catherine sont grands et beaux. Ils sont aussi dynamiques et toujours actifs. En général, ils ne sont pas trop travailleurs, mais au moment des examens, ils deviennent très studieux. Parfois ils sont frivoles et légers, surtout quand ils sortent avec leurs amis.

C. 1. les cheveux blonds **2.** une belle jupe / une ceinture blanche **3.** une jolie jeune femme / à la dernière mode **4.** des jeunes mannequins / des vêtements chic **5.** des vêtements sportifs

E. 1. une femme pauvre **2.** l'histoire ancienne **3.** un ancien professeur **4.** la semaine dernière **5.** la dernière semaine **6.** des chemises propres **7.** une chère amie **8.** des vêtements chers **9.** mes propres chaussures

CHAPITRE 2

EXERCICES ORAUX

Avant d'écouter

1. *banlieue* = suburb **2.** *mécanicien* = mechanic **3.** *décédé* = deceased

A l'écoute

A. **1.** V **2.** F **3.** V **4.** V **5.** V **6.** V **7.** F **8.** F **9.** F **10.** V

B.

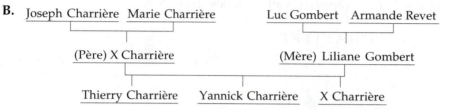

C. **1.** Thierry: 26 ans, marié, un enfant **2.** l'autre frère: 18 ans, étudiant **3.** la mère de Yannick: employée de banque, habite dans la banlieue parisienne **4.** le père de Yannick: mécanicien, habite à Paris, voyage beaucoup en Afrique **5.** grands-parents: Joseph Charrière: vit dans les Alpes, veuf; Armande Revet: divorcée, remariée

Paroles

D. **1.** Paul me manque. **2.** Je manque à Paul. **3.** Je manque à mes parents. **4.** Mes parents me manquent.

Structures

D. **1.** 7 h 30 **2.** 8 h 30 **3.** étudier à la bibliothèque **4.** aller au cours de biologie **5.** rentrer dans ma chambre regarder la télé **6.** 14 h **7.** faire du jogging **8.** 18 h **9.** faire les devoirs **10.** minuit

Dictée: On décrit la photo #3.

EXERCICES ECRITS

Paroles

A. **1.** demi-frères **2.** décédé ou mort **3.** veuve **4.** célibataire **5.** divorcée **6.** enfants (fils) **7.** monoparentale **8.** célibataires **9.** mari **10.** femme

B. *Réponse modèle:* Jean-Marc Crecy est le mari d'Anne.

C. **1.** un appareil photo **2.** noir et blanc **3.** réussies **4.** visionner **5.** film **6.** vidéos

Structures

A. **1.** toujours **2.** parfois **3.** Malheureusement **4.** constamment **5.** peut-être

B. **1.** m'appelle **2.** habite **3.** est **4.** correspond **5.** viennent **6.** semble **7.** nous amusons **8.** travaillent **9.** part **10.** me réveille **11.** doit **12.** a **13.** obéit **14.** nous entendons **15.** adore **16.** finissent **17.** vont

C. **1.** Robert ne se lève jamais de bonne heure. **2.** Robert ne fait jamais rien de gentil pour personne. **3.** Robert n'a aucune photo nulle part. **4.** Robert n'a ni appareil photo ni caméscope.

D. **1.** personne **2.** ne fait jamais rien **3.** ni appareil photo ni caméscope **4.** aucune **5.** rien; très bien

E. *Réponse modèle:* Malheureusement, je n'ai plus le temps de regarder la télé.

CHAPITRE 3

EXERCICES ORAUX

Avant d'écouter

1. goûts **2.** endroit **3.** en bas âge **4.** se rendre **5.** niveaux **6.** aménagement

A l'écoute

A. **1.** V **2.** V **3.** F **4.** V **5.** F **6.** F **7.** F

B. 1. le prix, l'endroit (la situation) **2.** goûts

C.

		OUI	NON	NOMBRE	OU?	
					REZ-DE-CHAUSSEE	ETAGE
MODELE:	garage	✗		1	✗	
	cuisine	✓		2	✓	✓
	salle de bains	✓		2	✓	✓
	salon	✓		1		✓
	bureau		✓			
	chambre	✓		4	✓	✓
	buanderie	✓		1	✓	
	cheminée	✓		1	✓	

Paroles

D. *Réponse modèle:* **1.** Il y a un fauteuil et une lampe dans ma chambre.

Structures

D. *Réponses modèles:* **1.** Il y a une cuisinière électrique, un frigo et un lave-vaisselle. **2.** Il y a un poste de télévision avec magnétoscope et la chaîne stéréo de mes parents. **3.** Il y a trois voitures dans la famille; elles sont à papa, à maman et à moi. **4.** Dans ma chambre, il y a ma chaîne stéréo, mon poste de télé et mon poste de radio. **5.** J'aimerais avoir un ordinateur et un magnétoscope à moi.

EXERCICES ECRITS

Paroles

A. 1. la lessive **2.** la machine à laver **3.** le sèche-linge **4.** le fer à repasser **5.** l'aspirateur **6.** le frigo **7.** le placard **8.** le four à micro-ondes **9.** lave-vaisselle **10.** la télé **11.** la radio **12.** des CD **13.** connecter **14.** un courrier électronique

B. 1. dans la salle de bains **2.** dans la chambre **3.** dans le séjour **4.** dans la salle à manger **5.** au sous-sol **6.** dans la cuisine **7.** dans le grenier

D. *Réponses modèles:* **1.** Une personne qui aime l'art du dix-neuvième siècle achète un tableau impressionniste. **2.** Une famille qui aime faire du camping achète une caravane. **3.** Une personne qui aime les objets de valeur achète des bijoux. **4.** Une femme qui aime bien voir des films achète un magnétoscope. **5.** Des amateurs de musique achètent des CD. **6.** Un étudiant d'université qui aime rouler vite achète une voiture de sport.

Structures

A. 1. La famille Leblon se promène avec des baladeurs alors que nous, nous nous promenons sans baladeurs. **2.** La famille Leblon possède deux résidences secondaires alors que nous, nous ne possédons pas de résidences secondaires. **3.** La famille Leblon paie cher pour les appels avec un portable alors que nous, nous ne payons pas beaucoup pour les appels au téléphone portable. **4.** La famille Leblon nettoie les rideaux une fois par an alors que nous, nous ne nettoyons pas les rideaux une fois par an. **5.** La famille Leblon préfère les vidéos aux DVD alors que nous, nous préférons les DVD. **6.** La famille Leblon mange souvent sur la terrasse en hiver alors que nous, nous ne mangeons pas sur la terrasse en hiver. **7.** La famille Leblon jette son linge sale sous le lit alors que nous, nous jetons notre linge sale dans la machine à laver.

B. 1. Où est-ce qu'on aime dîner? **2.** Quels plats est-ce qu'on préfère? **3.** Pourquoi est-ce que les jeunes préfèrent les plats surgelés? **4.** Combien de temps est-ce qu'on passe à dîner en semaine? **5.** Quand est-ce qu'on fait généralement la vaisselle? **6.** Quelles émissions est-ce que les jeunes aiment?

C. 1. Où aime-t-on dîner? **2.** Quels plats préfère-t-on? **3.** Pourquoi beaucoup de jeunes préfèrent-ils les plats surgelés? **4.** Combien de temps passe-t-on à dîner en semaine? **5.** Quand fait-on généralement la vaisselle? **6.** Quelles émissions les jeunes aiment-ils?

D. *Réponses modèles:* **1.** Depuis combien de temps est-ce que vous faites ce travail? **2.** Préférez-vous interroger les gens dans la rue ou chez eux? **3.** Quelles questions agacent les gens? **4.** Pourquoi est-ce que vous passez votre temps à interroger les gens?

EPISODE I, VISIONNEZ!

A. Introduction 2. a. la tour Eiffel; **c.** elle est fatiguée à cause du déménagement, elle se repose; **f.** ma chérie, ma puce

C. Bruno, Rachid et la famille Bouhazid 3. jarret de porc aux lentilles; Bruno prend le plat du jour, Rachid un hamburger; les musulmans ne prennent pas de porc ni d'alcool; Le père de Rachid est algérien, sa mère est bretonne.

CHAPITRE 4

EXERCICES ORAUX

A l'écoute

A. 3, 1, 4, 2, 8, 5, 7, 6

B. 1. a. 2 ans, 3 ans **b.** 6 ans **c.** 11 ans **2. a.** huit heures moins le quart **b.** 8 h 30 **c.** 11 h 30 **d.** 2 h **e.** 5 h **3. a.** dessin, choses matérielles **b.** jouer au foot, discuter **4.** géométrie **5.** Les autres élèves étaient nuls; Samuel était le meilleur.

Paroles

D. *Réponse modèle:* **1.** Ce trimestre, je suis des cours de danse moderne et de psychologie.

Structures

D. *Réponse modèle:* Non, je n'ai pas suivi de cours d'informatique.

EXERCICES ECRITS

Paroles

A. 2–5: à l'école maternelle; 6–11: à l'école primaire; 11–15: au collège; 15–18: au lycée

B. 1. g **2.** b **3.** h **4.** k **5.** e **6.** i **7.** a **8.** l **9.** c **10.** d **11.** j **12.** f

C. *Réponse modèle:* un livre

Structures

A. 1. nous avons répondu **2.** Jean et Marc ont fini **3.** je suis entré(e) **4.** elle s'est levée **5.** vous avez compris **6.** tu as ouvert **7.** Claude a dit **8.** elles ont fait **9.** j'ai été **10.** tu as eu **11.** nous avons mis **12.** vous avez bu **13.** ils se sont écrit **14.** elle a connu **15.** elles sont venues **16.** nous avons couru **17.** Nathalie est arrivée **18.** je suis allé(e) **19.** Nicolas est descendu **20.** vous êtes sorti(e)(s)

B. 1. — **2.** as **3.** es **4.** sont **5.** s **6.** avons **7.** — **8.** s **9.** avons **10.** — **11.** avons **12.** — **13.** avons **14.** — **15.** est **16.** — **17.** est **18.** — **19.** avons **20.** — **21.** ont **22.** — **23.** avons **24.** —

D. 1. rien **2.** pas **3.** aucune **4.** personne **5.** complètement **6.** sûrement **7.** peut-être

CHAPITRE 5

EXERCICES ORAUX

A l'écoute

B. 1. Avec qui? grande sœur, copines; Où? à la maison (salle de jeux); A quoi? à la poupée, papa/maman; Quand? après l'école, mercredi ou jeudi **2.** Elles allaient au cinéma; elles allaient boire un pot au café. **3. a.** livres d'aventures, de mystères **b.** littérature: Zola, Balzac, Beckett, Sartre, Camus **4.** obéissante, sage

C. 1. F **2.** F **3.** V **4.** V

Paroles

D. *Réponse modèle:* **1.** Ma grand-mère me gâtait quand j'étais enfant.

EXERCICES ECRITS

Paroles

A. **1.** Il fait de la musculation. **2.** Il fait du basket. **3.** Ils font du tennis. **4.** Il fait du golf. **5.** Il fait du foot.

B. **1.** mal élevée **2.** impolie **3.** obéissante **4.** désobéissante **5.** affectueuse **6.** se battaient **7.** grondaient **8.** demandait pardon **9.** punissaient **10.** méchante **11.** sage

C. *Réponses modèles:* Si nous dansions? Si nous jouions aux échecs? Si nous écoutions des CD de jazz?

D. *Réponse modèle:* **1.** En ce qui concerne mon comportement, j'étais une enfant sage.

Structures

A. **1.** J'avais **2.** J'étais **3.** j'essayais **4.** disaient **5.** j'étais **6.** avouaient **7.** commençais **8.** faisait **9.** adorions **10.** faisions **11.** étions **12.** faisions **13.** m'ennuyait **14.** J'étudiais **15.** m'amusais **16.** allait **17.** organisait **18.** c'était **19.** écoutions **20.** dansions

B. J'allais à leur école, je suivais…, je dormais…, je ne voulais pas…, je flânais…, j'apprenais…, je dansais…, je marchais…

C. **1.** venais de **2.** allais **3.** allais **4.** étaient en train de **5.** allais **6.** allais

D. *Réponse modèle:* Mon frère adorait la glace mais il détestait les légumes.

CHAPITRE 6

EXERCICES ORAUX

A l'écoute

A. a, b, c, d, e, g, h, j

B. **1.** i **2.** d **3.** a **4.** g **5.** c **6.** b **7.** j **8.** f **9.** h **10.** e

C. **1.** V **2.** F: Elle s'est habituée après un mois. **3.** F: Elle travaillait en équipe. **4.** V **5.** F: On la payait en francs. **6.** F: Il fallait enlever la combinaison avant de descendre. **7.** V **8.** F: Il ne faisait pas grand-chose. **9.** F: Elle était bavarde. Elle discutait avec tout le monde. **10.** F: On ne faisait pas des choses très stimulantes ou intellectuelles.

Structures

D. *Question possible:* Depuis quand habitez-vous Trois-Rivières?

EXERCICES ECRITS

Paroles

A. **1.** d **2.** c **3.** e **4.** a **5.** f **6.** g **7.** b

B. **1.** Elle a fait une demande d'emploi. **2.** Elle a tout de suite envoyé son curriculum vitæ. **3.** Elle a expliqué ses aptitudes au patron. **4.** Elle a demandé les détails du salaire au patron. **5.** Elle a été très contente d'être embauchée. **6.** Elle a enfin passé sa première journée au bureau. **7.** Elle a été surmenée tous les jours de la semaine. **8.** Elle n'a pas eu de congés. **9.** Elle a très gentiment demandé une augmentation de salaire. **10.** Elle s'est fâchée et a donné sa démission.

C. **1.** Barbara travaille comme caissière. Elle travaille dans un supermarché. **2.** Jean travaille comme vendeur. Il travaille dans une boutique. **3.** Marie travaille comme secrétaire. Elle travaille dans un bureau. **4.** Annick travaille comme chauffeur. Elle travaille dans un taxi.

Structures

A. **1.** Qu'est-ce que la grande vie? **2.** De quoi Pouce et Poussy ont-elles besoin? **3.** A qui Pouce et Poussy pensent-elles souvent? **4.** Qu'a dit maman Janine? **5.** Qui «les deux terribles» ont-elles rencontré à l'atelier de confection?

B. 1. Qu'est-ce que c'est qu'un curriculum vitæ? **2.** Quel est le salaire? **3.** Quelles sont les heures de travail? **4.** Qu'est-ce que c'est qu'un jour de congé? **5.** Qu'est-ce que c'est qu'un postulant?

C. 1. A quoi Marie Duclerc a-t-elle répondu? **2.** Qu'a-t-elle fait? **3.** Mercredi, où Marie s'est-elle présentée? **4.** A qui la postulante a-t-elle parlé? **5.** De quoi Mme Lafayette avait-elle besoin? **6.** Qui Mme Lafayette a-t-elle embauché?

D. 1. Lesquels cherchaient des assistants? **2.** Avec lesquels est-ce qu'elle voulait parler? **3.** Quelles questions as-tu trouvées les plus étranges? **4.** Avec laquelle as-tu parlé? **5.** Pour lequel est-ce qu'on t'a engagée?

E. *Question possible:* Pour combien d'heures par semaine avez-vous besoin de quelqu'un?

EPISODE II, VISIONNEZ!

A. Appartement de Camille/studio (3.) 1. au maquillage **2.** la mode **3.** la mode **4.** tailleurs **5.** costumes **6.** être à la mode **7.** ça coûte **8.** Où peut-on acheter

(5.) 1. ordinateur **2.** «Bonjour, grand-père!»

B. Dîner chez Louise (3.) 1. sa grand-mère **2.** réveille **3.** mérite

C. Des inquiétudes (3.) 1. un petit voyage **2.** au restau **3.** faim **4.** les photographes **5.** régime **6.** un vrai repas

D. Au restaurant (3.) un traître

CHAPITRE 7

EXERCICES ORAUX

Etude de mots

1. d **2.** c **3.** b **4.** a **5.** f **6.** h **7.** g **8.** e

A l'écoute

A. 1. F **2.** V **3.** F **4.** V **5.** F **6.** V **7.** F

B. 1. d'en face **2.** L'autre voiture roulait très vite. Elle est venue nous accrocher dans un virage. **3.** Non, pas de blessés. **4.** Le côté gauche de la voiture est tout enfoncé. **5.** Il s'est échappé dans les champs. **6.** deux **7.** Le fait que le conducteur et son compagnon essayaient de s'échapper. **8.** Oui. Les passagers du car qui est arrivé derrière nous.

C. 1. pas de permis **2.** voiture volée **3.** refus de coopérer avec la police

Phonétique

A. 1. pc **2.** imp **3.** imp **4.** pc **5.** imp **6.** pc **7.** imp **8.** pc

Paroles

D. *Réponse modèle:* **1.** Le plus souvent, je conduis une voiture de sport allemande.

Structures

D. *Réponse modèle:* **1.** J'avais seize ans quand j'ai conduit ma première voiture.

EXERCICES ECRITS

Paroles

B. 1. portière /monter dans la voiture. **2.** regarder le moteur. **3.** le coffre /mettre ses affaires dedans. **4.** chercher une carte. **5.** le volant /conduire la voiture.

C. *Réponse modèle:* Le rétroviseur sert à voir derrière le véhicule.

D. *Question possible:* Pourquoi est-ce que l'ancien propriétaire a décidé de vendre cette voiture?

Structures

A. 1. sommes partis **2.** était **3.** pleuvait **4.** a commencé **5.** avait **6.** avons choisi **7.** était **8.** devait **9.** conduisions **10.** j'ai proposé **11.** voulait **12.** nous sommes arrêtés **13.** pleuvait **14.** pouvions

15. avons fait **16.** sommes repartis **17.** pensais **18.** était **19.** faisait **20.** conduisait **21.** ai proposé **22.** n'a pas voulu **23.** J'ai dû **24.** sommes arrivés **25.** était **26.** avait **27.** avons eu **28.** avons pu

B. 1. voulait **2.** a pu **3.** pouvait **4.** voulait **5.** a dû **6.** savait **7.** a su **8.** a voulu **9.** ne voulait pas **10.** savait **11.** a dû

C. 1. il y a **2.** depuis **3.** Pendant **4.** Depuis **5.** pendant **6.** depuis **7.** pendant **8.** depuis **9.** depuis

D. 1. faisait **2.** sommes partis **3.** avions **4.** sommes arrivés **5.** voulions **6.** avons garé **7.** nous sommes installés **8.** s'est couvert **9.** a commencé **10.** avons couru **11.** avons terminé

CHAPITRE 8

EXERCICES ORAUX

Avant d'écouter

A. 1. j **2.** c **3.** f **4.** d **5.** b

A l'écoute

A. 1. b **2.** a

B. 1. Les parents dormaient dans une tente et les sœurs dormaient dans l'autre. **2.** Ils allaient au bord de la mer. **3.** Elle habitait dans les Alpes à Grenoble. **4.** Les parents décidaient. **5.** Il fallait préparer les tentes, la nourriture, et les vêtements. **6.** Le camping était au bord de la mer, mais il y avait beaucoup d'arbres. C'était un camping bien moderne, avec des salles de bains, des toilettes, des machines à laver et des clubs pour les enfants. **7.** Les deux grandes sœurs aimaient danser. **8.** On bricolait. Aussi, ils aimaient peindre, lire et regarder des cassettes vidéo.

C. *Réponse modèle:* Partir en vacances, ça permet d'avoir un climat différent et un changement d'habitudes.

Paroles

D. *Réponse modèle:* **2.** Je voyage avec ma sœur et notre meilleure amie.

Structures

D. *Réponse modèle:* **1.** Avant de partir, j'avais cherché mon maillot et une crème spéciale pour les peaux sensibles.

EXERCICES ECRITS

Paroles

A. 1. On peut se baigner, prendre un bain de soleil. **2.** On peut faire de la randonnée ou du ski. **3.** On peut faire du cyclisme, de l'équitation. **4.** On peut aller dans une discothèque ou au cinéma. **5.** On peut bricoler ou coudre.

B. 1. e **2.** b **3.** c **4.** d **5.** a

Structures

A. 1. ai promise **2.** nous sommes réveillés **3.** était **4.** pleuvait **5.** sommes sortis **6.** avait **7.** avait plu **8.** avons trouvé **9.** servait **10.** a commandé **11.** ai pris **12.** brillait **13.** avons décidé **14.** avons trouvé **15.** voulions **16.** avait **17.** faisait **18.** avons changé **19.** nous sommes arrêtés **20.** avons décidé **21.** faisait **22.** pouvions **23.** avait **24.** nous sommes dépêchés **25.** sommes descendus **26.** avons passé **27.** avaient recommandés **28.** étaient **29.** avons vu **30.** dataient **31.** avions **32.** avons trouvé **33.** servait **34.** était **35.** sommes allés **36.** jouait **37.** sommes **38.** restés **39.** avait **40.** fallait

B. 1. Hélène a dit que la mer était très belle et que les plages étaient bondées. **2.** Hélène a dit qu'elle avait fait de la planche à voile deux ou trois fois. **3.** Hélène a dit qu'elle avait voulu ramasser des coquillages, mais qu'il n'y en avait pas. **4.** Hélène a dit que toutes les spécialités culinaires venaient de la mer. **5.** Hélène a dit qu'elle avait beaucoup aimé la bouillabaisse. **6.** Hélène a dit qu'il y avait des boîtes de nuit super et même des casinos. **7.** Hélène a dit qu'elle avait drôlement regretté de partir.

C. 1. Maman voulait savoir s'il avait beaucoup neigé. 2. Maman voulait savoir à quelle heure je me levais. 3. Maman voulait savoir qui j'avais rencontré d'intéressant. 4. Maman voulait savoir s'il y avait toujours beaucoup de monde sur les pistes. 5. Maman voulait savoir ce que j'avais fait d'autre.

E. *Réponse modèle:* J'avais mis un pantalon noir et un pull vert clair.

CHAPITRE 9

EXERCICES ORAUX

A l'écoute

A. 1. non 2. oui 3. oui 4. oui 5. non 6. oui

B. 1. arrivée du train à Montparnasse 2. petit déjeuner, petite promenade dans Paris 3. enregistrer les bagages, passer à la douane 4. annonce du vol 5. départ vers la piste d'envol 6. retour au satellite d'embarquement 7. attente 8. restaurant 9. hôtel 10. départ de l'hôtel (en bus) / retour à l'aéroport 11. départ de l'avion

C. 1. F 2. F 3. V 4. F 5. F

Phonétique

1. tout 2. vu 3. pur 4. boule

Paroles

D. 1. Je vais prendre un avion. 2. Paris est ma destination. 3. Je dois me présenter à la porte numéro neuf. 4. Il faut m'y présenter immédiatement.

EXERCICES ECRITS

Paroles

A. 1. d 2. a 3. b 4. g 5. h 6. e 7. f 8. c

B. 1. le contrôleur 2. le steward 3. l'hôtesse de l'air 4. le douanier

C. *Réponse modèle:* Il faut attacher la ceinture de sécurité. Il ne faut pas vous promener dans l'avion.

D. *Réponses possibles:* 1. De Chicago 2. Je compte rester trois mois; je vais suivre un cours de langue à Pau. 3. Rien du tout.

Structures

A. 1. Je l'ai manqué. 2. Pendant les vacances je lui ai manqué. 3. …elle m'a manqué. 4. Est-ce que la cuisine française te manque depuis que tu es rentré? 5. Il paraît que je leur manque beaucoup.

B. 1. Oui, je les ai enregistrés. 2. Oui, il l'a attachée. 3. Non, nous ne l'avons pas regardé. 4. Oui, il les a tous mangés. 5. Bien sûr qu'il les a remerciés. 6. Oui, nous les avons tous trouvés à l'arrivée. 7. Oui, il lui a montré son passeport. 8. Heureusement qu'il ne l'a pas inspectée. 9. Je ne sais pas si je veux les accompagner en Afrique l'année prochaine.

C. 1. Enregistre-les. 2. Ne le lui montre pas. 3. Montre-le-lui. 4. Attache-la. 5. Dis-leur merci. 6. Cherche-les.

D. 1. Oui, c'est une bonne idée. Consulte-le pour la vérifier. 2. Oui, c'est une bonne idée. Réserve-la à l'avance. 3. Oui, c'est une bonne idée. Mets-les à la consigne. 4. Oui, c'est obligatoire. Composte-le à l'entrée du quai. 5. Oui, c'est obligatoire. Montre-le-lui. 6. Oui, c'est une bonne idée. Apporte-le dans le train. 7. Non, tu n'es pas obligée de le lui montrer à la frontière.

E. 1. Oui, maman, je suis sûr que j'ai tout remis dans ma valise. 2. Non, maman, je ne l'ai pas oublié. 3. Non, maman. Je ne les ai pas oubliées. 4. Non, maman, je ne les lui ai pas rendues. 5. Non, maman, je ne l'ai pas perdue.

F. 1. tout 2. tout 3. tout 4. tous 5. toutes 6. tous 7. tout 8. tout

EPISODE III, VISIONNEZ!

A. Louise et Antoine 1. 1938 2. 20 3. père 4. 1939 5. guerre 6. morts 7. juif 8. Amérique 9. juste 10. Cévennes

B. La mort de Louise 1. a. vrai **b.** faux (elle a souri) **c.** vrai

C. 2. Des recherches difficiles 1. les Allemands **2.** partout en France **3.** allemand **4.** rare **5.** collaboré
4. Une piste 1. du couscous **2.** petit-fils **3.** le téléphone

C H A P I T R E 10

EXERCICES ORAUX

A l'écoute

A. 1. 7 ans; lait au chocolat, tartines **2.** 11 ans; fromage blanc, riz au lait avec cornflakes, yaourt **3.** 14 ans; fromage blanc, fruit

B.

	MARINA	SAMUEL	KARINE
Hors-d'œuvre	pommes de terre à la vinaigrette	salades de riz composées (avec maïs, thon, tomates, etc.)	salades composées (pommes de terre, tomates, concombres)
Plat principal	spaghettis	croissants fourrés	pizzas, croque-monsieur (sandwich au jambon et au fromage)
Légumes	haricots au beurre	petits pois, carottes	pommes de terre
Dessert	riz au lait, fruits	tartes	crêpes au sucre ou à la confiture

C. 1. le lait **2.** salade avec plusieurs ingrédients. Exemples: riz et maïs, thon, tomates; pommes de terre, tomates, concombres. **3.** jambon, gruyère

EXERCICES ECRITS

Paroles

A. 1. J **2.** R + J **3.** R **4.** R + J **5.** R **6.** J **7.** R **8.** J **9.** R + J **10.** R + J

B. Les hors-d'œuvre: un potage aux champignons, des crudités variées, du pâté de campagne. L'entrée: des coquilles St-Jacques, des escargots à la provençale, des huîtres. Les plats garnis: un steak-frites, de l'agneau au curry, des côtes de porc. Les fromages: du camembert, du chèvre frais, du pont-l'évêque. Les desserts: un gâteau maison, une tarte aux abricots, une glace à la fraise.

C. 1. du chocolat **2.** du café au lait **3.** du vin **4.** de l'eau minérale **5.** une boisson gazeuse **6.** un jus de fruits

D. Non, merci, je ne prends pas d'apéritif. Je prends le saumon fumé. Je prends l'entrecôte grillé. Je préfère la mousse au chocolat. Un Orangina, s'il vous plaît.

Structures

A. 1. les genoux **2.** les yeux bleus **3.** des feux d'artifice **4.** des choux à la crème **5.** des travaux culinaires **6.** des clous de girofle **7.** des salles à manger **8.** des hors-d'œuvre **9.** des messieurs **10.** Mesdemoiselles

B. 1. messieurs **2.** une secrétaire **3.** un chanteur **4.** un professeur **5.** un étudiant **6.** une vedette de cinéma **7.** une grand-mère **8.** des jeunes gens

C. 1. l', qui, un **2.** Le, qu' **3.** Les, dont **4.** Le, qui, le **5.** de, de, du **6.** qui, la, le, de l' **7.** où, la, dont, dont **8.** qui **9.** qui, l', que, que **10.** la, qu' **11.** qu', une, dont, une, qui **12.** de la, de, de

D. 1. …je n'ai pas envie de faire la cuisine **2.** …ne sont pas très grands **3.** …on m'a parlé **4.** …je ne comprends pas sur la carte **5.** …j'ai oublié mon portefeuille

E. *Réponse modèle:* Quand je suis malade, je bois du thé.

CHAPITRE 11

EXERCICES ORAUX

A l'écoute

B. 1. b 2. b 3. c 4. a 5. c

C. 1. V 2. F 3. V 4. F 5. V 6. F

D. Un repas traditionnel: le fafa, les racines, le poisson cru, le fruit de l'arbre de pain, le mitihué. Un repas ordinaire: la cuisine chinoise: du riz, pas beaucoup de légumes, du poisson, de la viande, des fruits tropicaux

Structures

D. *Réponse modèle:* 1. Dans mon frigo, il y a des carottes, de la bière, du lait, de la moutarde, de la salade.

E. *Réponses modèles:* 1. Non, ils en ont consommé plus. 2. J'en consomme moins. 3. Oui, ils en ont consommé moins. 4. J'en consomme autant. 5. Non, ils en ont consommé moins. 6. J'en consomme plus.

Dictée: Le marchand essaie de vendre (b) des herbes de Provence

EXERCICES ECRITS

Paroles

B. 1. frais: des bananes, des kiwis, des asperges 2. en boîte: du sucre, des céréales 3. secs: des pâtes, du riz 4. en poudre: du sucre, du café 5. surgelés: de la glace, des petits pois

C. 1. tasse 2. cuillerées; pincée 3. grammes 4. cuillerée 5. tranches 6. morceau

Structures

A. 1. en 2. les y 3. en 4. l' 5. la 6. l'y 7. l' 8. l' 9. l'y 10. en 11. m'en

B. 1. J'en avais besoin pour l'entrée. 2. Je lui ai longuement parlé. 3. Ensuite, je m'y suis arrêté(e) pour en prendre. 4. En sortant, j'y suis allé(e) pour en chercher. 5. Je l'ai rencontré. 6. Il m'a persuadé(e) de les essayer. 7. Avant de rentrer, j'ai dû y en prendre un. 8. En arrivant à la maison, je m'en suis souvenu(e).

C. 1. Cherche-le! 2. Mets-les sur la table! 3. Prends-en trois, pas quatre! 4. Sors-la! 5. Souviens-toi de le préchauffer! 6. Ne les mets pas dans le sucre!

D. 1. moi 2. elle 3. moi 4. eux 5. lui 6. lui 7. elle 8. moi

CHAPITRE 12

EXERCICES ORAUX

A l'écoute

A. Plats mentionnés: assiette du jardinier, escargots, pavé de bœuf au roquefort, magret de canard, salade de saison, plateau de fromages. Desserts: soufflé au Grand Marnier, assiette de sorbet au coulis, poire belle-Hélène au chocolat chaud, melba aux fruits de saison, gratin de fruits

B. 1. V 2. V 3. F 4. F 5. F 6. F 7. V

C. Lui: escargots, pavé de bœuf au roquefort, plateau de fromages. Elle: assiette de crustacés, magret de canard, salade de saison

D. 1. juste à côté de la cathédrale 2. en Bourgogne (commentaires sur les escargots)

Structures

A. quand → lorsque / parce que → car / comme → alors que / D'ailleurs → De plus / donc → ainsi / Malgré / finalement → enfin / après / enfin → finalement

C. *Réponses modèles:* 1. Oui, je lis le journal en mangeant. 2. Non, je ne téléphone pas en conduisant. 3. Oui, je fais mes devoirs en consultant des amis. 4. Non, je ne fais pas de commentaires en écoutant un concert. 5. Oui, je crie en regardant un match de foot.

EXERCICES ECRITS

Paroles

A. 1. un verre **2.** une assiette creuse, une cuillère à soupe **3.** une assiette, un couteau **4.** une assiette, une fourchette, un couteau **5.** un verre à vin **6.** un plat, un couteau **7.** une petite assiette, une fourchette **8.** une tasse, une petite cuillère

B. *Réponses modèles:* **1.** Je vais téléphoner ou envoyer un e-mail. **2.** Il est à deux pas du Centre Beaubourg. **3.** Je vais y trouver une ambiance accueillante et souriante. **4.** Elle représente la cuisine française du sud. **5.** Nous pouvons arriver à partir de midi ou à partir de 19 h 30. **6.** Je vais payer 12,50 €. **7.** Je vais demander une viande bien cuite.

D. *Réponse modèle:* **1.** On peut prendre des fruits et des légumes. On doit éviter les viandes et les volailles.

Structures

A. *Réponses modèles:* **1.** Quand **2.** D'abord **3.** ensuite **4.** puis **5.** et enfin **6.** Mais **7.** alors **8.** Finalement **9.** donc **10.** et c'est pourquoi **11.** Comme **12.** Au moins **13.** parce qu' / car **14.** Cependant **15.** Par conséquent

D. 1. cuisant **2.** En mettant **3.** coupants **4.** en les ramassant **5.** bouillante **6.** En entendant **7.** En se relevant **8.** brûlante

E. 1. étant **2.** en préparant **3.** brûlant **4.** en coupant **5.** pensant **6.** en essayant **7.** en voyant **8.** en rangeant **9.** menaçants **10.** en courant

EPISODE IV, VISIONNEZ!

A. Des complications 1. a. faux: Personne ne remplacera Camille. **b.** faux: Camille plaisante. **c.** vrai **d.** vrai **e.** vrai **f.** faux: Elle le connaît à peine. **g.** vrai **3. La famille Leblanc 1. a.** vrai **b.** faux: Ils sont morts il y a 3 ans dans un accident de voiture. **c.** vrai **d.** faux: Elle n'en parle jamais.

B. 1. La visite 1. la lettre de son grand-père **2.** la vérité **3.** jeune **2. L'arrivée d'Antoine 1.** de la Résistance **2.** sa femme **3.** sa fille **4.** chemin de fer **3. Un plan d'action 1.** fort **2.** Paris **3.** Allemands **4.** un train **5.** décembre **4. La tragédie 1.** résistants **2.** un camion **3.** blessé **4.** Antoine est un traître **5. La preuve 1.** Fergus **2.** un uniforme nazi **3.** disparu **6. Une nouvelle piste 1.** désolée **2.** Marseille **3.** un garage

C. Problèmes au studio 1. b **2.** a

<h1 style="text-align:center">CHAPITRE 13</h1>

EXERCICES ORAUX

Avant d'écouter

A. 1. b **2.** c **3.** a **4.** d **5.** f **6.** e

B. les études supérieures de commerce

A l'écoute

A. 2, 1, 3, 5, 4

B. 1. V **2.** F **3.** F **4.** V **5.** V **6.** V

Paroles

D. *Réponse modèle:* **1.** Je me destine à une profession médicale.

Structures

D. *Réponse modèle:* **1.** Je compte rentrer chez moi.

EXERCICES ECRITS

Paroles

A. 1. à l'université **2.** à l'institut universitaire de technologie **3.** à un centre hospitalier universitaire **4.** à l'école des Hautes Etudes Commerciales **5.** à l'Ecole nationale d'Administration **6.** à un Collège d'Enseignement Technique

B. **1.** avocate **2.** x **3.** infirmière **4.** administratrice **5.** chercheuse **6.** pharmacienne **7.** x

C. **1.** chercheur, ingénieur **2.** administrateur, gestionnaire **3.** médecin, infirmier **4.** femme de ménage, plombier **5.** avocate, juge **6.** PDG, cadre **7.** professeur, administrateur

D. *Réponses possibles:* **1.** Pour devenir dentiste, on va dans un centre hospitalier universitaire. Les études durent cinq ans. **2.** Si vous voulez devenir professeur de français, vous pouvez vous spécialiser en français à l'université. **3.** On fait des études à l'université pour devenir fonctionnaire.
4. Si on veut devenir psychologue, on se spécialise en sciences humaines. **5.** Les futurs chimistes font des études scientifiques à l'université.

Structures

A. **1.** à **2.** x **3.** de **4.** à **5.** x **6.** x **7.** à **8.** x **9.** x **10.** à **11.** x **12.** x **13.** de **14.** à

B. *Réponse modèle:* J'espère sortir avec mes copains.

C. **1.** après avoir dîné **2.** après être allé(e) au labo **3.** après avoir pris une douche **4.** après m'être brossé les dents **5.** après être rentré(e) à la maison **6.** après avoir passé tous les examens de fin d'année

D. **1.** de ne pas être venu(e) **2.** inventer des excuses **3.** de vous dire **4.** de vous la révéler **5.** d'avoir manqué

E. *Réponse modèle:* **1.** J'ai l'intention d'être plus sympathique.

CHAPITRE 14

EXERCICES ORAUX

A l'écoute

A. **1.** b

B. *Réponses modèles:* **1.** On maîtrise le temps et l'espace grâce au portable. **2.** On peut être à plusieurs endroits à la fois avec Internet. **3.** La télévision est devenue un ingrédient d'Internet. **4.** Nous devons faire face au chômage et à la pollution.

Paroles

D. *Réponse modèle:* **1.** Oui, je la regarde tous les jours.

Structures

D. *Réponse modèle:* **1.** Pour moi, réussir dans la vie, c'est aider les autres.

EXERCICES ECRITS

Paroles

A. **1.** lancera **2.** des satellites **3.** Les ordinateurs **4.** des e-mails **5.** énergie nucléaire **6.** le chômage **7.** pollution

B. **1.** e-mails **2.** l'écran **3.** le clavier **4.** effacer **5.** la souris **6.** sauvegarder **7.** mémoire **8.** imprimer **9.** l'imprimante **10.** réseaux

C. **1.** Le Dernier Métro **2.** Princesses **3.** Le Fugitif **4.** Journal intime d'un vampire **5.** Tout va bien, on s'en va **6.** Le mari de la coiffeuse **7.** L'Homme de Berlin **8.** La Nuit américaine **9.** La Captive **10.** La Femme d'à côté **11.** Le Vol du Phénix **12.** Mortal Kombat 2 **13.** Aïe **14.** Following (le Suiveur) **15.** Man on the Moon

D. **1.** b **2.** f **3.** c **4.** d **5.** e **6.** a

Structures

A. j'irai, tu seras, elle fera, il faudra, nous pourrons, vous viendrez, ils achèteront, Jean préférera, vous rappellerez-vous?, nous verrons, je me lèverai, ils se dépêcheront

B. **1.** irai **2.** resterai **3.** viendra **4.** essaierons/essayerons **5.** sera **6.** m'habituerai **7.** dormirons **8.** nous lèverons **9.** mangerons **10.** retournerai **11.** manqueront

C. **1.** à **2.** dans le **3.** à **4.** le **5.** à **6.** à **7.** le **8.** la **9.** à **10.** à **11.** au **12.** à

D. 1. en Italie / à Rome 2. au Danemark / à Copenhague 3. en Espagne / à Madrid 4. aux Pays-Bas / à Amsterdam 5. au Portugal / à Lisbonne 6. en France / au Havre

F. *Réponse modèle:* **4.** En l'an 2020, je passerai mes vacances sur la lune.

CHAPITRE 15

EXERCICES ORAUX

A l'écoute

A. 3, 4, 5, 6

B. 1. 21 ans 2. Paris 3. Noire 4. Martinique 5. famille sans père; culture antillaise 6. La petite fille à l'école qui lui a demandé pourquoi elle avait la peau foncée, si c'était parce qu'elle ne se lavait pas 7. le fait qu'elle excellait à l'école et qu'elle avait toujours parlé français

C. 1. Problème de langue: ils n'ont pas à communiquer en français jusqu'à ce qu'ils aillent à l'école. 2. Beaucoup de parents français ont voulu retirer leurs enfants des écoles fréquentées aussi par les Arabes; ils sentaient que leurs enfants étaient négligés. 3. les normes d'hygiène 4. Ils ne jouent jamais ensemble. 5. phénomène social et politique qu'on ne peut pas ignorer

Paroles

D. *Réponse modèle:* **1.** Je suis contre le racisme parce que c'est un sentiment destructif.

EXERCICES ECRITS

Paroles

A. 1. un citoyen 2. une résidente illégale 3. le racisme 4. une émeute 5. enfreindre les lois 6. être jugé(e) coupable 7. accueillir les immigrés 8. la haine 9. la guerre

B. 1. a 2. c 3. d 4. b 5. e 6. f

C. 1. les lois 2. privilèges 3. à une manifestation 4. à une grève 5. à une émeute 6. des agents de police 7. les flics 8. commettent 9. poursuivis 10. coupables 11. peines 12. le racisme 13. des préjugés 14. le chauvinisme

Structures

A. 1. que je fasse 2. que nous soyons 3. qu'elles aient 4. que tu ne puisses pas 5. que vous descendiez 6. qu'il prenne 7. que tu saches 8. que je finisse 9. qu'elles aillent 10. qu'il s'intègre

B. 1. Je ne pense pas qu'il soit nécessaire 2. Je doute que les immigrés veuillent 3. Je veux aider 4. Il est temps que le gouvernement fasse quelque chose 5. Les immigrés ont peur de trouver 6. Beaucoup de citoyens regrettent que les immigrés soient victimes

C. 1. avant qu' 2. avant d' 3. afin de 4. jusqu'à ce que / pour 5. A moins qu' 6. pour que 7. Avant de / quoiqu'

EPISODE V, VISIONNEZ!

A. 2. **La piste marseillaise** a. faux: Mais il a parlé avec un vieux qui savait où était son garage. b. vrai c. vrai d. faux: un des musiciens e. vrai f. vrai

B. 1. **Dans la médina** 1. malade 2. dérange 3. recevoir 4. cheveux 5. courte

2. **La vérité dévoilée** a. vrai b. vrai c. faux: Il a voulu les rejoindre. d. vrai e. faux: le 17 décembre f. faux: C'était Pierre Leblanc. g. vrai h. faux: 25 hommes i. vrai j. vrai k. vrai l. faux: Selon son fils, il sera amer jusqu'à la fin de sa vie. m. vrai

CHAPITRE 16

EXERCICES ORAUX

Avant d'écouter

B. 1. quotidien 2. un emprunt bancaire 3. un bilan

A l'écoute

A. 1, 10, 7, 2, 4, 9, 5, 3, 8, 6

B. **1.** Définition de stress: état intérieur d'anxiété ou d'oppression **2.** Stress du Parisien: transports en commun, embouteillages, peur d'être en retard au bureau **3.** Stress dû aux obligations financières: remboursement de lourds emprunts bancaires (achats à crédit) **4.** Stress de l'étudiant: quand il passe des examens et des concours **5.** Stress de la vie professionnelle: peur du chômage **6.** Stress de l'ingénieur: peur des mutations technologiques **7.** Stress du PDG: obligation constante d'être performant **8.** Stress dû à l'âge: problèmes de santé **9.** Stress du paysan: dettes à rembourser, désir d'avoir le même niveau de vie qu'à la ville **10.** Cause principale du stress: la société de consommation

Paroles

D. *Réponse modèle:* **3.** On voit aussi les deux poignets.

Dictée: dernière phrase: Mais c'est pour mieux te manger, mon enfant! Histoire: **1.** *Le Petit Chaperon rouge*

EXERCICES ECRITS

Paroles

A. **1.** le cœur **2.** du sang **3.** le sang **4.** les artères **5.** les veines **6.** les poumons **7.** l'estomac **8.** foie **9.** cerveau **10.** mal **11.** nerfs **12.** se détendre **13.** se reposer **14.** du sport

C. **1.** l'épaule, du coude, du poignet **2.** les doigts, les pouces, les ongles **3.** le genou, le mollet, la cheville **4.** du talon, des orteils **5.** la poitrine, le ventre

D. *Réponse possible:* Il a les cheveux bouclés et les yeux bleus.

Structures

A. **1.** moins **2.** de plus en plus **3.** de moins en moins **4.** mieux **5.** pire **6.** plus **7.** beaucoup **8.** moins **9.** beaucoup **10.** plus

C. *Réponse possible:* Un gâteau au chocolat a autant de calories qu'une mousse au chocolat.

D. *Réponse possible:* **2.** Je pourrais faire de plus en plus de jogging.

CHAPITRE 17

EXERCICES ORAUX

A l'écoute

B. Colère: 3: manque de respect, malhonnêteté, mensonge. Cafard: 3: solitude, pluie, froid. Peur: 2: certaines personnes, maladies circulatoires. Joie: 5: êtres aimés, lecture, promenades, couchers de soleil, musique.

C. **1.** a **2.** b

D. **1.** Ils manquent de respect; font volontairement des remarques désagréables ou méchantes. **2.** perte ou diminution des facultés intellectuelles

Paroles

D. *Réponse possible:* **2.** Je me mets en colère quand mon camarade de chambre oublie d'éteindre ma chaîne stéréo avant de sortir.

Structures

D. *Réponse possible:* **4.** J'aurais envie de voir la tour Eiffel.

Dictée: Réponse à la question: un lycéen ou élève

EXERCICES ECRITS

Paroles

A. **1.** de l'amour **2.** sensible **3.** le cafard **4.** de la confiance en soi **5.** de l'angoisse **6.** la jalousie **7.** de la tristesse **8.** pardonner

B. 1. l'amour **2.** l'angoisse **3.** un complexe d'infériorité **4.** la haine **5.** le cafard **6.** la haine **7.** la tranquillité **8.** la confiance en soi **9.** l'amitié **10.** la joie

D. *Réponse modèle:* **1.** Je deviens inquiet(-iète) quand je ne comprends pas la leçon.

Structures

B. 1. Si j'étais malade à Paris, où est-ce que j'irais? **2.** Si ma mère se fâchait, que dirait-elle? **3.** Si Monique ne suivait pas ce régime, que mangerait-elle? **4.** Si vous aviez un complexe d'infériorité, comment vous sentiriez-vous? **5.** Si tu avais des regrets, demanderais-tu pardon?

C. 1. Marie-Louise regrette que son poste de télé soit tombé en panne hier. **2.** …que sa voiture ait besoin de réparations. **3.** …que ses cours soient très difficiles ce trimestre. **4.** …que son amie Christine réagisse avant de penser. **5.** …que ses parents n'aient jamais connu le bonheur.

D. 1. Je suis content(e) que l'examen n'ait pas été difficile. **2.** Mes copains sont tristes que l'année scolaire ait duré si longtemps. **3.** Mon ami(e) ne croit pas que j'aie gagné un prix en français. **4.** C'est dommage que les étudiants aient dû aller au labo. **5.** Je ne pense pas que le cours de français ait été inutile.

CHAPITRE 18

EXERCICES ORAUX

Avant d'écouter

1. railroad **2.** bruised **3.** to swell **4.** exposed, raw; to do a root canal **5.** stiff **6.** the bill

A l'écoute

A. 1. F **2.** V **3.** F **4.** F **5.** F **6.** V **7.** V **8.** V **9.** V

B. 1. dans la rue, on est tombées en traversant une voie ferrée **2.** Franciska, amie **3.** dent: cassée; nez: meurtri; bras: coude cassé; main: égratignée **4. a.** dentiste: dent provisoire pour protéger le nerf **b.** hôpital: radios, écharpe pour le bras **c.** orthopédiste: conseils pour coude cassé **d.** dentiste #2: dévitalisation de la dent, pivot pour la couronne **5.** bouger le plus possible mais ne rien porter de lourd **6.** porter des choses lourdes, faire du vélo

Paroles

D. *Réponse modèle:* **1.** Je me brosse les dents deux fois par jour.

Structures

D. *Réponse modèle:* **1.** Non, je ne peux pas voir le ciel en ce moment.

EXERCICES ECRITS

Paroles

A. 1. on se mouche **2.** on tousse **3.** on a un bleu **4.** on saigne **5.** on marche avec des béquilles **6.** il fait un plombage

B. 1. c **2.** b **3.** a **4.** d **5.** e

Structures

A. 1. je n'aurais plus bu de café trop chaud **2.** j'aurais marché avec des béquilles **3.** j'aurais vu couler mon sang **4.** j'aurais eu un gros mal de tête **5.** je n'aurais plus pu marcher droit

B. 1. j'aurais consulté un autre médecin **2.** j'aurais ri **3.** je me serais moqué de lui **4.** j'aurais refusé de les prendre **5.** j'aurais dit «non»

D. 1. Pierre n'a pas voulu **2.** Nous devons **3.** Je n'ai pas pu **4.** Enfin j'ai pu **5.** Le professeur voulait **6.** Nicole devait être fatiguée **7.** Les étudiants devaient **8.** J'aurais dû

E. *Réponse possible:* **1.** Je n'ai jamais pu nager.

Révision I

I. A. 1. jeune homme **2.** yeux bleus **3.** cheveux blonds **4.** activités sportives **5.** copains aimables **6.** étudiants idéaux **7.** étudiants très paresseux **8.** même passion **9.** belle chaîne stéréo **10.** concerts régionaux **11.** nouveaux artistes de jazz

B. 1. adore 2. achète 3. préfère 4. choisit 5. vont 6. sont 7. a 8. meurent 9. se contentent 10. se passionnent 11. tiennent 12. veulent 13. font 14. ont 15. savent 16. reçoivent 17. comprennent

II. A. Sébastien n'est pas toujours gai. Ce n'est pas un garçon très sociable: il n'a aucun copain nulle part. Personne ne le trouve ni sympathique ni intéressant. En effet, rien n'intéresse Sébastien. Sébastien n'aime ni le cinéma ni la musique classique. Dans sa chambre, il n'y a pas de posters sur les murs: il n'aime pas les affiches publicitaires de films. Sébastien n'a pas de chaîne stéréo. Il ne possède aucun bon CD de musique classique. Sébastien n'est pas encore sûr de son avenir, mais ne sera-t-il jamais heureux?

B. *Questions possibles:* 1. Quel jour est-ce? 2. Quel temps fait-il à Grenoble? 3. Où est-ce que Jean-Luc a une petite chambre? 4. Pourquoi n'est-il pas satisfait? 5. Comment est la salle de bains? 6. Depuis quand est-ce que Jean-Luc est à Grenoble? 7. A quelle heure va-t-il partir?

C. *Questions possibles:* 1. Quel âge as-tu? 2. Quelle est ta ville natale? 3. Quels sont tes passe-temps préférés? 4. As-tu des frères ou des sœurs? 5. Connais-tu déjà les Etats-Unis? 6. N'as-tu pas envie de visiter le Québec? 7. Combien de cours vas-tu suivre ce trimestre? 8. Où habites-tu? 9. Qu'est-ce que tu penses du restau-U? 10. Pourquoi penses-tu cela?

Révision II

I. A. 1. pleuvait 2. sont parties 3. avaient réservé 4. c'était 5. avait 6. a duré 7. ont dû 8. a roulé 9. ont passé 10. sont arrivées 11. faisait 12. brillait 13. avaient déjà commencé 14. ont laissé 15. ont couru 16. étaient arrivés 17. n'ont pas pu 18. se sont installées 19. ressemblaient 20. avaient 21. avaient 22. ont-elles attrapé 23. était 24. avaient pris/prenaient

B. 1. petites annonces 2. offres d'emploi 3. faire une demande d'emploi 4. curriculum vitæ 5. formulaire 6. le poste

C. 1. Qui était le premier témoin? 2. Qu'est-ce qui s'est passé? 3. Qu'est-ce que les deux automobilistes se sont dit? 4. Lequel était le conducteur coupable? 5. De quoi les blessés avaient-ils besoin? 6. A qui le policier a-t-il parlé? 7. A quelle heure est-ce que l'accident a eu lieu?

II. A. 1. Hélène a l'intention de se spécialiser en gestion. Hélène se spécialisera en gestion. 2. Bernard veut entrer dans une grande école. Bernard entrera dans une grande école. 3. Brigitte a l'intention de poursuivre des études de médecine. Brigitte poursuivra des études de médecine. 4. Luc compte obtenir un diplôme de technicien supérieur. Luc obtiendra un diplôme de technicien supérieur. 5. Marie-Aline a envie d'avoir son doctorat. Marie-Aline aura son doctorat.

B. 1. passera 2. allumera 3. s'assiéra 4. réglera 5. aura regardé 6. choisira 7. aura fini 8. attendra 9. terminera 10. s'endormira 11. n'éteindra 12. ira

C. 1. Annick passera moins de temps à l'université que Jacques. 2. Richard passera le moins de temps à préparer son diplôme. 3. Stéphanie consacrera autant d'années à ses études que Marie. 4. Richard terminera son diplôme plus rapidement qu'Hervé. 5. Stéphanie et Marie passeront le plus de temps à faire leurs études.

Révision III

I. A. 1. Je sais qu'il y a beaucoup d'immigrés en France. 2. On dit que les immigrés sont responsables du chômage des Français. 3. Je ne pense pas que la plupart des immigrés aient des qualifications professionnelles. 4. Je doute qu'ils puissent contribuer à l'économie. 5. Je ne crois pas être raciste. 6. Cependant, il faut que le gouvernement fasse quelque chose. 7. Je propose que la France prenne des mesures pour que le nombre d'immigrés puisse diminuer immédiatement. 8. Il est vrai que le problème des immigrés est grave. 9. Il est temps que tous les immigrés s'en aillent. 10. Je suis sûr(e) d'avoir raison!

B. 1. Je ne me sens pas bien parce que mon travail est trop stressant. 2. Bien que j'aie le temps, je ne fais pas beaucoup d'exercice physique. 3. Mes copains font leur gym avant que je sois sorti du lit. 4. Puisqu'ils font aussi attention aux calories, dîner avec eux est pénible. 5. Nous mangeons sobrement quand nous sommes à table. 6. Ils ne parlent que de leur entraînement jusqu'à ce que nous nous quittions. 7. S'ils continuent à sacrifier le plaisir à la forme, ils le regretteront plus tard. 8. Mais moi, pour que ce soit une joie de vivre, je continuerai à choisir le plaisir.

C. 1. Je trouve que la plupart des étudiants de cette université sont en bonne forme. Je ne crois pas que la plupart des étudiants… soient en bonne forme. **2.** Je trouve que l'exercice physique peut éliminer le stress. Je ne crois pas que l'exercice physique puisse éliminer le stress. **3.** Je trouve que mes camarades savent se détendre. Je ne crois pas que mes camarades sachent se détendre. **4.** Je trouve que nous prenons toujours le temps de respirer. Je ne crois pas que nous prenions toujours le temps de respirer. **5.** Je trouve que les aliments naturels nous font beaucoup de bien. Je ne crois pas que les aliments naturels nous fassent beaucoup de bien. **6.** subjonctif **7.** subjonctif **8.** subjonctif **9.** subjonctif **10.** indicatif

II. A. 1. Si Paul manquait de confiance, il répondrait timidement. **2.** Si nous ne pardonnions pas aux autres, notre vie serait pleine de rancune. **3.** Les professeurs se mettraient en colère si les étudiants ne venaient pas aux cours. **4.** Si nous étions inquiets, nous aurions du mal à dormir. **5.** Pendant la période des examens de fin d'année, s'ils le pouvaient, les étudiants ne passeraient pas de nuits blanches.

B. 1. Si Paul avait manqué de confiance, il aurait répondu timidement. **2.** Si nous n'avions pas pardonné aux autres, notre vie aurait été pleine de rancune. **3.** Les professeurs se seraient mis en colère si les étudiants n'étaient pas venus aux cours. **4.** Si nous avions été inquiets, nous aurions eu du mal à dormir. **5.** Pendant la période des examens de fin d'année, s'ils avaient pu, les étudiants n'auraient pas passé de nuits blanches.

C. 1. …on aurait aussi de la fièvre. **2.** …elle se moucherait souvent. **3.** …nous aurions souffert davantage. **4.** vous ferez bien… **5.** …elles auraient beaucoup toussé. **6.** …j'aurais une cicatrice. **7.** …devrais, aurais dû **8.** on aura un bleu. **9.** …nous fixerions rendez-vous chez le médecin.